国家卫生和计划生育委员会"十三五"规划教材

全国高等中医药院校研究生教材

供中医药、中西医结合等专业用

自然辩证法概论

第 2 版

主　编　崔瑞兰

副主编　关晓光　程现昆　陈小平　吉广庆

编　委（以姓氏笔画为序）

王良滨（北京中医药大学）　　　　张　丽（云南中医学院）

王高峰（安徽医科大学）　　　　　陈　文（福建中医药大学）

勾瑞波（广东药科大学）　　　　　陈小平（湖南中医药大学）

邓　蕊（山西医科大学）　　　　　徐　蓉（贵阳中医学院）

付晓男（长春中医药大学）　　　　崔瑞兰（山东中医药大学）

吉广庆（山西中医学院）　　　　　智广元（广州中医药大学）

关晓光（黑龙江中医药大学）　　　程现昆（大连医科大学）

李大凯（天津中医药大学）　　　　魏锦京（辽宁中医药大学）

李联敬（山东中医药大学）

人民卫生出版社

图书在版编目（CIP）数据

自然辩证法概论/崔瑞兰主编.—2版.—北京：人民
卫生出版社,2016
　　ISBN 978-7-117-22845-9

　　Ⅰ.①自…　Ⅱ.①崔…　Ⅲ.①自然辩证法-研究生-
教材　Ⅳ.①N031

　　中国版本图书馆 CIP 数据核字（2016）第 184849 号

人卫智网	www.ipmph.com	医学教育、学术、考试、健康，
		购书智慧智能综合服务平台
人卫官网	www.pmph.com	人卫官方资讯发布平台

自然辩证法概论
第 2 版

主　　编：崔瑞兰
出版发行：人民卫生出版社（中继线 010-59780011）
地　　址：北京市朝阳区潘家园南里 19 号
邮　　编：100021
E - mail：pmph @ pmph.com
购书热线：010-59787592　010-59787584　010-65264830
印　　刷：三河市尚艺印装有限公司
经　　销：新华书店
开　　本：787×1092　1/16　　印张：11
字　　数：268 千字
版　　次：2009 年 7 月第 1 版　　2016 年 6 月第 2 版
　　　　　2017 年 5 月第 2 版第 2 次印刷（总第10次印刷）
标准书号：ISBN 978-7-117-22845-9/R·22846
定　　价：36.00 元

出版说明

为了更好地贯彻落实《国家中长期教育改革和发展规划纲要(2010—2020年)》和《医药卫生中长期人才发展规划(2011—2020年)》,进一步适应新时期中医药研究生教育和教学的需要,推动中医药研究生教育事业的发展,经人民卫生出版社研究决定,在总结汲取首版教材成功经验的基础上,开展全国高等中医药院校研究生规划教材(第二轮)的编写工作。

全套教材围绕教育部的培养目标,国家卫生和计划生育委员会、国家中医药管理局的行业要求与用人需求,整体设计,科学规划,合理优化构建教材编写体系,加快教材内容改革,注重各学科之间的衔接,形成科学的教材课程体系。本套教材将以加强中医药类研究生临床能力(临床思维、临床技能)和科研能力(科研思维、科研方法)的培养、突出传承,坚持创新,着眼学生进一步获取知识、挖掘知识、提出问题、分析问题、解决问题能力的培养,正确引导研究生形成严谨的科研思维方式和严肃认真的求学态度为宗旨,同时强调实用性(临床实践、临床科研中用得上)和思想性(启发学生批判性思维、创新性思维),从内容、结构、形式等各个环节精益求精,力求使整套教材成为中医药研究生教育的精品教材。

本轮教材共规划、确定了基础、经典、临床、中药学、中西医结合5大系列55种。教材主编、副主编和编委的遴选按照公开、公平、公正的原则,在全国40余所高等院校1200余位专家和学者申报的基础上,1000余位申报者经全国高等中医药院校研究生教育国家卫生和计划生育委员会"十三五"规划教材建设指导委员会批准,聘任为主编、主审、副主编和编委。

本套教材主要特色是:

1. 坚持创新,彰显特色 教材编写思路、框架设计、内容取舍等与本科教材有明显区别,具有前瞻性、启发性。强调知识的交叉性与综合性,教材框架设计注意引进创新的理念和教改成果,彰显特色,提高研究生学习的主动性。

2. 重难热疑,四点突出 教材编写紧跟时代发展,反映最新学术、临床进展,围绕本学科的重点、难点、热点、疑点,构建教材核心内容,引导研究生深入开展关于"四点"的理论探讨和实践研究。

3. 培养能力,授人以渔 研究生的培养要体现思维方式的训练,教材编写力求有利于培养研究生获取新知识的能力、分析问题和解决问题的能力,更注重培养研究生的思维方法。注重理论联系实际,加强案例分析、现代研究进展,使研究生学以致用。

4. 注重传承,不离根本 本套研究生教材是培养中医药类研究生的重要工具,使浸含在中医中的传统文化得到大力弘扬,在讲述现代医学知识的同时,中医的辨证论治特色也在教材中得以充分反映。学生通过本套教材的学习,将进一步坚定信念,成为我国伟大的中医药事业的接班人。

5. 认真规划，详略得当　编写团队在开展工作之前，进行了认真的顶层设计，确定教材编写内容，严格界定本科与研究生的知识差异，教材编写既不沿袭本科教材的框架，也不是本科教材内容的扩充。编写团队认真总结、详细讨论了现阶段研究生必备的学科知识，并使其在教材中得以凸显。

6. 纸质数字，相得益彰　本轮教材的编写同时鼓励各学科配备相应的数字教材，此为中医出版界引领风气之先的重要举措，图文并茂、人机互动，提高研究生学以致用的效率和学习的积极性。利用网络等开放课程及时补充或更新知识，保持研究生教材内容的先进性、弥补教材易滞后的局限性。

7. 面向实际，拓宽效用　本套教材在编写过程中应充分考虑硕士层次知识结构及实际需要，并适当兼顾初级博士层次研究生教学需要，在学术过渡、引导等方面予以考量。本套教材还与住院医师规范化培训要求相对接，在规培教学方面起到实际的引领作用。同时，本套教材亦可作为专科医生、在职医疗人员重要的参考用书，促进其学术精进。

本轮教材的修订编写，教育部、国家卫生和计划生育委员会、国家中医药管理局有关领导和相关专家给予了大力支持和指导，得到了全国 40 余所院校和医院、科研机构领导、专家和教师的积极支持和参与，在此，对有关单位和个人致以衷心的感谢！希望各院校在教学使用中以及在探索课程体系、课程标准和教材建设与改革的进程中，及时提出宝贵意见或建议，以便不断修订和完善，为下一轮教材修订工作奠定坚实的基础。

人民卫生出版社有限公司

2016 年 6 月

国家卫生和计划生育委员会"十三五"规划教材
全国高等中医药院校研究生规划教材目录

一、基础系列

二、经典系列

三、临床系列

24	中医优势治疗技术学	主编	张俊龙	
25	中医脑病学临床研究	主编	高 颖	
26	中医风湿病学临床研究	主编	刘 维	
27	中医肺病学临床研究	主编	吕晓东	
28	中医急诊学临床研究(第2版)	主编	刘清泉	
29	针灸学临床研究(第2版)	主编	梁繁荣	许能贵
30	推拿学临床研究	主编	王之虹	
31	针灸医学导论	主编	徐 斌	王富春
32	经络诊断理论与实践	主编	余曙光	陈跃来
33	针灸医案学	主编	李 瑞	
34	中国推拿流派概论	主编	房 敏	
35	针灸流派概论(第2版)	主编	高希言	
36	中医养生保健研究(第2版)	主编	蒋力生	马烈光

四、中药学系列

37	中药化学专论(第2版)	主编	匡海学	
38	中药药理学专论(第2版)	主编	孙建宁	彭 成
39	中药鉴定学专论(第2版)	主编	康廷国	王峥涛
40	中药药剂学专论(第2版)	主编	杨 明	傅超美
41	中药炮制学专论(第2版)	主编	蔡宝昌	龚千锋
42	中药分析学专论	主编	乔延江	张 彤
43	中药药房管理与药学服务	主编	杜守颖	谢 明
44	制药工程学专论	主编	王 沛	
45	分子生药学专论	主编	贾景明	刘春生

五、中西医结合系列

46	中西医结合内科学临床研究	主编	杨关林	冼绍祥
47	中西医结合外科学临床研究	主编	何清湖	刘 胜
48	中西医结合妇产科学临床研究	主编	连 方	谈 勇
49	中西医结合儿科学临床研究	主编	虞坚尔	常 克
50	中西医结合急救医学临床研究	主编	方邦江	张晓云
51	中西医结合临床研究方法学	主编	刘 萍	谢雁鸣
52	中西医结合神经病学临床研究	主编	杨文明	
53	中西医结合骨伤科学临床研究	主编	徐 林	刘献祥
54	中西医结合肿瘤临床研究	主编	许 玲	徐 巍
55	中西医结合重症医学临床研究	主编	张敏州	

前　言

　　《自然辩证法概论》是国家教育部规定的全国硕士研究生选修的公共思想政治理论课。通过本课程的学习,可以帮助研究生树立马克思主义的自然观、科学技术观,培养研究生的科学思维方法与创新素质。

　　本教材的编写,旨在引导中医药研究生运用马克思主义关于自然辩证法的基本理论、基本观点和基本方法,分析和解决改革开放以来我国现代化建设进程中出现的重大科学和技术问题,分析和解决中医药中的重大科学和技术问题。因此,本教材的编写着重突出以下特色:①内容更加精炼:本教材的编写遵循教育部《自然辩证法概论》(2015年修订版)教学大纲的基本要求,大量压缩了内容和篇幅,力求短小精悍。②更加注重意识形态性及其思想指导作用:本教材除绪论外,每一章的章题目都是以"马克思主义+"命名的,与上版教材形成较大区别。③更加突出医药特色:在吸收上版教材成功经验的基础上,在每一节后都增加了"医学问题与思考",从本课程的理论高度对当前主要的医学问题进行了较为全面的理论思考和回答,或给出思想启迪。

　　本教材在主编人会议、编写会、定稿会等工作的基础上,由编委会全体成员共同努力而完成。关晓光、程现昆、陈小平、吉广庆副主编和付晓男编委协助主编对全书部分章节进行了统稿,全书由崔瑞兰修改、定稿。山东中医药大学李传实、李联敬老师协助主编做了部分具体工作。

　　本教材的编写得到了山东中医药大学、湖南中医药大学等各编写单位的大力支持,编写大纲的起草过程得到了山东中医药大学祝世讷教授的悉心指导,同时我们还借鉴吸收了国内外有关专家和学者的一些最新研究成果。在此,一并致以诚挚谢意!

　　本教材可供高等医药院校硕士研究生及八年制学生使用,也可供其他各专业高校师生、科技工作者、哲学社会科学工作者和其他有兴趣的读者阅读。

　　由于编者水平和时间有限,不足之处在所难免,诚恳广大读者和专家批评指正,以便今后进一步修订完善。

编　者

2016年6月

目 录

绪　论

　　自然辩证法是马克思主义理论的重要组成部分,是关于自然界和科学技术发展的一般规律、人类认识和改造自然的一般方法以及科学技术在社会发展中的作用的理论。它是马克思主义关于人类认识和改造自然的已有成果的概括和总结,是随着科学技术的发展而不断丰富和发展的开放的理论体系,是一门自然科学、社会科学和思维科学相交叉的带有哲学性质的学科。

一、自然辩证法的学科性质

　　19 世纪马克思和恩格斯孜孜以求地研究人类社会的发展趋势和规律,以求得无产阶级和人类自身的彻底解放。马克思和恩格斯在研究领域上有所分工,马克思着重研究社会经济领域的现象和规律,恩格斯则根据当时科学技术蓬勃发展的局面,从哲学角度提炼、概括、总结科学技术发展的规律和趋势,并以此批判和肃清科学技术领域的各种唯心主义思想。自然辩证法一词原是恩格斯为其自然科学哲学著作部分手稿写的一个归类标题。1925 年,俄共马克思恩格斯研究院在出版《马克思恩格斯文库》时,把它作为恩格斯的自然科学哲学著作的书名,自然辩证法由此得名。《自然辩证法》是恩格斯多年来对自然科学研究的总结,遗憾的是 1883 年马克思不幸去世,恩格斯腾出手来整理出版马克思《资本论》第二卷第三卷及其他手稿,自然辩证法的研究被迫中断,只留下了一些笔记、札记、片断的形式,是一部尚未完成的著作。但是基本的观点、思想已经呈现,理论体系也清晰可见。

　　自然辩证法是马克思主义的重要组成部分。马克思主义理论通常分为三个有机的组成部分,即马克思主义哲学、马克思主义政治经济学、科学社会主义。其中马克思主义哲学是关于自然、社会和思维领域的最一般规律的科学,是整个马克思主义理论体系的基础,贯穿和体现于马克思主义的全部学说和实践活动之中。马克思主义哲学又称为辩证唯物主义和历史唯物主义,是唯物辩证的自然观和历史观的统一。自然辩证法作为唯物辩证的自然观,对应于辩证唯物主义这一部分。辩证唯物主义的主要的和基本的观点及原理,都是从恩格斯对自然辩证法的研究中得来的。

　　随着文艺复兴以来欧洲社会的发展,资本主义生产关系的萌芽,科学技术也出现了长足的发展,表现在科学技术出现了一系列的新突破,尤其是被恩格斯称为自然科学的"三大发现"——能量守恒与转化定律、细胞学说和生物进化论,显示了事物间的横向联系和辩证发展过程,即自然界从天体、地球、生命到人类的发展图景都是辩证的,以往科学技术当中那种僵化的、形而上学的观点已经站不住脚了。"辩证法的规律是从自然界的历史和人类社会的

1

历史中抽象出来的。辩证法的规律无非是历史发展的这两个方面和思维本身的最一般的规律。它们实质上可归结为下面三个规律:量转化为质和质转化为量的规律;对立的双方相互渗透的规律;否定的否定的规律。"①恩格斯把辩证法的基本规律从唯心主义的体系中剥离出来,建立在新的唯物主义的基础上,形成了新的辩证唯物主义的世界观。

自然辩证法,就其学科性质而言,属于哲学性质的交叉学科。自然辩证法不是研究自然界中的某个特殊现象,或者人类认识和改造自然的某个特殊过程,它是站在世界观、认识论和方法论的高度,从整体上来把握自然界、人类认识和改造自然的科学技术研究活动以及科学技术发展的一般规律,这就使自然辩证法明显地区别于自然科学和各门技术学科,具有哲学的性质。辩证法本质上是一种哲学学科,自然辩证法产生以来,也主要是以哲学为主要学术阵地,它的概念形式、研究方法、学术规范都具有鲜明的哲学特质。就自然辩证法的研究内容和层次而言,自然辩证法在科学技术的具体学科与马克思主义哲学的普遍原理之间,处于一个中间的位置,比哲学的普遍原理矮半个层次,又比科学技术的具体学科高半个层次。由于占据着一个独立的中间层次,使得自然辩证法具有独特的存在价值。

自然辩证法不能代替具体的科学技术学科。每个具体的科学技术学科都有特定的研究领域。物理学是研究物质运动一般规律和物质基本结构的科学。化学是在分子、原子层次上研究物质的组成、性质、结构与变化规律,创造新物质的科学。生物学是研究生物的结构、功能、发生和发展的规律,以及生物与周围环境的关系等的科学,等等。这些具体学科研究的都是某一方面的具体规律,而自然辩证法研究的是人类认识和改造自然的一般规律和科学技术发展的一般规律,它们的抽象性要大于某个学科的具体规律。自然辩证法也不能代替马克思主义哲学的普遍原理。无论是辩证唯物主义关于自然界的研究,还是历史唯物主义关于社会历史发展的研究,都从具体事实上升到哲学层面,是对自然、思维和社会发展的高度概括和总结,具有最高的普适性和抽象性。正因为自然辩证法是从科学技术具体学科上升到马克思主义哲学的普遍原理的中间环节,所以自然辩证法起着联系马克思主义哲学和具体科学技术纽带的作用,这也是马克思主义哲学能够指导科学研究,发挥世界观方法论功能的重要依据。

自然辩证法不仅研究自然界,而且研究人和自然界的关系以及这种关系在人的思维中的反映和在人类社会中展开与发展的过程,反映了自然科学、技术科学、思维科学、社会科学的交叉。从这个意义上说,自然辩证法具有综合性、交叉性和反思性的特点。

由于自然辩证法的研究对象是科学技术,而科学技术是一个非常宏大的现象,所以自然辩证法的内容涉及非常多的学科,包括自然哲学、科学技术学、科学技术发展史、科学学、科学社会学等。有时候,我们不把自然辩证法叫做一个学科,而是一个包含了自然哲学、科学技术史、科学思想史、科学哲学、科学社会学的学科群,由此可见自然辩证法具有综合性的特点。

同时由于自然辩证法涉及的学科众多,与众多学科既有区别又有紧密的联系,体现出交叉性的特点。科学哲学、技术哲学、工程哲学、科技史、科学学、科技社会学、科学技术与社会、系统科学、思维科学、科技管理与政策等新兴学科几乎都与自然辩证法有着千丝万缕的血缘联系。

---

① 马克思恩格斯文集:第9卷.北京:人民出版社,2009:401.

　　自然哲学是现代自然科学的前身,主要是思考人面对的自然界的哲学问题。包括人和自然界的关系。最早的自然哲学原版是古代希腊哲学。古希腊自然哲学的特点是直观性、思辨性和猜测性。因为当时科学没有发展出来,对事物认识停留在直观臆想的层次,所以是模糊的、不精确的或包含着错误的。近代以来自然哲学的发展产生了黑格尔自然哲学。黑格尔自然哲学具有一定的科学基础,但他的自然哲学是建立在唯心主义基础之上的。马克思主义批判了黑格尔的唯心主义体系,在自然哲学上实行了彻底的变革,建立了唯物辩证的自然观。自然辩证法中包含了自然哲学,但不同于以往的自然哲学。

　　科学技术史是关于科学技术的产生、发展及其规律的科学。科学技术史既要研究科学技术内在的逻辑联系和发展规律,又要探讨科学技术与整个社会中各种因素的相互联系和相互制约的辩证关系。因此,科学技术史既不是一般的自然科学,也不同于一般的社会历史学。它是横跨于自然科学与社会科学之间的一门综合性学科。自然辩证法需要科学技术方面的知识,需要科学技术史的素材,但自然辩证法作为哲学学科,需要从科学技术史中提炼和概括。

　　科学学是一门以整个科学技术为对象,研究科学技术自身以及科学技术同经济、社会相互关系的客观运动规律的,以及如何利用这种客观规律以促进科学技术与经济、社会协调发展的科学。科学学和自然辩证法的研究对象有重叠和交叉的一面,但并不相同。

　　进入 21 世纪,科学技术发展的整体化、综合化和社会化的趋势还在加强,科学技术对人类社会的影响越来越大。科学、技术、生产和生活联结成越来越紧密的社会链条,随时可能引发整个社会乃至全球性的剧烈动荡。新世纪无论哪一次重大的科学技术事件都引起举世关注,其他事件的背后也都可以找到科学技术的诱因或者解决问题的科技出路。即使那些诅咒科学技术导致人类发展困境的人也清楚,只有依靠科学技术,人类才能最终走出困境。科学技术成为经济发展和社会进步的最重要的、基础的、主导的和第一位的引擎和原动力。在这样的背景下,人类反思自然、科学、技术与社会的范式,从 19 世纪以前的自然哲学的自然观、20 世纪中叶的科学技术社会观,进入到科学技术社会发展观。作为这种反思的学术形态的自然辩证法,更加着眼于人与自然及其社会的和谐发展,更加着眼于人的全面自由发展;为了实现这种发展,更加着眼于开发人的潜能和创新思维。自然辩证法本质上是一门反思的学问,是人类对自然、对人与自然关系的哲学反思。反思是自然辩证法的基本学术品质。

　　另外,在自然辩证法的学科定位上,还有自然辩证法与科学技术哲学的关系。自然辩证法和科学技术哲学这两个名字是非常相似和大同小异的。1949 年中华人民共和国成立后直到 1987 年之前,一直沿用苏联学术界的说法,将这一学科领域称为"自然辩证法"。出于与国际接轨和学科规范的考虑,1987 年学科目录调整,"自然辩证法"这一学科正式更名为"科学技术哲学(自然辩证法)",作为哲学的一个二级学科,一直沿用至今。但自然辩证法和科学技术哲学这两个名字还是有区别的。狭义的科学技术哲学一般指西方科学技术哲学,即在西方语境下兴起的逻辑经验主义、批判理性主义、历史主义等哲学流派及思潮,这些流派一般集中在认识论和方法论领域,在某些方面研究得比较深入,提出了较为深刻的思想和理论,但它们大多是站在马克思主义对立面的,这需要我们清醒的认识。另外狭义的西方科学技术哲学不涉及自然观和科学的本体论部分。

　　而自然辩证法作为马克思主义哲学的一个有机组成部分,从人和自然的一体化出发研究科学技术现象,从人的实践活动中,从天然自然和人工自然的辩证关系中去认识科学技术活动的规律,这是西方科学技术哲学所难以做到的。

恩格斯在自然辩证法中着重谈到人和自然的关联性。人类生存的第一个基础,就是外在于人的自然环境的存在。自然是人的所有生存活动的基础,并且自然环境随着人的活动而不断发生改变,造成了人类史和自然史的交织。人与自然具有密切的相关性。

还有,作为人与自然之间活动的中介的科学技术,是一个在历史上起重要作用的、革命的力量。随着科技文明的进步,人类作用于自然的能力越来越强,创造的物质财富越来越多,每一次科技革命都掀开了隐藏在自然之中的巨大的生产力。科学技术是人类社会进步的基石。

但是,科学技术活动在资本主义社会中出现了异化现象。本来是人的本质力量的对象化的科学技术活动,结果背离了人的本质,变成了资本家获取财富、压迫劳动人民的工具。科学技术出现了异化。

恩格斯的自然辩证法对科学技术的分析,显示了自然辩证法的马克思主义属性、鲜明的无产阶级属性和意识形态性,既是马克思主义关于科学技术发展规律的认识和总结,也是指导科学技术实践的重要渠道。

二、自然辩证法的研究内容

自然辩证法经过多年发展,形成了一个完整的理论体系。马克思主义自然观、马克思主义科学技术观、马克思主义科学技术方法论和马克思主义科学技术社会论,构成了马克思主义自然辩证法的重要理论基石。中国马克思主义科学技术观是自然辩证法中国化发展的最新形态和理论创新。

马克思主义自然观。自然观是人们对自然界的总的认识,包括人们关于自然界的本原、演化规律、结构以及人与自然的关系等方面的根本看法。自然观是人们对整个世界认识的基础,因而任何一种系统的哲学必然包含与之相适应的系统的自然观。任何时代的自然观都是在一定的历史文化背景下形成的,尤其与当时的自然科学发展水平密切相关。反过来,它又对自然科学有着这样或那样的影响。在历史上,最先出现的是神话形态的自然观。进入阶级社会以来,唯物主义自然观与唯心主义自然观的对垒日趋明显。唯心主义自然观经历了不同的发展阶段。唯物主义自然观大体经历了三个大的发展形态。在古代,人们基本上把自然界看作一个普遍联系、不断运动的整体,由此形成朴素的自然观。近代科学深入自然界的各个细节进行孤立静止的考察,由此产生形而上学自然观。马克思主义自然观是对自然界的存在方式、演化发展以及人和自然的关系进行科学的说明。它克服了古代自然观的直观和思辨的缺陷,吸取了古代自然哲学关于自然界运动、发展和整体联系的思想,立足于近代自然科学对自然界认识的最新成果,批判了形而上学和机械论,揭示出自然界本身发展的辩证法。辩证唯物主义自然观是自然观的高级形态,是马克思主义自然观的核心。现代科学日益广泛地揭示了自然界的各种联系,从各个不同的角度发展着辩证唯物主义自然观。系统自然观、人工自然观和生态自然观是自然观发展的当代形态。

马克思主义科学技术观。马克思主义科学技术观是马克思主义对科学技术的本质和发展规律的总体看法和根本观点,包括科学的本质属性、划界标准、科学的社会运行等。当今世界,科学已发展为大科学,技术已发展到高技术,现代科学技术革命,一方面使科学技术本身变成日益庞大的知识体系和日益复杂的社会建制,另一方面科学技术的成果广泛地渗透到社会生产和人类的各个领域,急剧地改变着社会生产和人类生活的面貌,这就使人们不能不对科学技术的性质、科学技术的价值、科学技术的体系结构及其发展规律等做出认真研究和深刻反思。

马克思主义科学技术方法论。马克思主义的科学技术方法论是以辩证唯物主义立场、观点为基础,吸取具体科学研究中的基本方法,并且对其概括和升华的方法论。马克思主义科学技术方法论的核心是辩证思维。马克思主义科学技术方法论的基本原则是把辩证法贯彻到科学研究中,将对立统一、质量互变和否定之否定的辩证思想渗透到具体的科学研究中,把握具体科学技术研究的过程。马克思主义科学技术方法论的理论要素就是:分析与综合相互映照,归纳与演绎相互结合,从抽象到具体的辩证过程,历史与逻辑相互统一。

马克思主义科学技术社会论。马克思主义科学技术社会论是基于马克思恩格斯的科学技术思想,探讨社会中科学技术的发展规律,以及科学技术的社会建制、科学技术的社会运行等的普遍规律,是马克思主义关于科学技术的本体论和认识论,是马克思主义科学技术论的重要组成部分。马克思主义创始人把科学技术看作最高意义上的革命力量,深刻的揭示了科学技术与社会关系的本质。科学技术社会经济发展观,科学技术异化观,科学技术伦理观,科学技术社会运行观,科学技术文化观等,构成了马克思主义科学技术社会论的核心内涵。科学技术对社会的作用呈现两面性,在极大地推动社会经济发展、实现文明转型的同时,也对人和自然产生了异化作用,影响了人的自由全面发展。科学发展需要社会体制、科研机构和伦理规范等建制方面的保证,积极改革科学技术体制,完善科研组织机构,加强科学技术伦理规范,是科学技术社会建制的重要内容。科学技术需要经济、政治、教育等方面的支撑,制定并实施科学技术发展战略,营造良好的科学技术运行环境,对科学技术的顺利运行具有十分重要的意义。科学技术运行应该与国家目标相结合,以促进国民经济和社会全面和谐持续发展为宗旨。要以先进的社会文化引导科学技术文化,协调科学技术文化与人文文化之间的冲突,警惕后现代主义和反科学思潮对科学技术的不良影响。

中国马克思主义科学技术观。中国马克思主义科学技术观是马克思主义科学技术论的重要组成部分,是对当代中国科学技术及其发展规律的概括和总结,是马克思主义科学技术观与中国具体科学实践相结合的产物,是中国化的马克思主义科学技术观。毛泽东、邓小平、江泽民、胡锦涛、习近平提出了一系列关于科学技术的理论观点,形成了系统的科学技术思想。毛泽东、邓小平、江泽民、胡锦涛、习近平的科学技术思想,既一脉相承,又与时俱进。中国马克思主义科学技术观,是中国共产党人集体智慧的结晶,是对毛泽东、邓小平、江泽民、胡锦涛、习近平的科学技术思想的概括和总结,是他们科学技术思想的升华和飞跃,是他们科学技术思想的凝练和精髓。中国马克思主义科学技术观的基本内容包括科学技术的功能观、战略观、人才观、和谐观和创新观。中国马克思主义科学技术观的主要特征是时代性、实践性、科学性、创新性、人本性等。建设中国特色的创新型国家,是中国马克思主义科学技术观的具体体现;提高自主创新能力是中国特色的创新型国家建设的核心;国家创新体系建设是中国特色的创新型国家建设的关键。

马克思主义自然观、马克思主义科学技术观、马克思主义科学技术方法论、马克思主义科学技术社会论、中国马克思主义科学技术观等组成了自然辩证法的理论体系,共同揭示了人类社会与自然的本质。自然辩证法的理论体系不是封闭的,而是开放的、动态的、发展的,随着社会实践和科学技术的发展,自然辩证法也必然不断丰富和发展自己的内容。

三、自然辩证法的历史发展

马克思主义自然辩证法的产生有其历史的渊源。

早期的自然哲学,同自然科学的萌芽状态相适应,其中的唯物主义思想和辩证法思想具有朴素的、直观的性质。16 世纪以来西方近代实验自然科学建立和发展起来以后,唯物主义哲学和唯物主义自然观相应地有了重大的发展。但是,由于自然科学中首先得到充分发展和广泛应用的是力学,直到 18 世纪自然科学总的来说还处于分门别类地搜集材料进行研究的过程,它还未发展到足以揭示自然界的历史发展和广泛联系的阶段,因而那时的自然知识处于狭隘状况,那时的唯物主义自然观带有机械的(力学的)、形而上学的局限性。

德国古典哲学特别是黑格尔哲学中有丰富的辩证法思想,这同自然科学的发展也是有联系的。但是,德国古典自然哲学尽管包含许多有见识的和合理的东西,却是以神秘的形式阐发的,在那里关于自然界的辩证法的思想具有思辨的唯心主义性质。这种自然哲学就其形式、体系和方法而言,是同自然科学分离并凌驾于自然科学之上的。

从康德于 1755 年和拉普拉斯于 1796 年提出星云学说试图揭示天体演化的历史开始,形而上学的自然观被打开了第一个缺口。19 世纪以来自然科学的一系列发现:维勒的尿素合成(从无机物得到有机物)(1826 年),赖尔的地质演变论(1831 年),施旺、施莱登的细胞学说(1838 年、1839 年),迈尔等人的能量守恒和转化定律(1842 年),洪堡德的比较自然地理学(1845 年),达尔文的生物进化论(1859 年),麦克斯韦的电磁理论(1862 年),门捷列夫的元素周期律(1869 年),等等(其中能量转化、细胞学说和进化论被恩格斯称之为三大发现),使自然界的历史发展和普遍联系被日益揭示出来,整个自然科学经历着从经验到理论、从分析到综合的发展过程。这一切不断地打击着形而上学的自然观。自然辩证法就是在这样的自然科学发展的基础上建立起来的。

从哲学思想的渊源来说,它正是依据这样的自然科学发展,对德国古典哲学中的唯心主义辩证法进行了唯物主义的改造。在马克思主义看来,事情不在于把辩证法的规律从外部注入自然界,而在于从自然界中找出这些规律并从自然界里加以阐发。根植于自然科学之中的马克思主义自然辩证法的建立,意味着凌驾于自然科学之上的、思辨的旧自然哲学的终结。

马克思、恩格斯于 19 世纪 40 年代开始酝酿和形成他们的新哲学世界观,体现在他们分别和合作撰写的一系列手稿和著作特别是《费尔巴哈论纲》和《德意志意识形态》中。他们关于自然辩证法的思想萌芽也应该追溯到这一时期。当然,系统地研究、建立和阐明马克思主义的自然辩证法主要是由恩格斯来进行的,这体现在他从 1858 年开始酝酿、从 1873 年开始写作的《自然辩证法》手稿和 1877—1878 年写的《反杜林论》中。

在《反杜林论》和《自然辩证法》中,恩格斯依据当时的自然科学成果描绘了整个自然界发展的辩证图景,运用丰富的自然科学材料阐发了辩证法的基本规律,研究了各门自然科学的辩证内容。他把自然科学所揭示的自然界的辩证法同自然科学认识发展和研究方法的辩证法联系起来研究,并认为从根本上来说认识的辩证法是客观的辩证法的反映。

列宁在 19 世纪末 20 世纪初自然科学新发展的背景下,在捍卫马克思主义哲学的斗争中,写出了《唯物主义和经验批判主义》(1908—1909 年)。在这部著作中,他考察了以 X 射线、电子和元素转化的发现为契机的物理学革命,分析了由它所引起的哲学思想的混乱,认为这种混乱的产生主要就是因为不懂得辩证法,特别是不懂得自然科学认识发展的辩证法,他指出现代物理学正在走"从形而上学的唯物主义提高到辩证唯物主义"这一步,唯物主义辩证法是自然科学的"唯一正确的方法和唯一正确的哲学"。

在《哲学笔记》中,列宁强调辩证法内容的正确性必须由科学史来检验,"要继承黑格尔和马克思的事业,就应当辩证地研究人类思想、科学和技术的历史。"

在十月革命以后,列宁发表了《论战斗唯物主义的意义》,要求战斗唯物主义同自然科学家结成联盟,用唯物主义的辩证法去研究自然科学革命所提出的种种哲学问题,从而为社会主义国家这方面研究工作的发展提出了一个纲领。

1925 年,恩格斯的《自然辩证法》在苏联出版。这部著作的公之于世,大大促进了马克思主义自然辩证法在苏联和在世界的传播。

在中国,自然辩证法也是随着恩格斯这部著作中译本的出版(1929 年)而逐渐在接受马克思主义的哲学工作者和自然科学工作者中间得到传播的。中国共产党领导人及当时进步人士在延安倡导广泛学习恩格斯的自然辩证法,成立了自然科学研究会等学习研究组织。

中华人民共和国成立后,毛泽东也很关心和重视自然辩证法的研究,在这方面讲过一些深刻的意见。例如:他强调自然界无论在微观方面还是在宏观方面都是无限的,自然科学的发展也是无限的,等等。他的哲学著作《实践论》和《矛盾论》,在中国科学工作者学习马克思主义认识论和辩证法、开展自然辩证法研究中起到了重要作用。

改革开放以来,自然辩证法的发展状况令人欣喜。我国内地除了青海、西藏外,有 27 个省、市、自治区成立了自然辩证法研究会或筹备机构,登记会员 8000 余人,从事自然辩证法教学和科研人员及兼职工作者数万人,教育部批示为理工农医研究生开设自然辩证法课程,中央党校及部分高校开办了自然辩证法理论班和师资班,全国学习和宣传自然辩证法的刊物有 20 余种,自然辩证法的学术活动活跃于工业、农业、军事、科技、教育、医学、城建等各个领域,为百废待兴的现代化建设事业和改革开放拨乱反正、正本清源发挥了重要作用。正是这种良好的发展态势,吸引了不同学科、不同层次的人,在不同的广阔领域开展自然辩证法的教学研究工作。

自然辩证法的发展同自然科学的发展是紧密联系着的。20 世纪以来自然科学的突飞猛进,极大地扩大和加深了人类对自然界的认识,远远超出了 19 世纪自然科学的眼界。

列宁看到了这一深刻变革的开端。综观 20 世纪的自然科学,爱因斯坦的狭义相对论(1905 年)和广义相对论(1915 年),更新了经典物理学关于物质、运动、空间、时间、质量、能量的概念。从普朗克的量子论(1900 年)、波尔的量子化的原子结构理论(1913 年)到薛定谔、海森堡的量子力学(1925 年、1926 年),都揭示了崭新的、不同于宏观物理学规律的微观物理学规律;对基本粒子的相互转化和更深结构层次的研究,对各种相互作用统一的研究则显现了物质深远的无限性和深刻的统一性,宇宙论的研究把演化概念推到更广的范围和更深的层次(元素和基本粒子的演化),生物学的研究借助于现代物理学和化学,从 20 世纪 40 年代开始由细胞水平深入到分子水平,这方面研究的不断发展使人类开始真正揭开生命活动和遗传现象的秘密,从电子计算机的制成(1946 年)逐步发展到人工智能的探索,为思维科学的研究开辟了新天地,控制论、信息论、系统论的创立和发展,使自然科学的综合和抽象发展到更高的水平,数学和自然科学方法日益向社会科学渗透;科学的革命引起广泛的、日新月异的技术革命,引起新产业的不断兴起和旧产业的不断改造,引起社会生产力的巨大进步,引起人类物质生活、人们社会关系、人们思想方式的巨大变化;人类作用于自然界能力的巨大增长,带来了人和自然界的关系的许多尖锐问题(如环境和生态问题等)。总之,20 世纪自然科学的发展在更加广阔的范围和更加深刻的程度上揭示了自然界的辩证法和自然科学的辩证法,使辩证法的许多基本观点由于无数确凿的自然科学事实而在实际上为自然科学界所广泛接受。

医学问题与思考:

医学与自然辩证法

就自然辩证法的学科性质而言,属于哲学性质的交叉学科。它不属于纯粹的哲学理论,而是以具体的科学技术为研究对象,揭示科学技术发生发展的一般规律,并为指导科学技术的研究服务。因此自然辩证法和各门科学技术学科有密切的"血缘关系"。医学属于自然科学的一个分支学科,医学研究同样离不开自然辩证法的理论指导。

第一,在自然观方面。自然观是人们对自然界的总体看法和根本观点。中西医学的差异可以从中西医自然观的差异上找到内在根据。西医受古希腊哲学的四元素说的影响而产生发展。古希腊哲学认为,世界万物都是由火、土、水、气四种元素构成的。这种宇宙观影响了希波克拉底,他由此提出人体是由与四元素相关的血液、黏液、黄胆、黑胆四种体液的不同比例构成的,人的疾病就是因为四种体液失衡而导致的,因此医生的责任就是使病人的体液恢复到平衡状态。体液病理学由此影响欧洲医学上千年。中医是在中国古代哲学思想的孕育中成长起来的,《黄帝内经》是整个中医理论体系的基础。阴阳、五行、气学说是中医理论的基本骨架,同时也是《黄帝内经》中的哲学概念,这两个方面融合在一起,既有哲学的论断,也有医学的阐述。但在后来的发展中,阴阳、五行、气等理论被医学化,用以研究和阐明生理、病理、药理等内容,转化为医学专业理论。中医的基本理论如脏腑学说、经络学说、病因病机学、辨证论治等,都是从《黄帝内经》中生长发展出来的。

西医和中医不同的是,16 世纪以来通过医学革命冲破了古代哲学的束缚,而中医仍然处在古代哲学的框架内,中医许多理论的阐述运用了哲学思辨的方式,用哲学的语言和方法来说明疾病的机理,在一定程度上影响了中医的发展。

第二,在科学技术方法论方面。科学技术方法论研究的是科学技术方法本质及其规律。运用现代科学技术方法论有关理论来分析、阐明中医方法的性质、特征和发展规律是中医方法论研究的主要内容,这也是解决中医发展问题的关键。如在观察人体和疾病,获取医学事实手段上,西医采取的是解剖、试验的方法,而中医却走向了司外揣内、功能观察的道路。在处理临床事实、进行科学抽象过程中,西医采取的是严格的"概念思维",即注重实体性、对象性与现成性;中医采用的是灵活的"象思维",即注重功能性、整体性与生成性。

在对疾病的认识方法上,中医采用的是辨证论治,西医选择的是辨病论治。中医辨证中常用的逻辑方法有:由外揣内、由表及里;援物比类,由此知彼;异中求同,同中求异;明辨标本,分清主次;辨别真假,抓住本质等。西医采用了当时自然科学的一些研究成果,逐渐以分析解剖方法认识诊断疾病,产生了解剖学。由于现代科技的不断进步,逐渐丰富了西医的检测手段,由简单的诊具听诊器发展到用实验诊断、X 线、生物电、超声、放射性同位素、电子计算机、半导体、激光、导光纤维内窥镜、免疫检测技术、微量检验技术等。这些技术越来越广泛地应用到诊断领域，扩大了医生感官的功能，加深了对疾病深度的认识。

第三，在科学技术观方面。科学技术观是关于科学技术的性质、作用、发展规律的总看法。医学与其他科学技术一样，既是一种认识现象，也是一种社会现象。由于认识和实践的对象是人，医学必然具有自然与人文的双重属性。中医几千年的临床实践雄辩地证明，其辨证论治效果不可否认，不容置疑。但近百年来，中医却遭遇到了多次怀疑、排斥甚至否定，中医的科学性一直是争论的焦点。近代以来，西医走向了科学发展之路，而中医的发展却相对缓慢并导致落后，中医现代化的呼声此起彼伏。

第四，在科学技术社会论方面。科学技术社会论是关于科学技术社会功能、社会建制、社会运行等的客观规律的总看法。医学科学和技术是现代社会结构中体现社会保障功能的重要组成部分，医学关乎国计民生和社会经济发展，医学科学在保障人类健康中承载重要的职责和使命。尤其在遭遇重大自然灾害、突发性事件及大规模传染性疾病时，医学在保障国家安全、维护社会稳定方面发挥了重要作用。医学科学技术在为广大民众带来健康和安全的同时，也产生了一系列的伦理社会问题，挑战着传统的伦理和社会规范，也挑战着医务工作者这一特殊的科学技术群体的道德规范。一方面，辅助生殖技术的伦理社会问题、器官移植的伦理社会问题，安乐死、克隆人等的伦理和社会问题，一直困扰着医学工作者。另一方面，医疗回扣、收红包、人文精神的缺失和医患矛盾的不断升级也不断地拷问着医学工作者的执业操守。

总之，医学的发展离不开自然辩证法的指导，通过学习自然辩证法，可以帮助医学研究生了解和把握医学发展的规律和趋势，揭示医学发展的矛盾和本质，应对医学在发展中出现的各种挑战，解决医学目前面临的各种各样的复杂问题。

思考题

1. 自然辩证法的学科性质和研究内容是什么？
2. 结合专业实际，谈谈医学研究生为什么要学习自然辩证法。

（崔瑞兰 李联敬）

第一章 马克思主义自然观

　　自然观是人们对自然及其与人类的关系的根本看法或总的观点。自然观的形成和发展，是一个不断演进的历史过程。人类历史上的自然观可概括为唯物主义自然观和唯心主义自然观两大类。唯物主义自然观的发展主要表现为朴素唯物主义自然观、机械唯物主义自然观和辩证唯物主义自然观。辩证唯物主义自然观是建立在人类对自然的认识和对科学技术发展反思基础之上的自然观，它是由马克思和恩格斯所创立，是自然辩证法的理论基石。随着当代科技革命和人类认识的不断深化，辩证唯物主义自然观也在不断地丰富和发展。当代的系统自然观与生态自然观的形成和发展，是辩证唯物主义自然观的一种发展。

第一节　马克思主义自然观的形成

　　古代，人们认识自然的能力和方法都相对有限，自然界对人们的生存形成了严重的威胁，人们对自然的认识只是基于一些猜测，形成了早期朴素唯物主义思想。正是人们对自然认识的有限性，为宗教神学存在提供了合理空间，宗教神学是人们认识能力不足的表现。随着现代实验科学的发展，近代初期科学革命在思想上的结果，是推翻了神学自然观，形成了机械唯物主义自然观。但这种机械唯物主义自然观却有着机械决定、形而上学和不彻底等特征。马克思主义自然观正是建立在对以往自然观的批判基础上形成了辩证唯物主义自然观。

一、朴素唯物主义自然观

　　人们对自然的认识伴随着科学发展而不断变化。自然界为什么变化莫测，宇宙万物究竟是怎样产生的，怎么才能够准确认识它们。自然哲学家们希望从形形色色的具体事物中寻找某种普遍的、一般的东西作为万物的本原，以此来解释世界。人们对自然的认识是与当时的科学技术水平紧密关联的，由于古代科学技术水平还处于萌芽阶段，因此形成了朴素唯物主义自然观。

（一）自然及自然观

　　对"自然"认知的历史与哲学本身的历史几乎完全一致。在每种系统化的哲学中，不可避免地提到或暗指着某种对自然的解释。不同文明时代以及不同文化的哲学家对"自然"的理解也不尽相同，其中以古代中国和古希腊文明成就尤为突出。

中国古代的《道德经》认为:"人法地,地法天,天法道,道法自然。"自与然是两个单独语义的词,"自"指"自己","然"是"如此"(《广雅·释诂》:"然,成也")。"自然"的最初含义是自己而然、本来如此的含义。主张道效法自然,顺其自然。所以,"自然"的最初意义就是自然而然、自成。这一思想被后来的庄子、汉代王充(《论衡·自然》)、西晋郭象等人所发扬。

西方,古希腊自然哲学家趋向于把"自然"的含义与"本性"相联系。"自然"一词(中世纪拉丁文翻译为 physica,近代英文译为 Physics)原指依靠自己的力量,自然而然地生长、涌现、出现。至古罗马时代,人们开始使用"natura"(nature 最早的拉丁词形),它与希腊文中"自然"的意义相似,具有"生成"的含义。

古希腊早期的爱奥尼亚学派哲学家通过对世界本原的解答,来回答"自然是什么"。亚里士多德在《形而上学》第五卷第四章中指出,"自然"一是指生长着的事物的生成,二是指生长着的事物的内在的东西,三是指天然物体原初的运动之根源,它就在物体的自身中。

因此,自然(nature)一词"涉及的是某种使它的持有者如其所表现的那样表现的东西,其行为表现的这种根源是其自身之内的某种东西"[①]。自然的观念强调自己如此,蕴涵着主体与外界的关系问题。

自然观则是人们对自然认识的哲学层面的反思,通过对自然知识反思自然的原理或本性。自然观由此主要包含两个主要方面:一方面是关于自然的知识,一方面是对自然原理的哲学反思。关于自然的(科学)知识与对这些知识所揭示的原理进行(哲学)反思相结合的产物,其对应的理论就是自然哲学。

从人们对自然知识获取发展的过程来看,主要经历了早期的自然知识的经验形态以及后期至现在的自然知识的科学形态。

在具体的自然知识发展的同时,人们也不断对知识反思,自然观也随之发展。早期人们对自然更多的是猜测和敬畏,自然观则体现在巫术和原始宗教中,巫术和原始宗教是从早期人类对自然的恐惧和敬畏之中逐渐产生的。人们从一些简单经验现象之间的关联,去理解甚至去控制不可理解的自然。在对自然的这种探索和敬畏中,形成了当代科学的雏形,与此同时巫术、神话和祭祀等形式也获得发展。

(二) 古代朴素唯物主义自然观

如果从马克思主义自然观的来源来看,古希腊自然观的传统是其重要渊源之一。如马克思的博士论文《德谟克利特的自然哲学和伊壁鸠鲁的自然哲学的差别》以及马克思早期许多哲学笔记,都记载着马克思对古希腊自然哲学的学习与认识。由于科学技术水平的限制,希腊人运用经验和猜测来探究自然的奥秘,来分析自然界的本质。这种用理想的、幻想的联系来代替尚未知道的现实的联系,用臆想来代替事实,用纯粹的想象来填补现实空白的研究方法,形成了古希腊特有的自然哲学。

古希腊的自然观发展分为前后两个时期,前期是唯物主义自然哲学时期,后期是具有唯心主义特征的形而上学的自然观研究。前期自然哲学时期侧重从物质角度阐释自然的本质,而后期的形而上学的研究则是以感觉为中心去认识世界本原,所以研究的侧重点是从唯心主义方向解释世界的本原问题。

---

① [英]R.G.柯林武德. 自然的观念. 吴国盛,译. 北京:北京大学出版社,2006:54-55.

　　古希腊早期的自然哲学派别很多,最早出现的是泰勒斯所创立的米利都学派。这个学派活跃于公元前 7—公元前 6 世纪,是古希腊第一个唯物主义自然哲学派别。对于世界的本原,泰勒斯认为万物的本原是"水",阿那克西米尼认为万物产生于"气",赫拉克利特则认为是"火",恩培多克勒提出"四元素说"为万物之始,德谟克利特和留基伯提出原子论,认为万物的本原就是原子。他们认为,世界的本原是原子,原子是一种不可以再分割的物质微粒,它们在虚空中运动形成了万事万物。虚空是绝对的空,是原子运动的场所。原子无生无灭,数目无穷,内部性同一,仅在大小形状上存在区别。原子在虚空中无始无终的运动,其运动力来自内在原子的属性。伊壁鸠鲁进一步指出原子之间不但有大小形状的区别,而且还存在重量的不同。古希腊的原子论尽管是在直观经验基础上的理性思辨和天才猜测,但是,它对近代牛顿科学思想体系的建立和道尔顿原子论的提出产生了很大影响。德谟克利特及留基伯提出了古希腊原子论,认为万物的本原是原子,被认为是当时唯物论自然观的最高水平代表。在医学研究方面,以希波克拉底为代表的学派具有初步的解剖学和生理学知识,对许多疾病进行描述并提出了适当的治疗方法,达到那个时代医学的顶峰。罗马时代的名医盖伦通过动物解剖在解剖学、生理学、病理学等方面有许多发现,区分了动脉和静脉,并将古希腊的解剖知识和医学知识系统化,是集古代医学著作之大成的科学家,他的著作和思想影响西方医学达 1500 年之久。

　　在古希腊早期自然观的演变中,除了朴素的唯物主义思想之外,还有唯心主义的形而上学自然观的存在。在苏格拉底和柏拉图的雅典学派兴起以后,形而上学就代替了早期唯物主义自然哲学。希腊人将目光转向人自身,他们把毕达哥拉斯派的学说加以发展,认为只有理念或"理式"才具有充分的实在性,感官对象是不具有充分实在性的。亚里士多德在生物学上虽然重新回到观察和实验,但是在物理学和天文学上还是紧紧遵循着他的老师柏拉图的内省方法,他在生物学方面有重要的成就,曾详细地记述了约 500 种动物并绘制了解剖插图,提出了生物分类原则和方法,但仍然具有唯心主义自然观的特征。

　　中国古代也形成了朴素自然观。在中国古代经过神话创世等对世界之初的理解,慢慢地出现了"阴阳说"和"五行说"。阴阳学说是中国古代对宇宙万物变化的理解,这种学说认为在宇宙中存在着阴和阳两种基本因素,阴阳互生产生万事万物,阴阳内在的互动是一切事物运动变化的内在原因。五行学说认为万事万物是由金、木、水、火、土五种元素构成。这五种元素相生相克,相互制约、相互转化产生万物。"阴阳说"和"五行说"不同于古希腊的万物初始基础的要素学说,如果说古希腊朴素唯物主义思想是一种关于世界本体的理解,那么中国古代朴素自然观则是从关系互动中认识世界的初始基础。阴阳说和五行说后来演化成八卦学说,所谓易有太极,是生两仪,两仪生四象,四象生八卦的说法,就表明了这些学说思想之间的关联。八卦,即以两种阴阳符号为基本单位,组成八种符号标记,即:天(乾)、地(坤)、雷(震)、风(巽)、水(坎)、火(离)、山(艮)、泽(兑)。阴阳说、五行说和八卦说深刻地影响着中国文化的发展。中国的道教非常强调自然演化的思想和道法自然的观点,道家的"道生一,一生二,二生三,三生万物"和"人法地,地法天,天法道,道法自然"的思想就包含有很强的自然演化和尊重自然规律的含义。

　　此外,元气说对中国医学的发展也有很大影响。中国医学在其发展过程中,除了吸收阴阳说、五行说等理论外,还把元气说吸纳进来,用它解释人体生命活动现象,形成了中医独有的气学理论,并发展延续至今。东汉的王充在其所著的《论衡》中说,"天地合气,万物自生"，"万物之生，皆禀元气"，把气作为万物之源，正式创立了元气说。唐代的柳宗元、刘禹锡发展了元气说，柳宗元认为世界万物由阴阳二气相互作用而生，揭示了运动变化的原因，他在其所著《天对》中指出，"庞昧革化，惟有元气"。刘禹锡认为万物"乘气而生"，事物之间的运动变化在于它们之间的相互矛盾。

（三）古代朴素唯物主义自然观的特点

古代人们对自然的认识在方式、方法和手段上尚无有效的系统的实验方法，人们所形成的自然观从感觉直观出发，以思辨的方式认识自然、理解自然，把握自然界的本质和规律。他们把自然界当作一个统一的有机体，把某种有具体形体实在的东西当成自然的基础。认为自然界是一幅由种种联系和相互作用无穷无尽地交织起来的画面，自然界所有的事物都是在运动变化、产生和消失的。这种自然观来自理性的思考和大胆的猜测，虽然以唯物主义方式把握自然界总画面的一般性质，却不能具体地说明自然界的联系之间内在的必然性，这种自然观虽然想从自然界本身寻求对自然现象的解释，但很多都是以猜测形式出现。所以古代朴素唯物主义有明显的朴素的辩证性、直观性、思辨性和猜测性的特点。

1. 朴素的辩证性　世界处于相互作用、相互联系之中，运动和发展变化是其内在特性。如赫拉克利特认为万物永远是流动的，同一事物既存在又不存在，运动的原因在于事物的内部矛盾的对立。"于是我们又回到了希腊哲学的伟大创立者的观点：整个自然界，从最小的东西到最大的东西，从沙粒到太阳，从原生生物到人，都处于永恒的产生和消失中，处于不断的流动中，处于无休无止的运动和变化之中。"①

2. 直观性　从某种有形体的、直观的东西去寻求自然现象多样性的统一是当时自然观的一个特征。如亚里士多德把自然界看做某种不动的原动力的终极因或目的因，激励自然界就其各种构成成分在可能的范围模拟神的活动，这在本质上是一种对生物生长的类比。但当时还缺乏足以把自然现象联结成因果链条的经验知识，这种自然观虽然想从总体上去把握自然界，但当时人们对自然界的认识尚未进步到分析和解剖的程度，对构成总体的部分和细节尚不清楚，因而对总体联系的认识必然是模糊的。由于它的直观性，不能对自然界进行分解，因而不能科学地说明自然界的物质统一性。

3. 思辨性　正由于对事物认识的模糊与直观，不足以把握事物的本质，所以必须对事物进行实证性地研究。"只有这样一种本质的差别：在希腊人那里是天才的直觉的东西，在我们这里是严格科学的以经验为依据的研究的结果，因而也就具有确定得多和明白得多的形式。"②但这些形式是建立在简单的观察法和演绎法等研究方法之上，实验水平上还远未达到近代水平，尽管"在希腊哲学的多种多样的形式中，差不多可以找到以后各种观点的胚胎、萌芽。因此，如果理论自然科学想要追溯自己今天的一般原理发生和发展的历史，它也不得不回到希腊人那里去。"③生产力水平制约了人们的认识水平，对许多事物不能本质地解释，这就使得它不得不用哲学的思辨来编制自治的理论。由于它的思辨性缺乏科学的验证，把自然界的运动发展看成是如此无端地循环，因而不能深刻地揭示自然界辩证发展的本质及其规律。

① 马克思恩格斯选集：第4卷.2版.北京：人民出版社，1995：270-271.
② 马克思恩格斯选集：第4卷.2版.北京：人民出版社，1995：271.
③ 马克思恩格斯全集：第20卷.北京：人民出版社，1971：386.

4. 猜测性　古代朴素唯物主义也提出了一些天才的思想,例如关于世界本原探索的集大成者德谟克利特的"原子论",认为万事万物是由原子与虚空组成的,原子的基本特性是"不可人性",数量和形状具有无限性,构成灵魂的原子是圆球状的,原子在虚空中不断运动碰撞形成漩涡,构成万事万物,也包括思想和灵魂。这些观点在当时实属不易。这种猜测性,现在看来有明显的非科学性的缺陷,缺乏科学的论证,存在一些荒谬的见解,而且总带有一些神秘主义的色彩。早期的自然哲学是从探索自然界的"本原"开始的。至于本原是什么,有多少,古人根据自己的理解做出不同的回答。例如,"水""气""火""四元素""原子论"等。尽管古代自然哲学家在万物的本原是什么以及本原有多少的问题上有分歧,但他们都认为本原是物质性的元素,这个观点"已经完全是一种原始的、自发的唯物主义了,它在自己的萌芽时期就十分自然地把自然现象的无限多样性的统一看做不言而喻的,并且在某种具有固定形体的东西中,在某种特殊的东西中去寻求这个统一。"①

古代朴素自然观的产生,是对神话和宗教束缚的破除,人们运用理性去认识和理解自然的本质,这在人类以科学的方式认识自然的道路上是一次巨大的进步。但在古希腊之后,西方进入漫长宗教神学占据统治地位的中世纪,其形成的自然观具有唯心主义的特点。由于进一步发展了神性而忽略了古希腊以来理性的光芒,被人称为"黑暗的中世纪"。通过经院哲学的发展和文艺复兴运动,近代自然科学才逐渐发展起来,与此同时形成并发展了近代的机械唯物主义的自然观。

二、机械唯物主义自然观

在欧洲从 16 世纪开始,随着资本主义经济和政治等社会的大变革,近代的自然科学也发生了革命性的转折。人类对自然进行了全新的理解和总结,形成了以牛顿经典力学为核心的科学体系,与此相应的,在自然观上同这个阶段的科学技术状况相适应,形成了机械唯物主义自然观。

(一) 近代机械自然观产生的社会条件

在欧洲中世纪后期,一些新技术和新发明在生产领域中迅速和广泛使用,如脚踏纺车和织布机,水力、风力发动机等,中国的火药、指南针和纸也已传到欧洲,工商业得以逐步发展。到 14 世纪末 15 世纪初,封建社会内部开始产生资本主义生产关系萌芽。与此同时随着航海技术的发展,如 15—16 世纪哥伦布首航到了美洲,麦哲伦环球航行成功等,为资本主义产品开拓了新的市场,资本主义经济获得了进一步发展。与经济发展不相协调一致的宗教,在某种程度上成为经济发展的屏障,"宗教改革""文艺复兴"成为社会发展呼之欲出的运动。文艺复兴不仅创造了近代的古典文学和艺术,而且由于它对人性的关注,对中世纪经院哲学的蔑视和拒斥,对现实世俗生活的关注、对古典文化资源的挖掘,为近代自然科学的发展起到了启蒙的作用。客观上为自然科学从神学中解放出来,创造了必要的社会前提,也为近代机械自然观的产生提供了必要的社会前提。

(二) 近代机械自然观形成的基础

文艺复兴和宗教改革如果说主要是人文科学和社会科学的变革,那么,近代自然科学的成就则向人们展示的是人们对自然科学理解的巨大变化。这一时期,自然科学取得了一系

---

① 马克思恩格斯全集:第 20 卷.北京:人民出版社,1971:525.

列重大成果。但宏观上看,科学发展落后于生产技术。例如,钟表在实践中已广泛应用,但人们并不懂得由哪些因素决定着钟表运动的周期;人们发射了无数的子弹和炮弹,却搞不清怎样才能把弹道计算出来,命中率如何提高。微观上看,古典力学的发展比较完善。在天体力学中,开普勒发现了行星运动的三大定律(椭圆定律、面积定律、周期定律);1632年,伽利略发现了自由落体定律;1687年,牛顿发表《自然哲学的数学原理》,系统论述了牛顿力学三定律(惯性定律、加速度定律、作用力反作用力定律)和万有引力定律。这些定律构成一个统一的体系,把天上的和地上的物体运动概括在一个理论之中。这是人类认识史上对自然规律的第一次理论性的概括和综合。但这一时期其他学科还很落后,主要处于收集材料,积累经验,进行分门别类的初步整理的阶段。例如,18世纪,瑞典生物学家林耐就曾致力于对植物的分类,他写了《自然系统》一书,使杂乱无章的关于植物方面的知识形成了完整的系统。在化学领域,英国科学家波义耳把严密的实验方法引入化学,他被称为近代化学的创始人。德国科学家斯塔尔(格奥尔格·恩斯特·斯塔尔)提出燃素说来解释化学反应,燃素说作为化学的理论成果统治了化学界近100年。对自然界理解的变化,其影响不仅仅是在自然科学领域中,更重要的影响是对社会经济、政治和文化的作用。近代自然科学首先从天文学和医学生理学两大领域取得了突破性胜利。1543年出版的哥白尼(N. Copernicus, 1473—1543)的《天体运行论》和维萨里(A. Vesal—ius, 1514—1564)的《人体的结构》,成为近代科学革命的开端。在天文学领域的变革引发了天体力学的发展,进而为经典物理学大厦奠定了基础。而医学生理学的发展,则为近代实验医学的发展奠定了基础。

　　1. 天文学成就　天文学(astronomy),它的产生是伴随着人们对生产和生活的需要发展而来,人们长期观察日月星辰,记录其运动周期,变化的规律。在古代各个文明古国都有自己的天文学在发展。在现代,天文学一般被认为是研究和观察宇宙间天体的学科,研究广阔空间中天体的位置、运动、分布、形态结构、化学组成、物理状态和演化规律。

　　哥白尼在天文学领域的成就,可以说是对地心说的突破。而地心说主要源自于古希腊的天文学理论。古希腊天文学理论认为,作为神圣和永恒的天体是做匀速圆周运动的,但少数天体,如太阳和月亮并不是这样的运动,为了证明这样的运动形式,柏拉图的学生欧多克斯(Eudoxus of Cnidos)、亚里士多德等不断完善发展,托勒密(C. Ptolemy, 约85—168)将其系统化,形成了科学史上的"地心说"。这种世界观在13世纪到17世纪左右是天主教教会公认的世界观。

　　地心说认为,地球是静止不动的,处于宇宙的中心,其他行星和太阳围绕着地球运动。古希腊的天文学家为了进一步解释其他星体的运动,想象出了本轮和均轮。托勒密构造出本轮——均轮体系,使地球中心体系符合观察到的星体运动路径。这一学说也得到了教会的认可和推崇,教会将其作为创世说不可缺少的部分,纳入到教会的神学体系中。由此可见,天文学理论也成为教会维护其统治地位的重要理论。

　　波兰天文学家哥白尼对托勒密的体系进行了研究,他认为该体系存在着严重的缺陷,哥白尼要解决的问题是行星应该有怎样的运动,才会产生最简单而最和谐的天体几何学。哥白尼认为行星绕中心运动是一个不可打破的观念,而托勒密却破坏了这种观念。哥白尼运用毕达哥拉斯学派的"中心火"思想,重新以太阳为宇宙中心去建立宇宙体系。经过数十年的观察和研究,哥白尼终于建立起以太阳为中心的学说——"日心说"。日心说认为,地球本身是运动的,当然它也不是宇宙中心,地球与其他行星一样,它既有自转,也会围绕太阳公转。

1530 年左右哥白尼写了一篇论文,同年以通俗的形式发表了这篇论文的提要。一直到 1540 年,哥白尼才答应将全文发表,到 1543 年,这本书的第一册印刷本送给他时,他已在临终的病床之上。哥白尼的胜利是姗姗来迟的,经过了大批科学家的努力,一直到伽利略把他发明的望远镜指向天空,这一体系才得到人们的认可,哥白尼的理论才声名大著。1543 年,哥白尼公开发表《天体运行论》,这是近代自然科学诞生的主要标志。当然哥白尼的学说存在着很多问题,但日心说却打破了当时在天文学领域占有千年统治地位的地心说,为此后的近代天体力学的发展奠定了基础,在宗教神学领域中动摇了神学观念,对宗教权威的破除起到了重要作用。

2. 医学生理学革命 医学实践与一定的自然观念相结合,不同的自然观下,形成的医学观念会有所不同。古希腊时期希波克拉底的医学观念形成了当时欧洲医学源头,中世纪盖伦的医学思想占有统治地位。文艺复兴之后,医学家们通过实验医学的发展,逐渐形成了近代医学模式。

盖伦是古罗马最著名的医学家(公元 129—199),他创立了"三灵气说"来解释人体血液循环的生理过程,"三灵气说"具有神秘的宗教色彩,它无法说明血液如何靠灵气推动。文艺复兴以后西方医学同其他自然科学一样注重实验,医学的实验则以解剖学为基础。一批艺术家、医学家不仅从事动物解剖,而且从事人类解剖学和解剖生理学的研究。达芬奇为了确定人体的正确比例和结构,亲自解剖尸体,画出了许多精细的尸体解剖图。他曾研究过心脏的肌肉并画出心脏瓣膜图,用水的循环来比喻血的运行,表述了血液循环的概念。

比利时医生维萨里,在哥白尼发表日心说的 1543 年同时也发表了《人体的结构》,揭开了医学领域革命的序幕。在书中,维萨里描绘了 300 多张解剖图谱,纠正了盖伦 200 多处错误。他以自己在解剖中的发现为根据,提出了两个重要的论点:第一,女人身上的肋骨同男人身上的肋骨一样多,女人的肋骨并不比男人肋骨少一根,都是 12 对,24 根。这样就否认了上帝用男人的肋骨创造出女人的说法。第二,纠正了盖伦关于左、右心室相同的说法。他的著作触犯了天主教,动摇了天主教的教条,宗教裁判所以巫师罪和盗尸罪判处他死刑,后允许他去朝圣,最后维萨里困死途中。维萨里在西班牙医生塞尔维特(1511—1553)批判盖伦"三灵气说"的基础上提出血液小循环理论。英国医生哈维(1578—1657)进而提出了血液大循环理论,并在 1628 年出版了《心血运动论》,从而标志着人体血液循环理论的建立。

近代医学史血液循环理论的建立过程是一个充满荆棘的过程。一些医学家在与教会的斗争中,受到了教会的严重迫害,甚至失去了生命。由于盖伦的医学被看成是宗教在医学中的有效理论证明,对盖伦医学的否定就是对宗教神学的否定,不论是维萨里,还是塞尔维特都受到了教会的批判。塞尔维特也因神学观点被加尔文派新教逮捕并处以死刑,在烧死之前还活活烤了两个钟头。血液循环理论的建立具有重要的科学价值,成为临床医学的理论基础,同时也成为近代生理学的重要基础。在哈维以后,比较解剖学、人体生理学、医学等生物学学科逐步建立起来。

(三)机械唯物主义自然观的基本内容

伴随着近代自然科学的发展,尤其是实验等方法的广泛应用,科学家们建立了以实证方法为基础的研究方法,对自然现象的研究不再简单地停留在推测和猜想基础上。机械唯物主义自然观认为整个自然界是由实在的物质组成,其性质是由物质内部不可再分的微粒数量的组合和空间结构决定,物质的运动是在一个绝对的时间和空间中位移,其运动遵循因果关系的决定论,物质运动有其内在规律性,物质的属性和惯性是固有不变的。自然界与人之间处在分离、对立状态,人处于自然之外,是与自然不同的存在者。

近代自然科学发展过程中,所形成的实验、观察、还原、分析等科学研究的方法,为近代自然科学的发展创造了基本条件。与此同时,这样的分析方法和还原方法,经过培根、笛卡尔的不断总结和发展,形成了近代机械自然观,这种观点不是从整体和普遍的视角去看待自然界,而是以孤立、片面的方式看待自然,因此这种自然观也被称作形而上学的机械唯物主义自然观。

(四) 机械唯物主义自然观的特征

1. 机械性　从哥白尼到牛顿,人们对自然规律及其因果关系取得了有效的认识,把自然界的所有运动都归为机器运动,并能够运用力学原理解释一切,这个过程被恰当地称之为世界图景的机械化过程。哥白尼以数学简单"先验"原则建立起来图景,而伽利略运用望远镜去加以检验,"霍布斯在见到伽利略以后,就把动力科学发展成为一种机械哲学"①。按照机械论的观点,整个世界就如同一部结构严密,构件精妙,运行精确的机械装置。开普勒就曾把天体看做是和谐的机构。笛卡尔认为自然图景是一种受精确的数学法则支配的完善的机器。他还试图论证"动物是纯粹的机器"。英国哲学家霍布斯认为生命就是一种肢体运动,由身体的主要部分发动,就像钟表中发条和齿轮一样,心脏是发条,神经是游丝,而关节是齿轮,它把动作传递给整个躯体。牛顿的万有引力定律向我们展示的就是一个庞大的宇宙机器。拉美特利则更进一步认为,人只不过是比动物"再多几个齿轮,再多几条弹簧"②,把人等同于机器。

机械唯物主义自然观认为自然界是物质的,物质有其运动规律,最终把自然界的一切运动都归结为机械运动。这种观点否认了不同种类事物之间的差别,如有机界与无机界、人类社会与自然界之间性质上的差别;同时也抹杀了物质运动形式的多样性和各种运动形式之间性质上的差别。

2. 形而上学性　机械唯物主义自然观由于其发展了古希腊以来的还原的方法,通过实验的方法,进一步发展了还原论方法。所谓还原分析方法,就是把复杂的事物和复杂的关系,还原为简单的事物(要素)和简单的关系,包括方法还原和本体还原,实验科学的方法更多的是对本体进行还原,即把一个统一的整体分割为若干孤立的部分(要素),分别研究各个部分(要素)的属性、特征、结构和功能,然后再把这些部分合为一体。但是,这样所得到的一般只是各个部分的共同属性,而不是原有对象的整体性。这种还原的方法是当时自然科学发展进步的一种表现,同时对自然科学的发展也是必要的。"这种考察方法被培根和洛克从自然科学中移植到哲学中以后,就造成了最近几个世纪所特有的局限性,即形而上学的思维方式。"③随着自然科学的发展,尤其是理论自然科学的出现,这种形而上学的思维方法便显得愈来愈不适用了。

3. 不彻底性　近代机械唯物主义由于其时代的局限性,并不能把其唯物主义特征贯彻

---

① [英]丹皮尔.科学史.李珩,译.桂林:广西师范大学出版社,2001:133.
② [法]拉美特利.人是机器.顾寿观,译.北京:商务印书馆,1979:52.
③ 马克思恩格斯选集:第3卷.2版.北京:人民出版社,1995:360.

始终。在对自然界的认知中,由于其世界图景的确定精致性,使一些自然科学问题无法在其理论范围内得到解决。如牛顿在描绘整个宇宙图景之后,不得不转向第一推动力研究,进而向神学求助。同样,在社会历史领域中,近代机械唯物主义也未能有效地把唯物主义贯彻到底,在社会历史观上陷入唯心主义。

三、辩证唯物主义自然观

19世纪自然科学在各门学科继续深入发展的同时,各门学科的交叉发展更为明显,形而上学的自然观在一些领域逐渐打开缺口,为辩证唯物主义自然观的建立奠定了科学技术基础。同时,在哲学领域,德国古典哲学达到高峰,为辩证唯物主义自然观奠定了思想基础。

(一) 辩证唯物主义自然观产生的理论基础

19世纪德国古典哲学涌现出了一大批在欧洲有影响的哲学家,并使欧洲哲学达到一个新的高峰。他们吸收近代自然科学发展的成果,进一步发展唯物主义思想。同时形而上学也在唯心主义理论的发展基础上被打破,这些都成为辩证唯物主义建立的基础。

在近代欧洲哲学经过唯理论与经验论的争论中,具有唯物主义倾向的经验论和倡导理性具有唯心主义倾向的唯理论各自出现危机。唯物主义滑向了不可知论,唯理论对普遍原则的批判导致了科学的危机。德国古典哲学由此肩负起了拯救科学、宗教、道德和美的任务。从康德、黑格尔再到费尔巴哈等哲学家都试图解决这一问题。在这个探索过程中,辩证唯物主义世界观得以建立。

康德在其早期的自然科学成果中,有关于星云假说、潮汐延缓地球自转的理论以及对时空、物质、运动等的思考,它们均包含丰富的唯物论和辩证法思想,刻画了一幅关于宇宙的结构和发展的宏观图景。谢林在《自然哲学体系初步纲要》中,用思辨的方式描述了自然界由低级到高级、由简单到复杂的发展过程,指出自然界是一个无限多样的统一。提出了自然界是一个动态系列,而强调自然哲学须用思辨方式考察自然物。黑格尔作为德国古典哲学的集大成者,虽然他是一个唯心主义者,但其在《自然哲学》中也强调自然哲学必须以自然科学为基础,接受自然科学从经验中给自己准备的材料。同时,他指出理论思维的重要性,认为自然科学研究应当以理论思维方式思考自然,但这种思考不是形而上学式的思考,而是辩证。他论证了时间、空间、运动与物质的统一,提出了连续与间断统一、生命是化学过程等思想。德国古典哲学另一位重要哲学家费尔巴哈,力图从唯物主义改造黑格尔唯心主义哲学,他把自然界和人作为哲学出发点,在批判黑格尔唯心自然观的同时,却全盘否定了他的辩证法。

(二) 辩证唯物主义自然观产生的自然科学背景

18世纪下半叶,特别是19世纪初自然科学的学科在横向交叉方面和纵向深入方面都获得了进一步发展。在科学技术的发展史上,19世纪被称为"科学世纪"。各主要的学科领域中获得的成就,对以往自然科学的形而上学的、机械自然观形成了冲击,在不同范围内揭示和展现了自然界运动发展的辩证本性。

1. 打开机械自然观缺口的科学成就　天文学领域,康德——拉普拉斯星云说首先打开了机械自然观的缺口。1755年,《宇宙发展史概论》提出了太阳系起源的星云假说。在哥白尼和牛顿看来太阳系是既成的东西。而康德提出太阳系是由一团弥漫的星云逐渐生成的观点。1796年,法国科学家拉普拉斯在《宇宙系统论》一书中,从数学和力学上分析论证了类似的假说。恩格斯高度评价了星云假说,指出:"康德在这个完全适合于形而上学思维方式的观念上打开了第一个缺口,而且用的是很科学的方法,以致他所使用的大多数论据,直到现在还有效。"[①]

化学领域中,尿素的人工合成获得成功。1828 年德国化学家维勒发表《论尿素的人工合成》一文,阐明了用无机化合物氯化铵溶液和氰酸银反应,制成了有机化合物尿素,这项研究成果,打破了无机界和有机界的鸿沟,动摇了生命理论的基础。

地质学研究领域中,英国地质学家赖尔在 1833 年《地质学原理》一书中提出的地质渐变论得到广泛认可。赖尔认为风、雨、温度、水流、潮汐、冰川、火山和地震等是在漫长的时间里逐渐形成的,是自然力长期缓慢的作用造成了地球表面的变化。赖尔的地质渐进论对达尔文生物进化论的提出有很大影响。

2. 19 世纪中叶自然科学三大发现　19 世纪的三大自然科学发展,为辩证唯物主义的建立奠定了科学基础。

生物学领域中的细胞学说。1838 年德国生物学家施莱登发表《关于论植物起源的资料》和 1839 年德国生物学家施旺发表《关于动植物的结构和生长的一致性的显微研究》,指出动物与植物一样,是由类似的细胞组成。细胞学说揭示了生命物质的细胞统一性机制和生命自然的秘密。

物理学领域的能量守恒和转化定律。19 世纪 40 年代,先后有迈尔、焦耳等人研究机械能向热能的转化,以及机械能、热能、电能、化学能的相互关系,他们几乎同时分别发现了能量守恒和转化定律。当时人们认识到,自然界各种形式的能量,在一定的条件下都可以互相转化。这打破了无机界没有联系的观念。

生物学领域中的生物进化论。拉马克提出了生物进化的思想,1859 年英国生物学家达尔文《物种起源》一书出版,标志着生物进化论的诞生。生物进化论认为生物是由共同的祖先逐渐进化而来的,在各种生物之间存在着亲缘关系;由于繁殖过剩引起的生存斗争、适者生存,会导致物种的自然选择;人工选择会造成新物种,在人工选择中可以把动植物的有利变异保留下,物竞天择是自然界长期进化的结果。

(三) 辩证唯物主义自然观的基本内容和特征

马克思恩格斯在 19 世纪三大自然科学发现基础上,吸收了德国古典哲学黑格尔辩证法的"合理内核"与费尔巴哈唯物主义的"基本内核",创立了辩证唯物主义自然观。

1. 辩证唯物主义自然观创立的过程　马克思与恩格斯非常关注自然科学的发展。马克思从 19 世纪 40 年代起,数十年间利用闲暇时间学习数学,留下了近千页数学手稿。恩格斯也曾关注黑格尔的《自然哲学》。1873 年 5 月 30 日恩格斯在信中提出了一系列关于自然界和自然科学的辩证思想。1876 年 5 月 28 日在信中指出自己在头脑中形成"这部著作的清晰的轮廓"。1876 午 6 月忙于撰写《反杜林论》,在《反杜林论》中,运用相关自然辩证法材料,阐述其辩证自然观。1878 年 7 月继续从事《自然辩证法》的写作,并拟定一个《总计划草案》。1883 年 3 月马克思逝世,恩格斯又放下手头工作转入整理马克思《资本论》第二、三卷的手稿,由于恩格斯晚年患有眼疾,直到 1895 年 8 月 5 日恩格斯逝世,也没有机会继续从事《自然辩证法》的写作,《自然辩证法》一书最终未能完成。但留下了一部包括 10 篇论文、

---

① 马克思恩格斯全集:第 20 卷.北京:人民出版社,1971:62.

169 篇札记和片段、2 个计划草案的自然辩证法手稿。1925 年手稿才以德、俄两文对照形式首次在莫斯科出版。

2. 辩证唯物主义自然观的基本内容　马克思和恩格斯在总结 19 世纪自然科学成就的基础上,继承了古代自然观中的辩证法,克服近代机械唯物主义自然观的形而上学性质,批判地吸取了德国古典唯物主义哲学思想,创立了辩证唯物主义自然观。恩格斯指出:"马克思和我,可以说是把自觉的辩证法从德国唯心主义哲学中拯救出来并用于唯物主义的自然观和历史观的唯一的人。"①

辩证唯物主义自然观首要的基本观点就是物质性。物质是世界的本原,同时也构成了自然界的基本元素。自然界是人类本身赖以生存的基础,人是自然界的一部分,自然界和人以外不存在任何东西。自然界以运动着的物质及其形式来展现自身,除此之外不存在其他形式,"物质在其永恒的循环中是按照规律运动的"②,运动不论是在质上还是在量上都是不灭的,思维与意识是物质世界长期发展的产物,其物质载体为人脑,时间和空间是物质的存在方式和固有属性,具有"彼此并列的历史""前后相继的历史"③。自然界是先于人存在的世界,人们可以通过实践认知。

自然界是普遍联系和永恒发展的观点,是辩证唯物主义自然观的核心。近代以来自然科学的发展向人们展示了自然界联系的图景,这个联系不仅在事物内部,而且一事物与其他事物之间也存在着密切联系,在生命体之间、人体之间以及非生命体之间存在联系,不存在"固定不变的有机界的僵硬系统"④,同时人体、生命和非生命之间也存在联系。自然界也正是在这种复杂的联系中得以产生和发展,没有联系也就没有事物自身,同时其自身的规律也体现在事物具体的联系之中。辩证唯物主义自然观认为"一切差异都在中间阶段融合,一切对立都经过中间环节而互相转移"⑤,反对孤立地看待事物之间的差异和对立。

自然界的一切事物都处在变化过程中,是矛盾的统一体。自然界的一切现象和事物都是矛盾的统一体,它们具有对立统一的性质,在一定的条件下可以相互转化,处在不断的运动和转化过程中,由此自然界获得运动和发展。自然界的各种运动形式的相互转化过程是一个伟大的基本过程,人们可以通过这个过程总体认识和把握自然界。

3. 辩证唯物主义自然观的基本特征

(1) 世界本质的物质性和辩证性:辩证唯物主义自然观与唯心主义相对立,把自然界的客观实在性和存在的优先性看作人类研究自然界的认识前提,明确指出自然界先于人类历史而存在。辩证唯物主义自然观克服了机械唯物主义的机械性、静态性和不完备性。对机械唯物主义自然观不完备性的克服并不是说辩证唯物主义自然观就是一个绝对真理,而是说它是一个开放的理论体系,随着实践和理论发展它自身也有充实和发展的可能性。

(2) 自然史与人类史的统一:辩证唯物主义自然观能够把自然界的客观性和辩证性相结合,同时更为重要的是辩证和唯物主义观点和方法不仅运用到自然历史中,同时也运用到人类历史研究中,"历史可以从两方面来考察,可以把它划分为自然史和人类史,但这两方面

① 马克思恩格斯全集:第 20 卷. 北京:人民出版社,1971:13.
② 马克思恩格斯文集:第 9 卷. 北京:人民出版社,2009:407.
③ 马克思恩格斯文集:第 9 卷. 北京:人民出版社,2009:414.
④ 马克思恩格斯文集:第 9 卷. 北京:人民出版社,2009:417.
⑤ 马克思恩格斯文集:第 9 卷. 北京:人民出版社,2009:471.

是不可分割的;只要有人存在,自然史和人类史就彼此相互制约。"①它将自然界、人类和社会历史统一起来,看成是一个统一的自然历史过程,遵循着统一的辩证法规律。辩证唯物主义自然观不仅确认自然界先于人,先于人类社会,而且还明确地把人类社会看作自然界的一部分,指出人类的"历史本身是自然史的即自然界成为人这一过程的一个现实部分"②,并且"把经济的社会形态的发展理解为一种自然史的过程"③。从人与自然的关系中去考察自然,将自然与人类看成是一个连贯的发展过程,突破了以往把人同自然界绝对对立起来的观点,建立辩证唯物主义自然观,是其另一个重要特征。

(3)天然自然与人化自然的统一:形而上学自然观把自然与人的活动看成是断裂的两个不同的问题。辩证唯物主义自然观认为自然界除了纯粹的自然界之外,还有人参与其中的人化了的自然界,就是有人活动并改变了的自然界。恩格斯指出:"在人类历史中即在人类社会的产生过程中形成的自然界是人的现实的自然界;因此,通过工业——尽管以异化的形式——形成的自然界,是真正的、人类学的自然界"④。这种人化的自然界的思想不仅超越了以往狭义的自然观念,而且强调了人的参与,说明人与自然的关系中最能体现人的本质力量对象化的地方,正在于人能够按照美的原则来塑造对象性的自然界,这是人类对自然界认识的重大飞跃。

(4)能动性和受动性的统一:机械唯物主义自然观,由于其机械性在某种程度上否定了人面对自然的能动性,"一方面具有自然力、生命力,是能动的自然存在物;这些力量作为天赋和才能、作为欲望存在于人身上;另一方面,人作为自然的、肉体的、感性的、对象性的存在物,和动植物一样,是受动的、受制约的和受限制的存在物。"⑤当然与此同时,人的能动性的发挥是有条件的,人类可以通过能动性的发挥,去认识自然,发现其规律,进而顺应自然的发展,而不是违背自然规律,破坏自然。

医学问题与思考:
基于朴素唯物主义自然观的中西医学之差异
一定的医学理论与一定的哲学观相一致。在古代朴素唯物主义自然观下,产生了与之相应的医学。中医经典《黄帝内经》以阴阳五行学说为基础,比较系统地总结和阐述了中医的基本理论原则,形成了具有整体性特征的中医学理论。而西医则是在古希腊朴素的唯物主义本体论基础上,不断去追寻世界本原基础,形成了确定性分析之方法,最终产生了现代西医学。

中西方古代朴素的唯物主义思想都具有直观性和猜测性等特点。在中国古代朴素唯物主义思想中,人们认为五行相生相克生成万物,五行包括了金、木、水、火、土五种元素,由此五种元素形成了万事万物的初始基础,以阴阳五行为基础的中医,会以五行相生相克理论解释人为什么生病,以及如何解决这样的疾病等问题。而在西方的古代时期同样是以这样的直观方式来解释人体的疾病,如古希腊的希波克拉底(Hippocrates,公元前459—公元前377)

① 马克思恩格斯文集:第1卷.北京:人民出版社,2009:516.
② 马克思恩格斯文集:第1卷.北京:人民出版社,2009:194.
③ 马克思恩格斯文集:第5卷.北京:人民出版社,2009:10.
④ 马克思恩格斯文集:第1卷.北京:人民出版社,2009:193.
⑤ 马克思恩格斯文集:第1卷.北京:人民出版社,2009:209.

被称为"医学之父",他依据古希腊自然哲学中的"四元素说"来解释人体和疾病。希波克拉底认为不同的物质是四元素不同比例配合所组成的,如果四种体液比例失调,任何一种体液的过多或过少,都会导致机体的各种病态。

然而,中西方古代朴素的唯物主义自然观虽然有很多相同之处,但仍然存在着显著不同,这些不同的自然观与中西医学的差异具有紧密的关系。中国传统哲学,尤其是古代自然观,没有唯物主义和唯心主义之间区分的传统,所以在中国传统哲学中本体与现象是既统一又有所区别,本体与现象都是实在的,也可以都是虚幻的现象,"体用一源,显微无间"(《易转序》)。在中国传统哲学中,主体与客体不分,如"天人合一"思想中,"天人相类"(《春秋繁露·人副天数》)人与自然具有一致性和整体性。因此,以阴阳五行为基础的中医整体方法的运用,实体与现象可以互相转化,这导致我们确认某一实体时往往会遇到困难,如中医的表里、寒热、虚实、气、津、液等现象,我们去进行检验,去发现实体时,就会遇到困难,"为什么三焦或归于排泄系统,或归于淋巴系统,总是众说纷纭?为什么命门或属肾上腺,或属于脑垂体,一直议论不休?"[①]就是这个原因。也正是实体本身可以转换为现象,中医不重视形态解剖,不重视实体,所以中医虽有五脏六腑的认识,但如恽铁樵所说"《内经》之五脏,非血肉之五脏"(《群经见智录》)。在西方文化中,从古希腊朴素唯物主义自然哲学中就可以明确看出,非常明确地区分了现象与实体,本体是实在的,现象是本体的表现。所以,西方哲学一开始就从泰勒斯关于世界的本原是"水"这样的实体(被称作唯物主义)还是柏拉图关于世界本原是"理念"(被称作唯心主义)不断去争论和探索,不容许观点居中,其结果是西方的自然哲学到了中世纪之后产生了现代的分析性自然科学,以进一步说明这样的实体或现象,不断去分析实体是由什么构成。希波克拉底所解释的四元素气、火、土、水与五行中的金、木、水、火、土的含义是完全不同的,希波克拉底的元素是指构成世界本原的独立性实体元素,而五行则是指五种整体性要素相互转化。

中医由于在阴阳五行整体互变思想的指导下模糊了现象和实体,使得中医医学知识没有公认统一的标准,这体现了个体性特征。面对同样的疾病,不同的医学流派和不同的医生的处方有所不同,医生个人对疾病现象可以有不同解释。而西医则不同,西医在本体上把现象和实体区分开,不能混淆二者界限,它们在不断还原和分析实体的路径下发展起来,"西方自然科学就是靠所谓形而上学的思维方式,就是靠分析思维,通过分析、通过实验,自然科学就大大发展起来"[②],西医有明确的标准,具有统一公认性的标准,所以,以古希腊朴素唯物主义自然观为基础发展起来的西医具有确定性和分析的特性。

第二节　马克思主义自然观的发展

朴素唯物主义自然观和机械唯物主义自然观是马克思主义自然观形成的思想渊源,辩证唯物主义自然观是马克思主义自然观的核心。随着20世纪科学技术的发展和社会文明的进步,当代马克思主义自然观有了新的发展形态,即系统自然观、人工自然观、生态自然

---

① 车离.探寻思想轨迹——中医学史的文化哲学研究.北京:中国人民大学出版社,1992:90.
② 谢龙.中西哲学与文化比较新论——北京大学名教授演讲录.北京:人民出版社,1995:7.

观,"它们是科学发展观和生态文明观的理论基础之一,也是贯彻落实十八大关于'大力推进生态文明建设'战略思想的理论基础之一。"①

一、系统自然观

系统自然观是指自然界的各种物质形态都是以系统方式存在。系统自然观揭示了自然系统的演化性、随机性、非线性特征,使人类的思维方式发生了巨大的变革,人类开始整体的、综合的、联系地去看待自然与社会,极大地丰富了辩证唯物主义哲学的内容。

(一) 系统自然观产生的现代自然科学基础

1. 物理学取得了新的发展与突破　19 世纪末 20 世纪初,物理学的晴朗天空出现了"两朵乌云",即迈克尔逊-莫雷实验②和黑体辐射实验③,爱因斯坦、普朗克等科学家在解决经典物理学遇到的困难、解释"两朵乌云"的过程中,发现了与经典物理学理论相矛盾的新的实验事实,进而创立了相对论和量子力学,成为现代物理学的基础,也为现代自然科学体系的建立奠定了理论基础。相对论的提出揭示了空间与时间之间,空间时间与物质运动之间,以及质量与能量之间的统一性,揭示了时间、空间、物质、能量之间存在的辩证关系,证明了牛顿绝对时空观的局限性,指出时空不能离开物质而独立存在,时空的结构、性质取决于物质的分布,从宇观领域揭示了自然界的本质和规律;量子力学是对微观物体和高速物体的力学研究,在量子力学中物体的能量是跳跃的、不连续的,人们无法同时给定物质的所有参数,对物质的状态只能得到概率性结果,宇宙充满了不确定性。量子力学阐明了连续性与间断性,波动性与粒子性的对立统一,突显了微观世界的概率随机性,改变了精确确定的连续轨迹的经典概念,经典理论中的严格决定论被一种因果律仅为近似的和统计趋势的概念所代替。

2. 其他学科相继取得重大突破　20 世纪以来,现代地质构造学说的发展经历了"大陆漂移说—海底扩张说—板块构造说"的历程,地球科学从固定观转向运动观,表明在地球的全部演化史中,大陆并非一直固定在其所处的位置上,在历史上的某个时期,它们曾聚集在地球的两极。指出可以按照地球运动而非静止的观念构造一个新的宇宙体系。19 世纪后期以来,现代分子生物学确定了蛋白质是生命的主要物质基础,以及生物遗传的物质基础是DNA。1953 年 Watson 和 Crick 提出 DNA 的双螺旋结构模型,是现代分子生物学诞生的里程碑。DNA 双螺旋结构模型的确立,阐明了生物结构和生命活动的高度一致性,揭示出所有生物都有着共同的遗传物质——核酸,而核酸也有共同的核苷酸链的分子结构和基本相同的遗传机制,遗传信息的转录、翻译、传输说明生命这个复杂系统是在连续过程中产生的。在此基础上发展起来的 DNA 重组技术、克隆技术标志着人类已进入可以控制遗传和生命过

---

① 张明国.试论马克思主义自然观的形成和发展——基于《自然辩证法概论》教学大纲和教材的编写体会.思想理论教育导刊,2013,176(8):79-83.

② 迈克尔逊-莫雷实验(Michelson-Morley Experiment),是 1887 年迈克尔逊和莫雷在德国做的用迈克尔逊干涉仪测量两垂直光的光速差值的一项著名的物理实验。但结果证明光速在不同惯性系和不同方向上都是相同的,由此否认了以太(绝对静止参考系)的存在,从而动摇了经典物理学基础,成为近代物理学的一个发端,在物理学发展史上占有十分重要的地位。

③ 黑体(black body)是物理学家们定义的一种理想物体来作为热辐射研究的标准物体,是理论上不反射任何电磁波的物体。1893 年维恩(Wil-helmWien)从热力学出发得到的维恩公式只在短波范围与实验数据符合,长波不符,1899 年瑞利(Third Baron Rayleigh)和金斯(James Hopwood Jeans)由经典电动力学和统计物理学出发得到的瑞利-金斯公式在长波范围符合,短波不符。两个函数完全不同,无法兼容,经典物理学无法说明这两个函数中的任意一个,遇到了严重困难,这个困难也被称为"紫外灾难"。

程的新阶段;宇宙科学中大爆炸宇宙论①和宇宙膨胀说②的提出,从演化角度指出宇宙曾有一段从热到冷的演进历史,在这个过程中,宇宙体系不断地膨胀,物质密度从密到稀不停地演化,如同一次规模巨大的爆炸。大爆炸宇宙论取代了《圣经》中神创论的"创世纪",解释了宇宙——天体进化的历程,构成从宇宙起点大爆炸,真空相变,场进化,能量进化,物质进化,信息进化,生命进化,社会进化,直到人类社会面临的当代全球问题这样一个完整的进化过程。

3. 系统科学与复杂性科学的产生和发展 20 世纪 40 年代,经典科学的两个分支——牛顿力学和热力学——确立的严格的机械决定论自然观开始受到质疑。牛顿力学以机械决定论的世界观和线性的思维方式为基础,主张对事物作还原式的分解性研究。热力学第二定律将世界看作封闭系统,引起世界的无序化、离散化的趋向。生物学家贝塔朗菲对生命系统相反的认识使他非常困惑,他在《一般系统论》中说"当时流行的机械论方法所忽视的并起劲地加以否定的,正是生命现象中最基本的那些东西……生物科学的主要目标就在可发现各个不同层次的组织原理"。③ 生命是一个有机体,它的基本特征是组织,它的各个部分相互作用,构成了一个密不可分的整体。

20 世纪 20—60 年代,为解决以往科学技术难以解决的复杂性问题,贝塔朗菲提出一般系统论,维纳提出控制论,申农提出信息论,诺依曼提出元胞自动机,提供了后来的复杂性研究所必需的若干概念(系统、信息、反馈、组织、自组织等)和方法论思想(对还原论的质疑和超越),"我们被迫在一切知识领域中运用'整体'或'系统'概念来处理复杂性问题"④。这表明科学转型演化必定伴随方法论的转变,必须重新张扬整体观。

20 世纪 60—80 年代出现的耗散结构论、协同论、突变论、超循环论等自组织理论及混沌学理论组成了系统科学的新生代。自组织理论为我们进一步勾画了自然系统从存在到演化的有序过程,展示了自然界变化过程的不可逆性及演化的方向性,并揭示出自然界演化的自组织机制。混沌理论揭示了既往科学从未曾料想的、隐藏在混乱现象深处的惊人秩序,即宏观上无序而微观上高度有序的"混沌"现象,混沌理论向我们揭示由于非线性相互作用,系统自身会自发地产生混沌现象和随机行为,也就是说,确定性系统自己规定自己具有随机性,从根本上消除了拉普拉斯决定论的可预测性观念。

20 世纪 80 年代以后,复杂性科学(Complexity Science)开始兴起。复杂性科学以复杂性系统为研究对象,以超越还原论为方法论特征,以揭示和解释复杂系统运行规律为主要任务,以提高人们认识世界、探究世界和改造世界的能力为主要目的。我国著名科学家钱学森最早在 80 年代初明确提出探索复杂性方法论,他在 90 年代初提出"开放的复杂巨系统"概念,形成"从定性到定量的综合集成"的方法论,⑤对由人参与的社会复杂巨系统进行整体的定量认识。复杂性科学有非线性、不确定性、自组织性、涌现性的特征,是对还原论的批判和超越,对整体论的追求和超越,以及对融贯论的创建与追求。

---

① "大爆炸宇宙论":1946 年,美国物理学家伽莫夫正式提出大爆炸理论,认为宇宙由大约 140 亿年前发生的一次大爆炸形成。
② "宇宙膨胀说":1929 年,美国天文学家哈勃根据假说提出星系的红移量与星系间的距离成正比的哈勃定律,并推导出星系都在互相远离的宇宙膨胀说。
③ 冯·贝塔朗菲. 一般系统论. 林康义,等译. 北京:清华大学出版社,1987,10.
④ 冯·贝塔朗菲. 一般系统论. 林康义,等译. 北京:清华大学出版社,1987,1-2.
⑤ 钱学森,于景元,戴汝为. 一个科学新领域——开放的复杂巨系统及其方法论. 自然杂志,1990,13(1):3-10.

（二）系统的含义及系统自然观的基本思想

1. 系统的含义　美籍奥地利生物学家贝塔朗菲把"系统"定义为："处于一定的相互关系中并与环境发生关系的各组成部分（要素）的总体（集）"，[①]中国著名科学家钱学森则主张："系统"是"由相互作用和相互依赖的若干部分结合成的具有特定功能的有机整体"，[②]而且一个系统本身又是它所从属的一个更大系统的组成部分。

这些定义指出了系统的四个基本特征。第一，系统由若干要素组成。要素是系统的最基本成分，是系统存在的基础。必须由两个以上的要素才能构成系统。系统的性质在很大程度上与要素密切相关，要素的数量、性质、结构方式的差异会导致其形成不同的系统。例如，不同数量和不同性质的要素可以形成不同的系统；相同数量和相同性质的要素，由于结构方式不同，也可以形成不同的系统；相同性质但不同数量，也可以形成不同的系统。第二，系统具有一定的结构。结构是系统内部的综合方式、组织形式和秩序体系，是系统中各种关系和联系的总合，这些关系包括时间关系（时间结构）、空间关系（空间结构）、数量关系（数量结构），以及各种关系之间的相互制约关系（相互作用结构）。复杂系统中的相互制约关系纵横交错，进而产生了纵横交错的网络结构。例如，人体的生命系统中，各种器官和系统之间存在着复杂的网络结构，它们协调配合共同完成复杂的生命活动。第三，系统具有一定的功能。功能是系统整体才具有的属性，系统整体的功能与系统要素的功能、系统某个部分的功能不同，系统特定的结构使它成为一个具有特定功能的整体。系统在内部和外部环境关系中所表现出来的功效和能力就是系统的功能。例如，人体的呼吸功能既不是肺泡里结缔组织、血管、淋巴管的属性，也不是肺或支气管的属性，而是人体各个系统配合运行才表现出来的功能。系统的功能需要以结构为载体，在系统各部分的功能耦合中突现出来。第四，系统离不开环境。环境存在于系统之外，是对该系统有作用或有影响的诸因素的集合。系统在与外部环境的相互作用中表现出特定的功能。系统必须具有开放性与环境适应性，在与环境的动态相互作用中充分发挥系统的整体功能。例如，生命是一种远离平衡态的耗散结构系统，它不断与外界进行着物质、能量和信息的交换，以维持自己的存在和发展；新陈代谢是生命与外界环境之间进行物质和能量的交换，以及生命体内物质和能量进行转变过程的基础。

不仅自然界的物质系统，而且人类社会系统、思维系统都具有以上四个特征。要素、结构、功能和环境四者相互联系，构成一个有机的整体，它们对于完整地规定一个系统都是必需的。例如，系统功能的发挥离不开要素、结构和环境，而要素性质的变化、结构构型的变化以及环境条件的变化都会影响系统功能的发挥，甚至导致系统的质变。[③]

2. 系统自然观的基本内涵和思想　系统是自然界物质存在的普遍形式，自然界所有物质客体自成系统，自然界物质客体互成系统，整个自然界是一个由无数子系统组成的大系统。现代自然科学逐渐形成一个多层次的、立体交叉的、综合的有机整体，为人们描绘了一幅从微观、宏观直至宇观领域系统演化发展的自然图景。

（1）从存在到演化：以往的自然科学所描述的自然界都是可逆过程，表现出时间反演是

---

① 冯·贝塔朗菲.普通系统论的历史和现状.科学学译文集.北京:科学出版社,1981:315.
② 钱学森.论系统工程.长沙:湖南科学技术出版社,1988:10.
③ 张宗明.自然辩证法概论.北京:人民卫生出版社,2009:41.

对称的,未来和过去没有差别。自然界只是存在着,谈不上演化。非平衡系统自组织理论指出自然系统从混沌到有序、从已有的有序演化到新的有序的过程,是"活"物质的自组织过程。恩格斯指出,"自然界不是存在着,而是生成着并消失着"。① 热力学被嵌入到动力学之中,时间的意义被重新定义,时间转变为自然演化的内在尺度,而不仅仅是一个外部参量,系统自然观揭示出自然界演化发展的历史过程,表明自然科学从存在的科学走向演化的科学,人们对于自然的认识也从认识存在深入到认识演化,并试图在存在和演化之间搭建一座桥梁。

(2) 确定性和随机性的统一:牛顿的机械决定论和拉普拉斯决定论一直在自然科学研究中起着支配作用,认为一切事物的运动变化都存在着确定的、必然的联系,都确定地服从某种规律,宇宙间万事万物都已经由物理定律作出了规定,一个细节都不能更改。系统自然观认为,自然界是确定性和随机性的统一,内在随机性与混沌紧密相关。混沌是自然界及人类社会的一种普遍现象,它是在一个确定性系统中出现的一种貌似不规则的、内在的随机性运动。混沌展示了事物的复杂性,它既非纯粹的"无序",又非纯粹的"有序",而是两者的统一。混沌把我们从确定性的幻想和盲目乐观中唤醒,但它并非代表不可知论,它仍然是有规律的,混沌的内在随机性蕴含着创造性。

(3) 简单性和复杂性的统一:传统观念认为物理世界是简单的,复杂性只存在于生命系统和社会历史领域中。牛顿力学的辉煌成就使简单性的世界图景长期占据主导,机械论自然观中的自然表现为规律性、对称性、还原性、可逆性、相似性、最优性等方面。有时,总是把复杂的事物简化为简单的事物来处理。20 世纪 60 年代以来,非线性科学对复杂系统研究发现,自然界中模糊性、混沌性、非线性、分形等复杂性现象大量存在,自然界在结构、运动、边界方面都呈现出复杂性,揭示出一个复杂的系统决不是诸多要素的简单结合,而是存在着要素之间的反馈、自催化、自组织等相互联系和协同作用。自然界的研究必须将追求简单和探索复杂结合起来。

(4) 线性和非线性的统一:近代科学多是以线性系统为研究对象,如物理学家研究没有摩擦的平面,没有黏滞的理想流体,数学家研究的线性函数、线性方程,线性科学在理论和实践上都取得了辉煌的成果,但人们也形成了一种线性观,把线性系统看作自然界的普遍现象。20 世纪 80 年代以后的分形理论、混沌理论使得人们发现,非线性问题才是现实世界的普遍现象、非线性问题才是客观世界的基本特征和本质存在。一个事物是简单还是复杂,不在于其构成要素的多少和能量,而在于构成要素之间的联系是线性的还是非线性的,非线性导致了复杂性。自然界是线性与非线性的辩证统一。

(三) 系统自然观确立的重大意义

第一,系统自然观丰富和发展了马克思主义辩证唯物主义自然观。马克思主义自然观中的物质观、时空观和运动观在系统自然观视角下有了新的阐释。在物质观方面,揭示了自然界的整体性、系统性和层次性,揭示了自然界物质系统的开放性、动态性和自组织性;在时空观方面,揭示了时间的不可逆性,提出内部时间的概念,具体阐明了时间、空间是物质存在的基本方式,阐明了时间、空间与物质的相互关系;在运动观方面,揭示了自然界再循环发展中有序与无序、进化与退化的辩证统一。

---

① 恩格斯. 自然辩证法. 北京:人民出版社,1984:12.

　　第二,系统自然观丰富和发展了马克思主义辩证唯物主义认识论。认识到系统是由各种要素组成的有机整体,系统的整体功能不同于各要素功能的简单相加;任何系统都处于一定的环境之中,系统要进化就一定要与环境不断地进行物质、能量和信息的交换。系统自然观实现了从认识存在到认识演化、从认识确定性到认识随机性、从认识简单性到认识复杂性、从认识线性到认识非线性的转变,促进了马克思主义自然观在认识论方面的发展。恩格斯指出,"一切僵硬的东西融化了,一切固定的东西消散了,一切被当作永久存在的特殊的东西变成了转瞬即逝的东西,整个自然界被证明是在永恒的流动和循环中运动着"。[①]

　　第三,系统自然观丰富和发展了马克思主义的辩证唯物主义方法论。系统自然观侧重研究自然界系统的非稳定性、无序性、多样性、非平衡性和非线性作用等问题,提供了研究自然界系统的性质、结构、功能及其演化方式和机制的一种新的系统思维方式,因而形成了系统分析方法。系统分析方法就是把要解决的问题作为一个系统,运用分析计算和逻辑推理,综合研究系统的各个要素,找出规律性,提出可行性方案,使系统整体达到理想的目的。系统分析方法应遵循整体性原则(先整体,再部分;先全程,再阶段;先全局,后局部;先长远,再当前)、科学性原则(科学方法,数学工具,定量分析)、综合性原则(注重系统各部分之间的相互作用和相互联系,同等重视各部分间的横向联系和纵向关系)。

(四)复杂的生命系统对医学的启示

　　医学对生命的认识长期以来遵循还原论的观念和研究路径,导致的问题是"当我们把一个生命系统剖分成各个部分时,我们所研究的不过是一死物而已。生命作为系统的整体的性质,已随着剖分的进行而消失殆尽",[②]作为一个典型的复杂系统,生命的特征不是各部分、各层次的简单相加,整体特性也不能还原至部分,"生命系统的复杂结构、行为和功能不仅由原子或分子的构成所决定,而且还受它们的组织行为方式所影响"。[③]

　　1. 生命系统复杂的结构对医学的启示　生命系统的结构堪称巧夺天工。以人类脑神经系统为例,人类大脑中神经元是构成神经系统结构和功能的基本单位,它的数目多达100亿~1000亿个,相当于整个银河系星球的总数。单个的神经元不能表现其功能,但神经元通过突触形成神经环路,无数的神经环路井然有序的配合就形成了极其复杂的大脑结构和功能。神经元的缺氧、缺血、退化、变性都可能和免疫因子所造成的免疫病理反应有关。乐观、开朗、坚强有利于摒除有害的环境刺激,保持激素和免疫物质的稳定分泌,有利于身体的健康;长期焦虑和紧张会导致内分泌失调和免疫功能下降,从而引起疾病。它启示我们,人类的进化必须保持个体(系统)的开放性,保存个体(系统)与环境持续的正向的物质和信息交流。

　　2. 生命系统复杂的功能对医学的启示　人体系统是耗散结构,是具有高度敏感性的非线性复杂动力系统。运用"还原论"或"机械论"医学观来处理人体的特定部分,会导致在致病因素、疾病处理、健康保障等方面对疾病整体性的忽视。以艾滋病(AIDS)为例,虽然我们已经掌握了艾滋病病毒(HIV)几乎全部的基因和蛋白质结构与功能,但艾滋病仍然在世界范围内广泛流行。这是因为我们忽略了AIDS流行的复杂的社会因素、心理因素、人的生活方式及行为方式等环境因素。现代系统自然观让我们再一次审视医学的目的和医生的职

---

①　恩格斯. 自然辩证法. 北京:人民出版社,1984:19.
②　弗里德里希·克拉默. 混沌与秩序——生物系统的复杂结构. 上海:上海科技教育出版社,2000:19.
③　葛永林. 生命系统复杂性浅析. 华南师范大学学报(社会科学版),2005(1):129-131,141.

责,医学不仅是一门分析的科学,它也是一种治疗的艺术,医生不仅处置受损的躯体,还必须考虑生命和健康的整体需求。

3. 生命系统复杂的能量耗散对医学的启示 薛定谔在《生命是什么》中提出了著名的"负熵"理论,他指出:"一个生命有机体在不断地增加它的熵——你或者可以说是在增加正熵——并趋于接近最大值的熵的危险状态,那就是死亡。要摆脱死亡,是说要活着,唯一的办法就是从环境里不断地汲取负熵,我们马上就会明白负熵是十分积极的东西。有机体就是依赖负熵为生的。或者更确切地说,新陈代谢中本质的东西,乃是使有机体成功地消除了当它自身活着的时候不得不产生的全部的熵。"[①]人脑有智慧、能思考、会创造的功能不是单个神经细胞的功能,而是神经细胞的集成突现出来的功能;受精卵能够从一个简单均一的平衡态系统,发育形成人类个体这样一个远离平衡态的复杂系统,则是一个不断消耗能量和补偿物质的过程;哪怕是癌细胞的生长,它也是一个耗散结构,当癌变细胞形成一个肿瘤时,不仅仅是癌瘤细胞的集合,而且组合了快速成长的血管和其他组织成为一个相对独立的系统。

4. 生命系统复杂的信息对医学的启示 生命的网络结构系统也是生命的信息系统。人类基因组计划对人类的30亿个碱基对进行了全面解读,4个字母(A、G、C、T)按中心法则反复出现,全部数据构成一本100万页的书。自然界几乎所有的生命都共用这本密码书,它揭示了"生物体基因组特有的组织结构和信息结构,而且还体现在对生物基因数据的处理和生命遗传语言的解读"。[②] 当代的医学研究应该引入复杂性系统理论,从研究个别基因、蛋白质分子、细胞、器官的结构和功能,转移到研究基因之间、基因与蛋白质之间、基因和蛋白质同细胞之间,以及细胞和系统之间的相互整合和相互作用,及其因此而突现出来的新特性、功能和行为,同时还把人体,乃至人类同环境的关系作为研究的重要领域。

二、人工自然观

人类最基本的生存关系即人与自然的关系。人类产生于自然、依赖于自然,同时为了自身的存在和发展又必须要去认识自然、改造自然。人类改造自然的实践活动必须以自然界的生态平衡和承载能力为前提。

(一) 天然自然与人工自然概述

天然自然又称第一自然,是指还未受到人类实践活动影响即还未被人类认识的那部分自然。它既包括人类出现以前的整个自然界,也包括人类出现以后人类还未认识和影响到的自然。具体包括:第一,在空间上人类目前还未观测到的总星系之外的无限的宇宙世界以及夸克或层子以下的未知的微观领域;第二,构成人类生存环境的宏观世界中尚未被人了解的自然事物、自然过程及其规律和特性;第三,未被人自我认识和改造的自身。

人工自然又称人化自然或第二自然,是人运用自己改造自然的能力,为自己改造和创建的自然界,可以分为两类,一是人工自然界,是在人的意识支配下按一定的目的设计的人工自然系统,目的是改造自然界以满足人的需要,如城市、乡村、厂矿、人造森林、人工草场等。二是人工自然物,是人类依据自己的生存、发展和享受的需要利用天然自然物制造的各种物品,如各种人造材料、生产生活用品、机器仪器、电子计算机、宇宙飞船、人造天体、人工建

---

① 薛定谔. 生命是什么. 上海:上海人民出版社,1973:78.
② 葛永林. 生命系统复杂性浅析. 华南师范大学学报(社会科学版),2005(1):129-131,141.

筑等。

人与自然界之间的相互作用就是人和自然界的对象性关系,即人的受动性和人的能动性的关系,是人的受动性与人的能动性的统一。马克思主义自然观中人与自然的关系表现为以下两个方面:

(1)人是自然界的一部分:人是自然的产物和组成部分。作为个体的人,人的生命、意识和活动等起源于自然,人对自然界具有依赖性,恩格斯说"我们连同我们的肉、血和头脑都是属于自然界的,存在于自然界的",①人的生命存在一刻也离不开自然界的阳光、空气、水和食物等物质。作为社会的人,对自然界也同样具有依赖性。人类需要通过生产劳动变革自然,获取自身生存和发展的自然资源和适宜的环境。这种生产活动必定以结成群体——即社会的方式来进行;人的生命活动始终遵循自然规律。人的生老病死及个体的新陈代谢过程是自然赋予的,是无法改变的客观自然规律。但人类的智能使人类学会认识、理解、利用自然规律,尽管如此,人类改造和利用自然应该是有限度的,"我们必须时刻记住:我们统治自然界,绝不像征服统治异族人那样,绝不像站在自然之外的人似的"②,人不能把自己凌驾于自然之上,"我们对自然的全部统治力量,就在于我们比其他一切动物强,能够认识和正确运用自然规律"③,否则人类对自然的改造会直接或间接地受到自然的惩罚。人类是依存于自然界的自然存在物,人类应该遵循自然规律,与自然和谐共生,共同进化,协调发展。

(2)人与自然之间存在相互作用:人与自然之间的相互作用随着生产力的发展表现为不同的特点。首先,人类通过劳动改造自然。人类要生存和发展就需要从自然界获得自己必需的生活资料和物质资料,而且,这些来自自然界的资料还需要被人类改造才能加以利用,劳动就是人类改造自然的主要方式,"劳动作为使用价值的创造者,作为有用的劳动,是不以一切社会形式为转移的人类生存条件,是人与自然之间的物质变换",④劳动促进了人与自然之间的相互作用,推动了人类文明的进步;第二,自然反作用于人类。科学技术使人类拥有了越来越强大的改造自然的能力,马克思、恩格斯在《共产党宣言》中已经描述了这种情形,"资产阶级在它的不到一百年的阶级统治中所制造的生产力,比过去一切世代创造的全部生产力还要多,还要大"。⑤ 继之而来的是科学中心主义和人类中心主义盛行,自然界被人类毫无节制地索取和掠夺,生态环境被破坏,人类自身的生存和发展也遭到威胁。正如恩格斯所说,"我们不要过分陶醉于我们对自然界的胜利,对于每一次这样的胜利,自然界都报复了我们";⑥第三,人与自然和谐共生。人类满足自己的需求应该基于自然的承受力,人类在利用自然的时候也应该维护自然,正如哲学家海德格尔所说,"人不是存在者的主人,人是存在的看护者",⑦人与自然应该是有机统一,和谐共生的关系。

(二)人工自然观的基本思想

人与自然的关系是自然观的核心问题,马克思主义人工自然观从哲学、伦理学、经济学、生态学、社会学的多学科视角,把"自然—劳动实践—人"看作一个对立统一的开放复杂系

---

① 马克思恩格斯选集:第4卷.北京:人民出版社,1995:383-384.
② 马克思恩格斯全集:第3卷.北京:人民出版社,1972:318.
③ 马克思恩格斯全集:第3卷.北京:人民出版社,1972:318.
④ 马克思恩格斯全集:第42卷.北京:人民出版社,1972:56.
⑤ 马克思恩格斯选集:第1卷.北京:人民出版社,1995:227.
⑥ 马克思恩格斯选集:第4卷.北京:人民出版社,1995:383.
⑦ 海德格尔.路标.孙周兴,译.北京:商务印书馆,2000:403.

统,从系统和谐有序、平衡发展的维度,深刻论证了以实践为中介的人与自然的辩证统一关系。

(1) 人与自然的关系是以实践为中介的对立统一的系统关系:首先,人类的实践活动对自然界客观地存在着依赖性,马克思在《1844 年经济学哲学手稿》中指出,"人(和动物一样)靠无机界生活,而人比动物越有普遍性,人赖以生活的无机界就越广泛。从理论领域说来,植物、动物、石头、空气、水等等,一方面作为自然科学的对象,一方面作为艺术的对象,都是人的意识的一部分,是人的精神的无机界,是人必须事先进行加工以便享用和消化的精神食粮;同样,从实践领域说来,这些东西只是人的生活和人的活动的一部分……在实践上,人的普遍性正表现在把整个自然界——首先作为人的直接的生活资料,其次作为人的生命活动的材料、对象和工具——变成人的无机的身体",① 自然是人类生存和发展必要的、永恒的物质基础,人类的劳动实践活动一定是借助于自然界才能完成的,而且,不同的自然环境(地理、气候、资源等)形成不同的生产方式和生活方式。第二,实践不仅使人与自然构成一个统一的有机体,而且促进了人与自然之间的相互作用。在改造自然的过程中,人的内在尺度与自然的外在尺度应该达到统一,使人类改造自然的实践活动能够有利于人类的生产生活,马克思说"动物只能按照它所属的那个种的尺度来建造,而人懂得按照任何一个种的尺度进行生产,并且懂得处处把内在尺度运用于对象;因此,他按照美的规律来构造"。② 人与自然在实践基础上的相互依赖、相互联系、相互作用,形成了人与自然对立统一的系统关系。

(2) 人与自然的关系随着社会历史的发展而产生变化:马克思认为社会制度、社会形态不同,人与自然、人与人的具体关系就会不同,人"对自然的特定关系是受社会形态制约的"。③ 基于人与自然关系的不同特点和特定的生产力发展水平,人类社会形态的发展在历史上表现为三个阶段。第一个阶段是人的依赖性社会(资本主义前的各社会形态)。人与自然之间的关系是直接的,人直接地依赖自然,人作为自然的一部分与自然形成的矛盾关系中,矛盾的主导方面是自然;第二个阶段是物的依赖性社会(资本主义社会)。人与人的关系、人与自然的关系、人与自身的关系通过对物的依赖性而实现,人与自然的联系更加广泛深刻但是也更加片面绝对,成为一种被异化的关系,自然变成人的纯粹的工具以满足人的需要和享受,人与自然之间产生了尖锐的矛盾;第三个阶段是个人全面发展的社会(共产主义社会)。人类不再受物的制约和束缚,人性得到解放和张扬,"社会化的人、联合起来的生产者,将合理地调节他们和自然之间的物质变换,把它置于他们的共同统治之下;而不让它们作为盲目的力量来统治自己;靠消耗最少的能量,在最无愧于和适合于他们的人类本性的条件下来进行这种物质交换",④ 这样才能克服人与自然之间的对立分离,达到人与自然的和谐统一。

(3) 人与自然的关系同人与人的社会关系的统一:人类关注并依赖的是实践意义上的现实的自然,所以,马克思主义自然观强调要从实践出发去理解自然。人、自然、社会三方在实践基础上是统一的,人与自然的关系实际上是人类社会与自然的实践关系,人的实践内在地包含着人与自然的关系和人与人的关系,马克思指出,"只有在社会中,自然界对人来说才

---

① 马克思恩格斯全集:第 42 卷.北京:人民出版社,1979:95.
② 马克思恩格斯选集:第 1 卷.北京:人民出版社,1995:47.
③ 马克思恩格斯选集:第 1 卷.北京:人民出版社,1995:35.
④ 马克思恩格斯全集:第 25 卷.北京:人民出版社,1974:926-927.

是人与人联系的纽带,才是他为别人的存在和别人为他的存在,才是现实的生活要素;只有在社会中,人的自然的存在对他说来才是他的人的存在,而自然界对他说来才成为人。"①首先,人与自然的关系以人与人的社会关系为前提,并受其规定和制约。马克思指出,"人们在生产中不仅仅同自然界发生关系。他们如果不以一定的方式结合起来共同活动和互相变换其活动,便不能进行生产。为了进行生产,人们便发生一定的联系和关系;只有在这些联系和社会关系的范围内,才会有他们对自然界的关系",②而要解决人与自然的关系,"还需要对我们现有的生产方式,以及和这种生产方式在一起的我们今天的整个社会制度实现完全的变革"。③ 其次,人与自然关系的激化源于人的本质力量的异化,在阶级社会则主要是劳动的异化。"我们这个世界面临的两大变革,即人同自然的和解以及人同本身的和解",④而要从根本上解决人与自然的关系,则需要变革社会制度,改变生产方式,消除劳动的异化,因为"只要人们还处在自发地形成的社会中,也就是说,只要私人利益和公共利益之间还有分裂,也就是说,只要分工还不是出于自愿,而是自发的,那么人本身的活动对人说来就成为一种异己的、与他对立的力量,这种力量驱使着人,而不是人驾驭着这种力量",⑤因此,消除劳动异化,改变人与人之间的社会关系,才能实现人与自然的和谐发展。

(三) 人工自然观对现代社会发展的价值

人工自然观主张人工自然界是人类通过采取、加工、控制和保障等技术活动创造出来的。人工自然,是人本身自然的运动发展对天然自然的要求,而这种要求通过人的社会经济活动来实现。因此,人类社会的发展,其实是人类追求人工自然的过程。

人工自然影响现代社会的核心推动力是科学技术。人工自然成为全世界密切关注的问题,与科学技术的发展息息相关。可以说,以纺织机改革为起点,蒸汽机发明与使用为标志,在科学技术指导下的人工自然活动有了更加多样化的形态。也正是近代科技革命,使人工自然问题中人与自然的矛盾激化为全球性的迫切问题。科学技术是第一生产力,是现代社会飞跃发展的核心推动力。科学技术将自然力转化为社会生产力,这种转化不仅促进社会生产高速发展,而且将天然自然大规模地归并或整合到人类社会,使天然自然的原本存在和人工自然的景观面貌都发生了根本的改变。这些改变给人类带来了便利、快捷、舒适,但同时也带来了污染、异化、困扰,盲目发展和使用科学技术,将会带来毁灭性的全球危机。人类必须全面认识与把握科学技术这一神奇的社会力量,使现代社会得以持续健康地发展。

人工自然的社会经济意义是促成经济良性发展。人工自然观有助于我们更好实现生产模式的转轨。经济活动是在自然基础之上的社会实践活动,经济活动作为一种生产活动,它的整个过程都要对自然产生种种作用与影响。人工自然从根本上直接决定经济效益。现代社会以发达的商品经济和市场经济为基础,商品经济和市场经济的发展要求有良好的市场环境,要求现代社会具有功能健全的人工自然基础,以此将自然人的经济发展需要浓缩在一个区域,小至厂矿企业、工业园区、经济技术开发区,大的如环渤海及京津冀经济协作区,等等,并建立起各区域之间、各区域与市场之间密切的交通运输和信息联系。这样,现代人工

---

① 马克思恩格斯全集:第42卷.北京:人民出版社,1979:122.
② 马克思恩格斯选集:第1卷.北京:人民出版社,1995:362.
③ 马克思恩格斯选集:第3卷.北京:人民出版社,1995:519.
④ 马克思恩格斯全集:第1卷.北京:人民出版社,1965:603.
⑤ 马克思恩格斯选集:第1卷.北京:人民出版社,1995:37.

自然就集中到投资环境上来,形成经济的科学持续的良性循环。

人工自然的社会保障价值是生态环境问题。人工自然观有助于我们科学地认识和处理人与自然的关系。人工自然首先引起人类警觉的问题便是生态环境的问题。人工自然在形成与发展过程中最大的失误是没有充分预判自然对人类活动的报复。因此,人工自然留给人类一个沉重的历史包袱就是人类生存环境的恶化。恩格斯有一个著名的论断:人类对自然界的每一次重大胜利,几乎都受到了自然界的报复。人类为什么会受到自然界的报复?人工自然的盲目发展破坏了自然界原来的良性循环,割裂了人与自然原本密切的关系,人与自然被迫重构联系。这不仅引起自然生态的破坏,使天然自然污染深重,千疮百孔,同时也引起人体生态的破坏,使人类罹患疾病,深受亚健康困扰。现代人工自然观意识到人工自然的发展目标是为了满足人的需要,但这一目标的实现必须以天然自然与人工自然良性循环为前提。现代人工自然观关于生态平衡的理论有助于防止新的生态问题的出现,并逐步解决工业社会遗留的生态问题。

三、生态自然观

建立在劳动实践基础之上的马克思主义人工自然观强调人与自然的统一,但在现代社会发展过程中,出现了很多违背自然规律的事情,导致了当今社会的生态危机。生态环境的严重破坏为人类敲响了的警钟,"人类只有一个地球"的观念深入人心,呵护人类生存的地球家园,让人类能够"诗意地栖居"在地球上,需要以马克思主义自然观为指导,贯彻落实科学发展观,推进生态文明建设。

(一)生态自然观产生的根源

生态自然观产生的根源就是日益严重的生态危机。马克思恩格斯的著作中早已系统、全面、具体地分析了资本主义工业化所导致的生态危机发生的过程、涉及的领域及带来的严重后果。生态危机主要表现为一些全球性问题。自工业革命以来,尤其是20世纪后50年全球环境遭到空前破坏和污染。

1. 生态危机的表现 全球气候变暖,也被称为"温室效应",是由于人类在工业化进程中大量使用化石燃料煤炭,在地球表面形成了一个庞大的温室,导致地球气温逐年升高,引起两极冰川的融化、海平面上升、沿海地区土地被淹、极端天气频繁发生、已经消灭的疾病重新出现、从未有过的疾病光顾人类;土地资源逐年衰竭,开荒、采矿、修路的广泛开展,化肥及农药的过度使用,生活及工业垃圾的大量排放,严重破坏了人类及动植物生存的土地资源。马克思早已发现这个后果并做出预测,"耕作的最初影响是有益的,但是,由于砍伐树木等等,最后会使土地荒芜",[①]森林植被遭到破坏,恩格斯指出,"美索不达米亚、希腊、小亚细亚以及其它各地的居民,为了想得到耕地,把森林都砍完了,这些地方今天竟因此成为不毛之地",[②]"文明和产业的整个发展,对森林的破坏从来就起很大的作用,对比之下,对森林的养护和生产,简直不起作用",[③]森林的减少导致水土流失,洪灾频繁,物种减少,气候变化等严重恶果;各种自然资源迅速减少甚至消耗殆尽,"劳动生产率也是和自然条件联系在一起

---

① 马克思恩格斯选集:第32卷.北京:人民出版社,1972:53.
② 马克思恩格斯全集:第3卷.北京:人民出版社,1960:517-518.
③ 马克思恩格斯选集:第32卷.北京:人民出版社,1972:272.

的,这些自然条件所能提供的东西往往随着由社会条件决定的生产率的提高而相应地减少……我们只要想一想决定大部分原料数量的季节的影响,森林、煤矿、铁矿的枯竭等等,就明白了";①各种污染日益严重,工业排放、生活炉灶、采暖锅炉、交通尾气造成大气污染,尤其是近些年来的 PM2.5 空气污染,更是让人类深切体会了无法呼吸的感受。地表水、地下水的严重污染影响工业生产,危害人体健康。城市垃圾和工业固体废弃物污染水体和空气,占用土地,有的工业废弃物含有易燃、易爆、致毒、致病、放射性等有毒有害物质,危害更为严重。

2. 生态危机的原因　首先,人对自然的过度掠夺是生态危机的直接原因。近代以来,工业文明导致人们的思想观念、价值取向、生产方式、生活方式都发生了巨大的变化,其主要特点是对天然自然的漠视和遗忘,忽略了自然是一个具有内在价值的、充满活力的有机体。现代人高扬征服之剑,对自然为所欲为,扭曲了人与自然的关系,最终导致环境问题的出现。

其次,极端人类中心主义是生态危机的思想文化根源。中国社会科学院余谋昌先生概括人类中心主义的核心为:"一切以人为中心,人类行为的一切都从人的利益出发,以人的利益作为唯一尺度,人们只依照自身的利益行动,并以自身的利益去对待其他事物,一切为自己的利益服务"。② 人类中心主义是一种盲目的、放任的、低级的主体性,缺少自我反省、自我评价和自我规范,它在自然观上是片面的,在实践上是有害的。余谋昌指出:"它在实践上表现为占有性的功利主义、利己主义,并发展出经济主义、消费主义和个人主义。人类中心主义被当代环境主义者批评为人类沙文主义和物种歧视主义(speciesism)。罗尔斯顿称其为'主体癖'(subjective bias)"。③

第三,人性的危机是生态危机的本质。人类认识到,生态危机并非由自然界本身的演化变迁引发,而是由人类不合理的实践活动导致的,生态危机其实是人类自身的危机,是人性的危机。"如果说中世纪是以压抑人的需要的方式扭曲了人性,那么西方近现代的工业社会则是以放纵欲望的方式扭曲了人性。西方的现代化过程就是欲望战胜需要而成为人的象征的过程,欲望并不代表人的真实本性,完全扭曲了人的本性。也就是说人异化为非人,人成为欲望的奴隶",④人是异化人、单面人、经济人,人生的全部意义淹没在对物的极端追求中。

面对如此严峻的生态危机,人类应该警醒并思考:人类应该确立怎样的自然观? 人类应该如何解决生态危机? 人类应该如何走出生存困境?

(二)　生态自然观的基本特征

生态危机是工业文明发展的产物,是人类生存方式、思维方式和人性的危机。在当今全球生态问题日益严重的情况下,科学的生态系统观强调生态系统是生命系统、层次分明的整体性系统、自组织的开放系统以及动态平衡系统,人类既是生态系统的要素又是生态系统的调控者。以此为基础,马克思主义生态自然观提供了解决问题的线索和价值选择的路径,表现为以下四个基本特征:

第一,系统性整体思维的生态特征。生态自然观把包括人在内的整个自然界看成是高度相关的有机统一的系统整体,根据系统论整体思维的观点,系统中一物质的变化必然会引

① 马克思. 资本论:第 3 卷. 北京:人民出版社,1975:289.
② 余谋昌. 创造美好的生态环境. 北京:中国社会科学出版社,1997:142.
③ 余谋昌. 生态哲学. 西安:陕西人民教育出版社,2000:142.
④ 曹孟勤. 人性与自然:生态伦理哲学基础反思. 南京:南京师范大学出版社,2004:153.

起其他物质变化,进而引起系统的整体变化。从生态学意义上来说,在自然界这个有机联系的系统整体中,一切事物之间都存在着相互联系和相互作用,系统中任何事物的任何一种微小的局部变化在整体中都具有一定的意义,都可能引起系统整体的一系列相应的变化。在人与自然环境这个生物圈系统中,任何一个物种都无法单独生存和发展,它们只能在其生存的系统中互相竞争、相互利用、共依共存,任何一个物种要想实现自己的生存进化,其前提是共同维护生存环境、维护系统秩序、促进生物圈稳定有序。

第二,双向性辩证思维的生态特征。人与自然的物质变换是双向甚至多向的,包括自然界内部、人类社会内部和人与自然之间的物质变换,其中,以劳动为基础和中介的人与自然之间的双向物质变换关系是最重要的。在这个双向关系里,自然资源的有限性与人的认识和实践的无限性构成了一对矛盾。生态自然观辩证地思考人与自然之间的关系,强调人是这一关系的主导方面,具有主动性、能动性和改造自然的巨大能力。但人的能动性不是绝对的、无限的,它必须遵循客观自然规律。若超越或违背规律,人类的盲目和随意必会遭到自然的报复与惩罚;自然界能够满足人类发展的物质、精神需求,同时具有消除破坏和污染的自净功能。但是,自然界的自净功能只是在一定程度上和一定范围内,生态环境的改变和破坏事实上永远无法恢复和修复。因此,要按照自然界的客观规律办事,才能真正实现人与自然共同进化、共存共荣、和谐发展。

第三,循环思维的生态特征。自然界中万事万物都遵循着永恒循环和无限发展的规律,物质循环运动是客观世界系统运动的基本形式。恩格斯在《自然辩证法》中指出,"整个自然界,从最小的东西到最大的东西,从沙粒到太阳,从原生生物到人,都处于永恒的产生和消失中,处于不断的流动中,处于不息的运动和变化中……整个自然界被证明是在永恒的流动和循环中运动着"。① 人类必须具备生态思维,遵循生态系统循环运动的原理,在实践中考察环境系统的循环力与自净力,依据生态资源的承载力与再生力,评估物质生产的吸纳力与支撑力,在能动地发展生产力的同时主动地解放自然力,遵循生态环境演化法则与社会经济运行规律的统一,使资源开发与环境保护有序并举,经济建设与生态建设有效结合,经济效益与生态效益有机统一。

第四,社会历史性的人本取向特征。社会关系是人与自然关系的中介,马克思主义生态自然观的一个重要思想是立足于社会制度、社会进步、社会关系历史去探究人与自然的关系,马克思说人类"只有在这些社会联系和社会关系的范围内,才会有他们对自然界的关系"。② 社会制度或社会关系如果违反自然的本性,人类的生产生活、工业农业就都会从自然界索取过量的能量和资源,同时把有毒有害甚至永远无法消解的废弃物排放到自然界,这给人与自然都带来深重的灾难,人类的"生产使它汇集在各大中心的城市人口越来越占优势,这样一来,它一方面聚集着社会的历史动力,另一方面又破坏着人和土地之间的物质变换,也就是使人以衣食形式消费掉的土地的组成部分不能回到土地,从而破坏土地持久肥力的永恒的自然条件。这样,它同时就破坏了城市工人的身体健康和农村工人的精神生活",③生态危机是由人类活动引起的,是不合理的社会关系、生产方式、生活方式作用于自

---

① 恩格斯. 自然辩证法. 北京:人民出版社,1960:16.
② 马克思恩格斯全集:第6卷. 北京:人民出版社,1961:486.
③ 马克思恩格斯全集:第23卷. 北京:人民出版社,1972:552.

然界的真实写照,所以,生态环境问题的本质是社会历史问题,解决生态环境问题应该具有可持续发展的价值关怀。人的社会属性使得在人与自然的关系中人处于主导地位,人的社会属性使得人可以借助社会力量、开展有组织的活动、控制并尊重自然,实现人与自然的和谐发展。

(三) 生态自然观与可持续发展战略

在传统经济发展模式引起的严峻生态危机面前,人们逐渐接受了生态自然观的观念,开始对传统经济发展模式进行反思,希望寻找新的发展道路,更好地处理人类社会的发展与自然环境的关系。生态自然观的确立,为可持续发展的理论和战略提供了重要的哲学依据。无论是可持续发展战略的提出还是可持续发展战略的内涵、原则均贯穿了生态自然观的基本思想。

1. 可持续发展观念的缘起和基本思想　马克思恩格斯的思想早已蕴含了极为精彩的可持续发展观念,指出"整个社会,一个民族,以至一切同时存在的社会加在一起,都不是土地的所有者。他们只是土地的占有者,土地的利用者,并且他们必须像好家长那样,把土地改良后传给后代"①;1962年,美国女作家蕾切尔·卡逊(Rachel Carson)出版《寂静的春天》;1972年,联合国召开"人类环境会议",提出人类要爱护地球这个"共同的家园",通过了人类历史上第一部《人类环境宣言》;1980年,国际自然资源保护同盟(IUCN)、联合国环境规划署(UNEP)、世界野生生物基金会(WWF)及多国政府官员和科学家共同制定了《世界自然保护大纲》,总体目标是通过保护生物资源而有助于尽快达到自然资源的永续开发利用,初步提出了可持续发展的思想;1987年,在日本东京召开的第八次世界环境与发展委员会,发表了题为《我们共同的未来》的报告,正式提出可持续发展的概念,指出"可持续发展是既满足当代人的需要,又不对后代人满足其需要的能力构成危害的发展",②呼吁各国将可持续发展纳入其发展目标。

《我们共同的未来》报告中,可持续发展的基本思想有以下四个方面:第一,发展是第一位的。人类社会的发展是经济、社会和生态的全面发展与整体进步;第二,发展是全面的。发展既包括经济发展,也包括社会系统的发展和建设良好的生态环境;第三,发展要有限度。人类社会发展不能超过自然的承载能力;第四,发展要以生态平衡为前提。生态平衡是人类生存和社会发展的物质前提。

《我们共同的未来》报告中,可持续发展应该遵循以下三个原则。第一,公平性原则。包括代内公平(横向公平)、代际公平(纵向公平)和公平分配有限资源;第二,持续性原则。可持续发展是在保护自然资源和生态平衡的前提下的发展,发展必须要以自然生态系统的承载能力为限度;第三,共同性原则。实现可持续发展的总目标,必须采取全球共同的联合行动,各国主动承担自己应该承担的责任广泛开展真诚的合作。

2. 可持续发展的内涵及其对我国经济建设的指导意义　《我们共同的未来》发布后至今,联合国乃至全球各国继续讨论和推进可持续发展战略的理念和行动指南,总结成功与不足,逐渐为未来地球的健康持续发展规划出明确的蓝图。可持续发展的内涵可以归纳为以下四个方面:

① 马克思恩格斯全集:第25卷.北京:人民出版社,1974:875.
② 世界环境与发展委员会.我们共同的未来.王之佳,译.长春:吉林人民出版社,1997:52.

（1）可持续发展揭示了"发展、协调、持续"的系统本质：可持续发展体系必须能衡量一个国家或区域的"发展度"。发展度强调了生产力提高和社会进步的动力特征，即判别一个国家或区域是否在保证生活质量和生存空间的前提下健康、理性、真正地发展；可持续发展体系是衡量一个国家或区域的"协调度"，强调内在的效率和质量，强调合理地优化调控财富的来源、财富的积聚、财富的分配以及财富在满足全人类需求中的行为规范。维持环境与发展之间、效率与公正之间、市场发育与政府调控之间、当代与后代之间的平衡；可持续发展体系是衡量一个国家或区域的"持续度"，即判断一个国家或区域在发展进程中的长期合理性。注重从"时间维"上去把握发展度和协调度。

（2）可持续发展反映了"动力、质量、公平"的有机统一：可持续发展集中解决了"发展"的三个基本组成元素。第一元素是寻求"发展动力"，通过解放思想、改革开放、制度创新去调适生产关系，通过教育优先和科技创新去促进生产力，由此二者共同完成我国新时期对于发展动力的要求；第二元素是寻求"发展质量"，通过制定低碳经济战略，达到节能减排，实现资源节约与环境友好；第三元素是寻求"发展公平"，即如何将发展成果惠及全体社会成员，坚持统筹城乡发展，坚持将改善民生问题作为出发点和落脚点。

（3）可持续发展创建了"和谐、稳定、安全"的人文环境：经济发展和社会进步的前提是要有一个和谐、稳定、安全的人文环境，这也是对于执政合理性的最高认同。在"改革、发展、稳定"的总体关系中，社会稳定是维持"国家系统"有序运作的根本保证。在可持续发展的统领下，中国在"认同社会价值观念，整合社会有序能力，提高社会抗逆水平，健全社会道德约束"的同时，科学地、定量地、实时地诊断、监测社会和谐与社会稳定的总体态势变化、演化趋势和临界突破，构建一个完整地、系统地、连续地识别国家和地区社会和谐与社会稳定状况的基本态势，将成为宏观调控与科学执政的有力支撑。

（4）可持续发展体现了"速度、数量、质量"的绿色运行：人类的经济活动、社会活动既有创造社会财富的正面效应，又有破坏生态环境的负面效应，国民财富的经济核算应该计算绿色 GDP，要考察 GDP 的生成是基于何种方式、途径及成本。可持续发展希望一个国家或地区不断创造与积累出理性高效、均衡持续、少用资源、少用能源、少牺牲生态环境，在综合降低自然成本、社会成本、制度成本、管理成本的前提下，最终获取"品质好的 GDP"。为此，首先要求破除粗放式生产和非理性生产的弊端；其次要求破除以资源的过度消耗和环境容量的过度透支为代价去攫取财富；第三要求破除以削弱可持续发展能力为代价的畸形增长；第四要求破除以社会系统劣质化与民生心理异化为代价所片面追求的国民财富的增速和总量。

总之，系统自然观为正确处理人与自然的关系提供了整体的系统思维方式，人工自然观强调了人的主观性、能动性和创造性，指出劳动实践在人与自然关系中的作用，生态自然观站在人类文明的立场，强调人与自然的协调发展和可持续发展。它们共同围绕人与自然关系这一主题，丰富和发展了马克思主义自然观的认识论、本体论和方法论，"系统自然观通过系统思维方式，为人工自然观和生态自然观提供了方法论基础；人工自然观通过突出人的主体性和实践性，为系统自然观和生态自然观提供了认识论前提；生态自然观通过强调人与自然界的统一性、协调性关系，为系统自然观和人工自然观指明了发展方向和目标"。[①]

①　张明国.试论马克思主义自然观的形成和发展——基于《自然辩证法概论》教学大纲和教材的编写体会.思想理论教育导刊,2013(8):79-83.

医学问题与思考:

医学模式的生态诉求

生态危机给人类健康带来了严重后果,医学模式表达出明确的生态诉求。20世纪中叶至今的新技术革命极大提高了人们的生活质量和医疗水平,但因此而来的全球性的生态危机加速了某些疾病的进展,改变了人类的疾病谱和死亡谱。化工产品的大量使用、电离辐射、环境空气污染、水质低劣、膳食因素使肿瘤、心血管疾病、抑郁症成为目前人类伤残和死亡的主要疾病。当生态危机成为人类自身存在与发展的"杀手"时,医学必须摆脱对人类健康与疾病认识的局限性,重视并深入探讨人类生存的本质、生命内外环境的复杂联系及健康与疾病的进展过程等。

新发传染病流行和原有传染病再度流行,也使医学模式表达出强烈的生态诉求。2003年SARS突袭全球,2005年中国开始出现高致病性禽流感疫情,直至2009年墨西哥首先发现并很快在全球多个国家出现的甲型H1N1流感,2013年上海、安徽率先发现人感染H7N9禽流感,2014年肆虐非洲的埃博拉疫情,2015年在中东、欧洲、非洲、亚洲、美洲等20多个国家陆续出现的中东呼吸综合征疫情……新发传染病来袭突然、病毒变异的速度快、传染性强、死亡率高,医学面临着严峻的挑战。由于人口密度大和生态环境恶化,病原体、宿主、环境之间天然的平衡关系被打破,新发传染病肆虐与此密切相关。最近30年来,某些虫媒传染病,如疟疾、血吸虫病、登革热和其他虫媒病毒性疾病的再度暴发或再度流行,国际小组研究发现它们都与环境和气候变化有较大关系。

医学模式的生态诉求要求我们关注影响人类健康的生态因素。人的生存发展与自然环境、社会环境、人际环境、心理环境息息相关。强调人与自然环境的和谐与人体内在的协调,也正是传统中医医学模式的主旨。早在先秦及两汉时期,古代中医就已经用阴阳学说解释病因病机。如《左传》中以"阴阳风雨晦明"作为致病的六种因素。《吕氏春秋·重己》提出"室大则多阴,台大则多阳,多阴则蹶,多阳则痿,此阴阳不适之患也。"古代天文历法的观察和研究表明气象物候对人体健康的影响,如《吕氏春秋·尽数》指出"天生阴阳,寒暑燥湿,四时之化,万物之变,莫不为利,莫不为害。圣人察阴阳之宜,辨万物之利以便生。故精神安乎形而年寿得长焉。"《礼记》则有"孟春行秋令,则民大疫""季春行夏令,则民多疾疫"等记载。《黄帝内经》中多次用"人与天地相参"学说解释疾病的起因与治疗原则。这些理论鲜明地反映出人体的生理病理变化、运动规律与天地自然变化、自然规律有直接联系,这对于指导人们养生保健和防病治病有着重要的实践意义。

医学模式的生态诉求为现有的医学模式注入了新的内涵。对医学的生态考量将把医学置于一个更广阔的背景之中,从人与其生存环境的"关系"中去把握医学的本质;对医学的生态考量把生态作为疾病产生的一个重要诱因来考察,能更好的解释并应对各种新型疾病的出现;对医学的生态考量丰富了健康的概念和内涵,健康是人的身体、精神、心理与其生存环境的和谐适应与良性互动,医学必须首先建立在人与其生存环境和谐适应良性互动的基础之上,生活在一个恶化的自然环境和紊乱的社会环境之中,人类疾病的防治和康复就从根本上失去了强有力的保证;对医学的生态考量要求疾病治疗应该采取更加系统综合的方法,许多疾病的产生或诱因都跟生态环境有关,各种新型多因素疾病的突发日益要求现代医学应该在治疗疾病方面采取更为系统综合的方法,全面考虑生物、心理、社会及生态各方面的因素。

思考题

1. 什么是自然观？为什么说它的形成与人们对自然的认知相关？
2. 请比较古代朴素唯物主义的医学观与近代机械唯物主义的医学观异同。
3. 如何用系统自然观理解生命的复杂性？
4. 人工自然观对现代社会发展有怎样的价值？
5. 可持续发展的内涵是什么？它对我国当前的经济建设有什么启示？

（吉广庆　王良滨　邓蕊）

第二章 马克思主义科学技术观

马克思主义科学技术观是马克思主义科学技术论的重要组成部分,是对科学技术及其发展规律的概括和总结,是马克思主义关于科学技术的本体论和认识论。马克思主义认为,科学主要是认识世界,技术主要是改造世界。现代科学与技术相互交织,形成了现代科学与技术既有联系又有区别的体系结构。

第一节 科学技术的本质与结构

马克思主义关于科学技术的本质特征及其体系结构的观点是马克思、恩格斯科学技术思想的重要体现。科学主要在于认识世界,技术主要在于改造世界;前者是一般生产力,后者是直接生产力。尽管现代科学和技术日渐融合,但各自的体系结构仍清晰可辨。前者的体系结构由学科结构和知识结构组成,而后者的体系结构由门类结构和形态结构组成。认识科学技术的本质和结构,有助于我们取得科学研究的成功,而发现和提出科学问题是其起点,也是其能否成功的关键。同时,科学问题的发现和提出以及科研课题的形成应遵循相应的方法和原则。

一、科学技术的本质特征

伴随着人类社会的发展,不同文化背景下的科学技术往往具有不同的形态和特征。现代科学技术逐渐和正在走向融合,但各自依然体现出不同的本质特征。

（一）科学的本质特征

1. 科学的本质 什么是科学？科学是什么？由于科学的概念是一个不断发展的历史范畴,不同学者,即便同一学者在不同时期对其理解也或有不同。因此,想对其下一个确切的定义相当困难。在康德看来,科学是一种知识系统。其后的黑格尔也认为科学是系统化的知识,揭示了科学概念的基本内涵,科学最基本的特点是知识,是组织起来的系统化的知识。19世纪,马克思站在唯物主义立场,对科学做了动态、宏观的哲学分析。就科学的本质来讲,马克思做了如下几方面的深刻概括:

（1）科学和工业是人对自然界的理论关系和实践关系:科学与工业是人对自然的能动认识和改造关系。正是在不断改造自然界这一能动过程中获得了对自身改造对象——自然界的不断深化的认识,而且伴随着实践的发展,不断使自身认识从感性阶段上升到理性阶段,从初级的经验形态发展到高级的理论形态,以至于出现了作为认识活动最终成果的科学。反过来,科学又被作为进一步认识世界和改造自然的锐利武器,大大加强了人类认识和改造世界的能力,显示出自身的巨大能力。

（2）科学是一种在历史上起推动作用的、革命的力量:科学属于精神生产领域的活动,是一般生产力。在考察劳动生产力发展状况基础上,马克思认为大工业把巨大的自然力和自然科学并入生产过程,这样势必大大提高劳动生产率,因而指出:"社会的劳动生产力,首先是科学的力量。""科学是生产力"这一论断是马克思对历史唯物主义的重要理论贡献。

（3）科学既是观念财富又是实际财富:马克思和恩格斯明确指出科学的社会作用表现在物质生产和精神生产两个方面。第一,人类在认识自然和改造自然的长期实践中创造和积累起来的科学知识,是整个人类知识体系最为重要的一个组成部分,成为社会的精神财富;第二,科学可被视为生产力要素被资本所追逐和利用,使其演化为致富的重要手段,同时它也成为那些发展科学之人的重要致富手段。

（4）科学具有双刃剑作用:科学一方面推动了社会发展,另一方面又成为一种控制人的力量。包括马克思和恩格斯在内的早期马克思主义者,都并非通常意义上的科学家,而是一些社会批评家。他们曾经学过19世纪的自然科学,但并没有从事自然科学研究。他们对科学的认识是从科学的社会价值开始的。正如前面所述,在马克思主义者看来,科学技术首先是一种生产力。其次,科学技术还是一种社会变革的力量。除此而外,马克思主义者还正确地发现了科学技术的负面作用,那就是科学技术所引起的社会震荡。这种社会震荡,通过欧洲机器化大生产而导致的劳动异化表现出来,即人类的劳动成果(机器)成了束缚工人获得劳动的自由权利的存在物;独立自由的人格在机械化大生产的条件下成了一种人身依附关系;诸如此类,不一而足。进入20世纪以来,科学技术对社会的影响不再局限于一个国家、一个地区和一个民族。其社会影响是国际性的,甚至是全球化的,没有哪个国家和民族可以不受科学技术进步的影响。正如蒸汽机技术导致了哈布斯堡王朝的垮台一样,20世纪的信息技术正在促使哪怕最顽固守旧的封闭王国走向更新、开放或解体。

继马克思主义经典作家之后,伴随着科学的发展,许多学者也从不同角度、不同层面对科学的本质做了探索和概括,归纳起来主要有以下几种观点:第一,科学是一种社会建制。第二,科学是一种文化。第三,科学就是科学方法。贝尔纳把现代科学主要特征概括为六个方面:一种建制;一种方法;一种积累的知识传统;一种维持或发展生产的主要因素;构成我们各种信仰和对宇宙及人类的各种态度的力量之一;与社会有种种相互联系。科学的诸多特征,归根结底是人与自然的相互作用过程中衍生出来的。因此,马克思把科学看作"人对自然界的理论关系"。也就是说,科学是人对自然的能动认识和反应关系的观点,是对科学本质的更一般、更抽象、更深刻的哲学概括。

2. 科学的本质特征 作为一种认识活动,科学有自身特有的认识手段和认识方法;作为认识成果,科学有自己特殊的表现形式,即由基本概念、基本定律以及通过演绎推理得到的结论这三部分构成的理论体系。从认识论和方法论来看,科学具有如下几个本质特征:

（1）客观真理性:科学具有不以人的意志为转移的客观内容。科学知识是以科学实践为基础形成的,其确立需要经过反复的科学实践检验。故而,科学内容具有客观的内容。这一点是绝对的,是科学的最为根本的特征。固然,科学实践本身也是一个不断的发展过程,这使科学知识的真理性也会随着这一不断发展的过程而不断地加以深化和完善。也正是在这种意义上讲,其又具有相对意义。按照马克思主义的真理观,任何真理都是绝对和相对的统一,科学真理也概莫能外地是绝对真理与相对真理的统一。

(2)可检验性:当一种理论解释了一类经验现象以后,根据这个理论,应该可以推知某种未来的客观事实的存在,即存在至少一个与这个理论相容的可以预见的事实供人们进行普遍检验。也就是说,科学的结论不能是笼统的、有歧义的一般性的论述,而必须是确定的、具体的命题,它们在可控的条件下可以重复接受实践的检验。可检验性要求科学知识对所涉及的内容给以非常明确的解释和说明,同时能够推导出可以检验的结论。不能经受检验的理论将被修正或淘汰。如果一种理论不能提出任何预言,或者所提出的预言不能被普遍地加以检验,那么这个理论就不能被认为是科学的。科学的真理性恰恰是由它本身所具备的可检验性加以保证的。

(3)系统性:系统性是科学知识结构的主要表现。首先,科学是组织起来的系统化的知识,其采用概念、判断、推理等思维方式将客观知识准确地表达出来,构成了严密的有机的逻辑系统。尤其是那些重大的科学理论,体现着历史和逻辑的统一。其次,作为人类认识成果的科学知识,既有经验知识也有理论知识。二者之间相互依存,既有联系又有区别。其力求全面、客观、系统地把握事物,反映事物的本质,以防止片面化、零散化,使其表现为科学知识结构的系统化。

(4)主体际性:科学知识作为社会意识形式,应该为不同的认识主体所理解、把握和接受,需要经受不同的认识主体用相应的实验进行重复的检验,进而使他们之间能够非常畅通地进行讨论和交流。就科学活动来讲,它要求科学家将其理论向所有同行做出确切的说明,并用大家都认可的手段和方法对理论结果加以验证,换句话来讲,科学活动应处于同行专家的严格监督之下,唯如此,科学真理才可能最终得到社会承认。不过,应指出的是:科学知识要具有主体际性,但是有主体际性的却并不一定是科学知识。也就是说,具有主体际性是科学知识成为科学知识的必要条件而非充分条件。

3.科学划界标准　科学划界的问题是科学哲学界的重要论题。具体讲来,它就是如何区分科学与伪科学以及其他非科学的界限问题。目前,关于科学划界的问题主要形成了以下四种观点:

(1)逻辑经验主义的观点:逻辑经验主义主张知识的经验性,认为通过经验得到的知识才是具有实证性的可靠知识。如果一个命题能够用经验事实加以证实,那么这个命题才有意义,才有可能成为科学命题。不难看出,逻辑经验主义的意义标准与它的证实原则紧密相连。但不可否认,逻辑经验主义这种观点存有弊端,因为科学命题和科学理论不可能是经验事实,单称结论的真在逻辑上不能传递到全称的前提而得到全称陈述。因此,我们不难得出结论:证实原则实际上是行不通的。

(2)批判理性主义的观点:波普尔认为科学的理论或命题具有普遍性,因此不可能被证实,而只能被经验证伪,可能被证伪的理论或命题才是科学的,否则就是非科学的。这里讲的可证伪性就是用具有可观察的证据与其比较的性质,也就是可检验的性质。不难看出,批判理性主义与逻辑经验主义的划界标准在本质上是非常相似的,二者的不同在于一者强调经验事实,一者强调经验证伪,但二者都是把经验事实与理论的关系看作划界的唯一的标准。

(3)科学历史主义的观点:科学历史主义者认为科学是一种社会事业,其与社会的其他精神活动形式存在着多方面的联系和相互作用,科学与非科学之间并非存在着绝对分明的界限。科学历史主义在科学界又被划分为两派,一派是以库恩、拉卡多斯等为代表,承认科学与非科学、伪科学划界的必要性,坚持一种历史的、发展的、相对的渗透着社会和心理因素的科学划界标准。在他们看来,科学与非科学、伪科学的区分就在于是否在范式或科学研究纲领的指导下从事解决疑难的活动。科学历史主义的另一派是以费耶阿本德为代表,其干脆否认科学划界的必要性,认为并不存在普遍适用的科学研究方法,不存在科学与非科学之间的一成不变的界限,因此极端地主张,科学与非科学不可划分,同时也不应该划分。

(4)科学实在论的观点:科学实在论的代表邦格给出了科学知识领域的12个条件,任何不能满足这12个条件的知识领域都是非科学;任何一个本身不是科学却自称科学的领域都可称之为伪科学。

由上,不难看出人们对科学划界问题的认识是不断地深化的。从绝对标准到相对标准,从一元标准到多元标准,从静态标准到动态标准,无一不标志着划分科学与非科学、伪科学这项事业的进步。非科学是指那些还停留在经验层次或不能覆盖全部经验现象却又以科学面目出现的理论陈述或事实陈述。伪科学就是以科学的面目出现,概念上自相矛盾,物理上不可重复,拒绝科学方法的理论。波普尔用"可证伪度"作为科学与伪科学的分界标准。不可证伪一定是不科学的,但是,"不科学的"不一定是伪科学的。也就是说,不科学的理论并不一定包含着伪造和虚妄的基础。实际上的情况往往是,建立在虚妄基础上的伪科学,比非科学更酷似科学。

因此,尽管人们对科学划界的标准有着不同的看法,对科学的本性也有着不同的认识,但是对科学划界问题的探讨具有深远的意义,其不仅有利于明确科学知识的特性,而且能够有效地捍卫科学的尊严和社会形象。

(二) 技术的本质特征

1. 技术的本质 由于技术本身具有一些复杂的形态,因而给技术下一个恰当的定义就会存在相当大的难度。因此,"技术究竟是什么?"这一问题在理论界颇具争议性。甚至,不同的技术哲学存在不同的技术的定义。我们不妨尝试性地这样认为:技术是通过应用科学理论,总结实践经验,调用物质手段,改进操作方法,更加有效地满足人类生命的、生产的、社会的、环境的物质性需求而形成的知识体系、技术文本、操作规范、物质配方、生产工艺和建造工程。

马克思、恩格斯认为技术在本质上体现了"人对自然界的理论关系和实践关系"[①],技术是人的本质力量的对象化。其一,劳动资料延长了人的"自然的肢体"。[②] 其二,工艺学在本质上"揭示出人对自然的能动关系"。[③] 其三,技术的发展引起生产关系的变革。可见,马克思主义的经典作家把技术的本质界定为人对自然的能动作用、改造作用。马克思主义把技术的本质界定为人对自然的能动作用、改造作用,这是一个非常深刻的观点。其理由在于:

(1)人通过实践活动来利用和改造自然,技术是不可或缺的工具、手段和方法。无论原始人还是现代人,离开了技术,人类的实践就很难进行,只不过在当今的知识经济条件下尤

---

① 马克思恩格斯文集:第1卷. 北京:人民出版社,2009:350.
② 马克思恩格斯文集:第5卷. 北京:人民出版社,2009:209.
③ 马克思恩格斯文集:第5卷. 北京:人民出版社,2009:429.

显突出。技术是人利用自然物的机械属性、物理属性、化学属性所创造的人工自然物,是进行实践活动的工具,技术和改造自然的实践活动是截然不可分的,充分展示了人的主观能动作用。

（2）人的实践活动是在理性指导下的有目的的能动性的活动。借助技术工具的中介作用,人的实践活动使自然界发生物质形式和能量形式的变化,也因之实现自身的目的。技术是实现理性目的的手段,这恰恰体现了人对自然界的能动作用。

（3）技术推动着人与自然之间的关系演化的同时也改变着人自身的自然。技术的演化推动着人与自然之间关系的演化,使之从原始时期混沌的天人合一到近代的天人对立,再到将来的自觉的天人合一,体现出一种辩证的演化。在人类早期,人驾驭自然的能力非常有限,在技术水平上刚刚摆脱利用自己的本能使用粗糙工具的时期。但是,随着人类技术水平的不断提高,人类开始陶醉于对自然的胜利,放任自己的贪婪,向大自然无尽索取,从而使自身与自然对立起来,进而造成了一系列的负面问题,比如环境问题。为此,人类应当,同时也不得不自觉地调整自己的行为,逐渐学会控制自然力以便理性和经济地对之加以利用,力求达到与自然界的和谐统一。

（4）技术的生产关系是社会生产关系的重要组成部分。作为人对自然的一种能动关系,技术不仅存在于物质生产过程中,同时还表现在社会生活条件方面以及由此产生的精神生活的各个方面和过程之中。马克思主义把劳动资料与经济时代联系起来,强调劳动资料（技术）在时代改变过程中所起的作用,指明了劳动者和生产资料（包括技术）结合的方式和方法,使社会结构区分为不同的经济时期。

2. 技术的本质特征　作为表现人对自然能动作用的关系的范畴,技术的本质特征主要表现在如下几点:

（1）物质性和精神性:技术是人的知识、经验和技能在同一定的物质手段（工具、机器设备等）相结合的过程中形成和发展的。技术是改造自然界的手段,其需要一定的物质和知识作为前提和基础,故而技术既包括硬件,同时也包括软件。马克思曾明确指出,作为活动方式的技术手段,其除了物质因素外,还有精神因素,二者统一于生产过程之中。也正是由于技术同时具有物质和精神两种因素,它才成为物质和精神之间相互转化的中介和桥梁。

（2）技术是直接生产力:人类将科学原理转化为技术发明,广泛地应用于生产过程之中,提高了劳动者的知识技能,改进了劳动生产的技术装备,引起了劳动对象的变革,技术变成了直接的生产力。科学作为知识形态的、潜在的生产力,要转化为直接的生产力必须以技术作为中介。

（3）中立性和价值性:技术的价值负荷问题长期以来聚讼纷纭,在此问题上主要有两种观点。技术中立论认为,技术仅仅是方法论意义上的工具和手段,在政治、文化、伦理上没有正确与错误的分别,本身是价值中立的。技术价值论则认为,任何技术本身都蕴含着一定的善恶、对错、好坏等价值取向。其实,任何技术都是中立性与价值性的统一,这种统一源于技术的内在价值与技术的现实价值的统一。而技术的内在价值和现实价值是不能绝对分开的。

（4）自然性和社会性:技术是人作用于物的手段,因而技术既具有人的属性,同时又具有物的属性。技术的物的属性即自然属性,是指技术活动必须遵循自然界物质运动的规律,任何违背自然规律的技术都是不能实现的。换句话来讲,在自然规律面前,我们只能尊重客观规律,在此基础上利用自然规律。技术的人的属性即社会属性,其表现为技术的目的、应用和发展都必然受政治、经济、法律、伦理、文化等诸多因素的制约。因此,技术活动既要以科学理论为依据,使之与自然规律相符合,同时,又要考虑到各种社会因素的作用,使其与社会需要相互适应。

(5)跃迁性和累积性:技术本身处于不断的发展变化之中,不同的历史时期占据主导地位的技术是不同的。古代的材料加工技术,近代的能源动力技术,20世纪中叶的信息通讯技术,再到21世纪的生物技术,都分别成为各自时代的主导技术。日本技术论学者星野芳郎提出的近代技术史上三次技术体系的更迭反应了近代以来技术跃迁式的产生、发展及演化过程。不过,技术的发展除了跃迁性外还同时具有累积性。这主要表现为当新的技术(群)出现后,原来的技术并非全部被否定、被废弃,而是在主导技术的影响下经过改造、提高和扬弃的过程,形成了技术的多层次和多种技术的相互融合的特征。

二、科学技术的体系结构

关于科学技术的体系结构问题,多有学者涉足于此。马克思、恩格斯对此进行过较深入的分析,国外学者,比如亚里士多德、培根、芒福德等人也分别对此进行过研究。日渐融合的现代科学和技术,其体系结构各具特征。就科学来讲,其体系结构由学科结构和知识结构组成,而技术的体系结构则由门类结构和形态结构组成。

(一)马克思、恩格斯关于科学技术体系结构的分析

1. 自然科学分类及其原则　恩格斯从运动形式入手,分析了基础的自然科学,即力学、物理学(热学、电学和光学)、化学和生物学,研究了它们之间的相互联系与相互转化,并提出了科学分类的客观性原则和发展性原则。

在恩格斯看来,科学分类应该按照物质运动形式的不同及其固有的次序来进行。在《自然辩证法》一书中,被其列为基础学科的科目有:数学、力学(天文学),物理学、化学和生物学,并且指出每一学科都是分析某一个别的运动形式或一系列相互联系和相互转化的运动形式。同时,恩格斯还做了这样的说明:五种运动形式,即机械运动、物理运动、化学运动、生物运动、人类社会运动,它们依次排列,越往后就会越复杂、越高级。与此同时,恩格斯还对力学、化学等提出学科命名法。即便是到了科学高度发展的今天,恩格斯这种将客观性原则和发展性原则有机统一起来的科学分类的方法,依然堪称我们研究科学分类问题的基本原则。

2. 自然科学与人文科学的关系　马克思提出了"自然科学往后将包括关于人的科学,正像关于人的科学包括自然科学一样:这将是一门科学的问题"[①]的命题。毋庸置疑,自然科学与社会科学之间是有区别的,不过,在马克思看来,自然和社会具有共同的基础,即人的感性实践。同时,作为社会生产力现实因素的科学,即包括自然科学,又包括其他的科学。

3. 自然科学知识的类型　马克思将自然科学分为"作为社会发展的一般精神成果"的科学、"应用于生产的科学"和"成为生产财富的手段"的科学。我们通常把科学体系分为基础科学、技术科学(工艺学)、工程科学三种类型,其理论根基就在于此。

① 马克思恩格斯文集:第1卷.北京:人民出版社,2009:194.

（二）国外学者关于科学技术体系结构的研究

亚里士多德、培根、圣西门、芒福德、埃吕尔、罗波尔、星野芳郎等人都对科学技术的体系结构进行了研究。

古希腊哲学家、科学家亚里士多德把科学分为理论的科学（数学、自然科学和第一哲学），实践的科学（伦理学、政治学、经济学、战略学和修饰学）、创造的科学即诗学。

培根把人类的知识成果分为记忆的科学（历史学、语言学等）、想象的科学（文学、艺术等）和理智的科学（哲学和自然科学等）三类。这可看作近代早期对科学分类的较为粗浅的成果。

圣西门对科学的分类提出了客观性原则，他把学科分为数学、无机体物理学、天文学、物理学、化学、有机体物理学和生理学。

芒福德将人类技术分为"单一技术"和"综合技术"，同时提出现代技术的本质是"巨技术"。在他看来，现代技术的主要问题是对于有机世界的系统性背离。同时指出，克服巨技术的主要路线是回归人性的正确规定，回归生活世界和生活技术。

埃吕尔认为，伴随着技术的发展，技术本身已经具有了系统的特征。这一系统由次级系统组成，而次级系统并不需要长期的计划就可以产生，并且它们由更低一级的技术组成，并且一步步地组织起来，相互修正与适应。

罗波尔提出了"社会-技术系统"理论。在他看来，技术活动不仅仅是一种技术活动，同时也是一种社会行为，是一种生产和生活的方式。他将生产和实践成功地融入了自己的社会-技术系统，但其只是着眼于技术产品和技术活动，却忽略了文化在技术建构中的作用，同时也忽略了文化与技术的内在关联性。

星野芳郎提出近代技术史上曾经出现的三次技术体系更替，其中第一次技术体系的形成和发展于18世纪末到19世纪末，蒸汽动力技术是其中的主导技术。第二技术体系建立于19世纪下半叶到20世纪上半叶，电力和内燃机是其中的主导技术。第三次技术体系开始于20世纪40年代，其主要发端于火箭技术、雷达技术、核技术和电子计算机技术。

（三）现代科学技术的体系结构

马克思主义认识论认为，认识过程是在实践的基础上产生感性认识，再上升为理性认识的过程，而科学技术认识属于理性认识。钱学森把科学技术划分为三个层次，即工程技术—技术科学—基础科学。那么，更具体来讲又该如何理解和看待现代科学技术的体系结构呢？

1. 现代科学的体系结构由学科结构和知识结构组成

（1）现代科学的学科结构：学科结构由基础科学、技术科学、工程科学构成。基础科学是对客观世界基本规律的认识，是现代自然科学和技术的整体结构的基石。技术科学以基础科学为指导，研究生产技术和工艺过程中的共同规律。工程科学具体地研究基础科学和技术科学如何转化为生产技术、工艺技术和工艺流程的原则和方法以改造自然。

（2）现代科学的知识结构：知识结构由科学事实、科学概念、科学定律、科学假说、科学理论构成。现代科学的体系结构表现出现代科学的发展过程，其中学科结构形成一个立体的框架，知识结构各要素渗透到学科结构的相对应的要素之中。基础科学、技术科学、工程科学都是知识，都要经过一个由科学事实到科学理论的形成过程。

2. 现代技术的体系结构由门类结构和形态结构组成

（1）现代技术的门类结构：门类结构由实验技术、基本技术和产业技术构成。在现代技术中,三种技术相互区别,又相互促进。整体来讲,实验技术是为了科学认识而探索自然客体的元技术手段。基本技术分为四种,即广义的机械技术、物理技术、化工技术和生物技术。产业技术包括基础产业技术、制造产业技术、服务产业技术。

（2）现代技术的形态结构:按照马克思主义技术本质上体现着人对自然的实践关系,同时也包括各种手段和方式方法。这些手段以及方式方法既包括经验形态的技能、经验,同时也包括实体形态的各种工具和机器,以及知识形态的技术理论和技术规则,相应地形成了经验技术形态、实体技术形态和知识技术形态的不同的技术形态结构。

现代技术的体系结构表现出现代技术的发展过程,其中门类结构是立体的结构,形态结构的各要素同样渗透到门类结构所对应的要素之中。实验技术、基本技术和产业技术都包含经验技能,都使用工具机器,都蕴含了知识。现代科学技术体系结构的研究表明,科学技术在各自的发展中,不但日益多样化和系统化,而且越来越呈现出科学技术一体化的特征。

三、科学问题与科研选题

科学活动是问题的不断提出和解决过程。发现和提出科学问题是科学研究的起点,也是其成功与否的关键。而科学问题有其特定的含义和要求,也就是说,并非所有问题都是科学问题,其发现和提出以及科研课题的形成应遵循相应的方法和原则。

（一）科学问题的特点与类型

1. 科学问题的含义与特点　科学问题是指在一定的科学知识背景下提出的关于科学实践和科学认识中所遇到的需要解决而又尚未解决的矛盾,具体表现为现实与目标、客观与主观、已知与未知等一系列的矛盾。

科学问题总是与解决矛盾有关。一个科学问题的提出,就是把已知与未知、现实与目标在认识中分化出来,作为相互对立而又相互联系的对立面而存在着。按照辩证唯物主义的观点,矛盾是一切事物变化和发展的动力。如果把科学发现过程看作问题的形成、展开和解决的过程,那么,这一过程也可表述为矛盾的形成、展开和解决的过程。需强调的是,问题确实是矛盾的表现,但并非任何矛盾都是问题。问题总是与人的活动有关,总是在需要加以解决时才被提出,可以说,离开了人的认识、需要、理想、愿望、目标、行动等,就无所谓问题。

科学问题无不打上时代的烙印,换句话来讲,它是时代的产物。原因在于,只有从当时的知识背景出发,才有可能形成、提出和鉴别科学的问题。要想提出有价值的科学问题,需要对问题本身赖以产生的知识背景具有深刻的认识才可以做到。同时,一个问题是否是科学问题,也必然需要结合当时的知识背景才能辨别出来。

2. 问题的类型　并非所有的问题都能成为科学的问题,比如虚假的问题、无知的问题就不能算作科学的问题。通过了解问题的分类,可以使我们明确什么才是科学的问题。以下便是对问题的几种归类:

（1）科学问题和非科学问题:科学问题是真实问题、待解决的问题和正确的问题,三者缺一不可;非科学问题往往表现为虚假问题、无知问题和错误的问题,只要是其中的一种,即或虚假、或无知、或错误,这样的问题就是非科学问题。

真实问题与虚假问题的区别在于,问题的解答是否与实践有关。真实的问题表现为可由实践来回答,其答案可由实践加以证实或证伪的问题。而虚假问题是不能用实践来回答,其答案即不能被证实、也不能被证伪的问题。待解决的问题是指当时的科学知识背景下还尚未获得解决的问题,也就是说,现有的知识还不能将其解决的问题。而无知的问题表现为在当前的知识背景下已经解决了的问题,之所以被某些人还当作问题,仅仅是指他们对当时的知识背景还未能有一个较清晰的把握。需强调的是,问题的真假并非指判断意义上的真与假,而是指问题本身的预设是否是正确的,是否存在问题的答案。如果一个问题存在着答案,这时,无论答案本身是否已经发现,问题本身都可以被看作一个正确的问题;相反,如果问题本身根本就不存在着答案,那么问题本身就是一个错误的问题。于此,就存在这样的问题:比如,就论域(所谓论域,对问题而言,也可称之为应答域,也就是指问题讨论或研究的对象范围)来讲,每一门学科的研究对象范围都是相对确定的。毋庸置疑,自然科学的研究范围是自然界的各种课题,在解答问题时,论域和应答域应该是确定的。比如,"永动机的工作原理是怎样的?"这一问题显然就不是一个科学的问题,因为问题本身预设了永动机的存在。假如我们以现实的世界为应答域,那么,很显然问题所要讨论的对象、性质和关系都不在限定的应答域内。因为,根据现有的知识,现实的世界是并不存在永动机的,那么关于永动机是如何工作的问题显然就不是一个科学的问题。

(2) 常规问题和反常问题:常规问题是在维持已有理论框架的前提下有待解决的问题;反常问题是在拒斥已有理论基本概念和基本原理的前提下提出有待解决的问题。常规问题的特点在于其解决将限定在原有理论的范围之内,其又可以分为两种类型。一类是关于检验理论的事实问题,即一个新的理论被提出以后,一方面又使支持理论的事实的范围不断扩大,另一方面还要消除与理论相违背的"反例"。另一类是理论的应用问题,也就是怎样应用已知的理论去解释和预测相关的事实,致使理论的应用范围不断扩大。与常规问题不同,反常问题是在据持已有理论基本概念和基本原理的前提下提出有待解决的问题,其显著特点就是对某一理论的基本框架提出相应的质疑,其解决是通过新、旧理论的取代而完成的。反常问题在科学理论的变革中发挥着极其重要的作用,它的解决通常意味着一场科学理论的革命。

如果说常规问题的解决就是使原有理论获得新的发展,那么反常问题的解决就是新理论的发现。当新的理论被建立之后,就要继续解决新理论的常规问题,使新理论不断地发展、精确和完善,直到新理论也面临它的反常问题的日益严重的挑战,而最终被一个更新的理论所取代。科学的历史就是无止境地提出问题和解决问题的历史,就是不同系列的常规问题与反常问题相互交错地发生和解决的历史。

3. 科学问题的作用　传统观念总是认为科学始于观察,但实际上科学始于问题的提出,更能揭示科学研究过程的本质。可以说,科学研究以问题的提出和确立为起点。同时,科学研究又是不断提出问题和解决问题的过程。归纳主义的方法论认为科学从观察和收集材料开始,经过归纳上升为理论。波普尔明确提出,科学始于问题。通过观察可以引出问题,但是观察必须带着一定的问题和预期的设想,有目的地观察。问题是科学发展的动力。问题就是矛盾,就是不一致,即新的观察与旧的理论的不一致,理论与理论之间的不一致,同一理论内部的不一致。面对这些问题,人们进行猜测,尝试做出种种的解答,于是就有了理论。问题引导人们去研究,问题是科学探索的起点。是问题激发我们去学习、去发展知识、去实验、去观察。科学始于问题,又以新的问题为新的研究起点,新的问题引导新的探索,不断循环,以至无穷。

科学始于问题的观点有着充分的理由:从科学理论发展的总体过程来看,只有发现了原有理论不能解决的问题时,人们才会去修正、补充它,或者着手建立新理论,在这个意义上讲,问题既是旧理论的终点也是新理论的起点。从科学研究的具体进程看,人们总是以问题为导引而有选择地去收集事实材料。与问题有关的材料被有意识地收集起来,与问题无关的材料则任其流散,不会在科学认识主体中引起主要的信息效应。问题来源于实践,它们是认识主体在科学实践和生产实践的具体过程中发现的,并且预示着进一步实践和认识的方向。正是基于具体的科学问题,人们才有了进一步研究的动力,科学才开始迈向发展和进步的道路。可以说,科学问题引导着科学研究向深度和广度的发展。

（二）科研选题的原则

1. 科研课题与选题　现代意义上的科学研究活动,不仅要有问题,还要将问题变成课题。所谓课题,就是指为了解决某个特定的任务所需要研究的、通常是用科学术语明确表达的一个或一组的科学问题。对科研而言,课题与问题都是值得研究和探讨的对象,都是未知的东西。只不过问题是课题的基础,课题是问题的深化。科学工作者需要对问题进行筛选,用科学术语明确表达,升华为有明确意义的课题。课题是由一些有价值、有创造性的问题进一步提炼形成的。不难看到,各级科研项目的申报都往往配有一整套的课题指南、表格和对课题表述的指导说明。仅仅凭个别的科学问题是很难申报科研项目的。所谓选题,就是形成、选择和确定所要研究和解决的课题。选题的重要性在于,它关系到科研的方向、目标和内容,直接影响科研的途径和方法,决定着科研成果的水平、价值和发展前途。选题在整个科研中具有战略意义。如果课题选择不科学、不合理或不切实际,将会导致整个科研工作或者没有意义,或者长期得不到结果,甚至徒然耗费精力,浪费大量的人力、物力和财力。无数事实表明:无论是国家、集体或个人的科学研究活动,若想取得重大的发现和发明,除了人员素质和必要的物质条件外,选题是极其关键的因素。那么我们在选题时应注重怎样的原则呢?

2. 科研选题的基本原则　随着科学技术的不断进步,社会需要的层次不断提高,科研项目越来越复杂,涉及的技术种类越来越多,耗资也越来越大,这就要求我们尽可能地保证每一项科研选题都能够完成预期的任务,达到预期的目标。否则,就将给社会和科学技术本身造成巨大的损失,甚至导致灾难性的后果。针对此种情况,我们就要对选题进行严格的斟酌和规范,防止仅凭经验和感觉从事。当然,由于课题的性质不同,选题的原则也各有不同的侧重点,不过以下几项原则是需要共同遵守的:

（1）需要性原则:课题本身的选择必须要着眼于社会的需要和科学理论发展的需要。毋庸置疑,人类总是在一定的社会历史条件下进行认识自然的活动。科学研究的目的就是要满足社会的需要,社会的需要是科学技术发展的最终源泉。固然,社会需要是多方面的,比如经济发展的需要,国防建设的需要,医药卫生和文化教育的需要等等。科学技术的发展也包括许多方面,如开拓新的科学领域的需要,更新科学理论的需要,改进科学方法的需要等等。

（2）科学性原则:课题选择一定要以科学事实为基础,以科学理论为依据。通常情况下,科研选题不能与已知的经验事实和已被确证的科学理论相违背。当然,科学工作者在开始选题时不可能把所有有关事实都弄清楚,理论也会受到一定的限制,因此选题既要尊重事实和科学理论,又要随着实际情况和理论的改变对所选课题进行修改。

（3）创造性原则:选题应当着眼于前人没有解决或没有完全解决的问题,力争有所发现,有所发明,有所创造。科学本质上是一种创造性的劳动,选题本应该把首创性放在重要的位置上。整体来讲,选题中的首创性成分越多,课题的价值也就越高,对社会和科学的贡献也就越大。故而,科学工作者在选题时应该瞄准科学的制高点,到科学的前沿、空白区、边缘地带去选题,力求在方法、概念、理论、应用上有所创新,将科学技术及其应用推向前进。

（4）可行性原则:选题必须根据主客观的条件来确定,必须考虑课题有没有完成的可能性。这里的主观条件是指承担课题的科研人员在道德品质、学识水平、知识结构、个人经验等综合素质方面是否能够胜任该课题的研究工作;客观条件一般是指科研经费、实验设备、原材料供应以及研究期限等因素是否能够达到完成该课题的要求。一般讲来,符合需要的并且具有创造性和科学性的题目并不一定是可行的题目。倘若主客观的条件不具备,课题选的再好也难以付诸实施。因此,可行性原则要求科研人员在选题时一定要考虑主客观条件是否允许,从本单位、本部门的实际情况出发,走好选题这一科研的第一步。

医学问题与思考:

关于中医科学性问题的讨论

中医是否具有科学性?前些年国内就中医合法性问题掀起了一场激烈争论,其争论的核心恰恰在于中医是否具有科学性。有人视中医为一种伪科学、一种迷信予以坚决否定,陷中医于窘境。其实,这种情况已持续不下百年。鲁迅、陈独秀、胡适、梁启超等人就曾将中医视为旧文化甚或迷信加以否定。早在1879年,俞樾在其《废医论》中就明确提出废止中医。其后,汪大燮、汪乞张、余云岫以及汪精卫等人也提出过废除中医的主张。那么,中医为什么会招致如此"劫难"呢?毋庸置疑,这与中医自身的特点密切相关。中医学受中国古代哲学影响很大,其产生和发展都深深打上了中国古代文化与哲学的烙印,在阐述人体生理功能、疾病诊断治疗的过程中大量借用阴阳、五行、元气等古代传统哲学理论,这既是中医理论的特色,又为历史上不断出现的"中医不科学论"提供了可乘之机。同时,现代人对于古典东方理解的遗失,特别是白话文的推广无疑加大了人们对古代汉语的误读,而这必将引起对中医经典的误解。

很显然,要回答中医是否具有科学性这一问题需要给出科学的设定标准。有人认为,现代科学必须满足三个条件:逻辑推理、数学描述、实验验证。如果按照这样的标准来裁夺,那么中医就很难说是科学的。真正的科学应该是反映人们对自然、社会、思维等客观规律的分科的知识体系。但是,给科学设定同一的判断标准的企图事实上不失为对多元世界的一种误读。用现代科学的标准去评判几千年前的中医是否科学,这种做法本身就存在问题。在逻辑上,我们不难理解,标准的设立直接决定着中西医各自是否具有科学性的结论。很明显,西医从理论到技术与现代科学的发展紧密相关,给人的印象是具备一般现代科学的共同特征,致使几乎无人对其科学性加以质疑。相对来讲,中医引经据典,对现代科学的发展和进步反应滞后甚或迟钝,其科学性遭到质疑就在所难免。于此不妨对中西医做个比较。表面看起,前者古朴,后者现代,二者具有十分明显的时代差异。然而,二者真正的差异却不限于此,而在于前者的理论之基是生命的整体观,后者的理论之基却是还原论。尽管中医的基础理论没有褪去朴素的形态,但其所用的方法却能够全面容纳人的复杂性。从这种意义上来讲,我们认为中医更接近和更尊重人的实然存在状态,而西医将人看作由各种部件组成的机械的看法显然存在很大弊端。就还原论为什么不适宜于中医这一问题可做如下的诠释:

从中国的思维传统、哲学传统以至于科学传统中我们不难发现,中医深受"道"自然观的影响,而"道"的本质是运动和变化,是系统整体论。西医是结构观、还原论指导下的结构医学或实证医学,而中医是运动观、系统论指导下的过程医学或状态医学。虽然二者研究对象相同,但其研究视角、研究方法不同。中医学的阴阳、五行、气等概念,不是结构观概念,而是运动观概念。中医治病,其最终目的是让人体达到阴阳平衡,这实际上是从保持系统稳定性的维度思考问题,因为人体本身就是一个复杂的巨系统。中医的辨证则是从系统稳定性变化上去把握疾病演变过程,去把握人体生命物质运行状态的变化,从而辨证治病。

综上所述,我们可以这样认为:中西医各自有不同的理论基础,遵循不同的文化传统。单就中医来讲,几千年的临床实践雄辩地证明,其效果不可否认,不容置疑。而且在逻辑上,中医理论,从阴阳说、五行说再到元气论都具有内在的自洽性,整体上有很强的解释力和预见力(其预见力表现在其理论指导下的实践能够有效地"治未病")。也就是说,中医既具有能够自圆其说的理论,又有大量的临床实践的支撑,冠之以具有科学性的定论不无根据。

第二节 科学技术的发展模式及动力

科学技术发展的模式是关于科学技术发展的规律、主要特征和内在机理的描述和概括。它回答的主要问题是科学技术是如何发展的,发展的一般形式是什么,动力和机制何在。探索出合理的科学技术发展模式及动力,不仅可以正确地解释科学技术发展的历史,而且也能够深刻地揭示科学技术发展的规律,具有一定的预见功能。

一、科学的发展模式及动力

学术界关于科学发展的模式及动力问题已经提出了多种观点,下面从国外具有代表性的关于科学发展模式及动力的研究和马克思、恩格斯关于科学发展模式及动力的研究两个方面加以介绍。

(一)马克思、恩格斯关于科学发展模式及动力的分析

1. 科学发展呈现从分化到综合的整体化趋势 18、19 世纪,天文学、地理学、物理学、化学、解剖学、生物学等都有了长足发展,特别是能量守恒与转化定律、细胞学说和生物进化论三大发现,使自然科学的发展进入了一个新时期,两次科技革命使人类进入了工业文明时代。在此基础上,恩格斯指出自然科学发展从分化到综合的趋势表现为两种形式:一种是自然科学由搜集材料与分析材料转向整理材料与综合材料的科学,即把自然界中的各种自然过程,"结合为一个伟大整体的联系的科学"[①],另一种是自然科学从研究较简单的运动形式转向研究较复杂的运动形式,如一系列边缘学科、交叉学科与横断学科的发展。

2. 科学的发展是渐进性和飞跃性的统一 马克思在分析技术体系的演进时指出,"正像各种不同的地质层系相继更迭一样,在各种不同的经济社会形态的形成上,不应该相信各个时期是突然出现的,相互截然分开的。在手工业内部,孕育着工厂手工业的萌芽。"同时他指出,"在这里,起作用的普遍规律在于:后一个[生产]形式的物质可能性——不论是工艺

---

① 郭贵春. 自然辩证法概论. 北京:高等教育出版社,2013:104.

技术条件,还是与其相适应的企业经济结构——都是在前一个形式的范围内创造出来的"。①

"机器劳动这一革命因素是直接由于需要超过了用以前的生产手段来满足这种需要的可能性而引起的。而需求超过[供给]这件事本身,是由于还在手工业基础上就已做出的那些发明而产生的,并且是作为在工场手工业占统治地位的时期所建立的殖民体系和在一定程度上由这个体系所创造的世界市场的结果而产生的。"②

3. 科学发展是内外动力共同作用的结果　科学发展的外部动力一方面表现在社会生产的需要推动了科学研究成果的应用,另一方面表现在自然科学本身的发展,"仍然是在资本主义生产的基础上进行的,这种资本主义生产第一次在相当大的程度上为自然科学创造了进行研究、观察、实验的物质手段。"③恩格斯指出近代以来科学"以神奇的速度发展起来,那么,我们要再次把这个奇迹归功于生产。"④

科学在近代的巨大发展,是内外动力共同作用的结果,如果没有近代以来科学实验水平的提高,新的科学理论是难以提出的。

(二) 国外关于科学发展模式及动力的研究

科学发展模式是关于科学发展的规律性、内在机理的概括和描述。当代科学哲学家们提出了多种科学发展的模式,形成了逻辑实证主义、证伪主义、历史主义等发展模式。

1. 逻辑实证主义科学发展模式　逻辑实证主义,又称逻辑经验主义,20 世纪20 年代在维也纳,以石里克和卡尔纳普等人为代表。他们按照证实原则建立了科学发展的线性积累模式,强调归纳法和实证原则,认为知识的增长是不断归纳的结果,科学的发展就是通过归纳获得的科学知识的不断增加的过程。人们从经验事实归纳出科学假说,借助演绎法推出预见,通过实验使预见接受新经验的检验,预见与新的经验如果不符合,则修改假说;如果符合,则假说被证实,逐渐上升为理论。这样的过程生生不息,理论因而愈来愈进步、愈来愈发展。这种理论对科学发展起了巨大的促进作用,当时的许多科学家都赞成这种看法,直到20 世纪50 年代末,还是科学哲学界的正统观点。

但是,这种发展模式只反映了一般科学发展的特点,而不能合理解释科学上的飞跃和革命,只强调科学发展的量变,否定科学发展中的质变。因此科学哲学家在批判逻辑实证主义模式的基础上,提出了新的科学发展模式。

2. 证伪主义科学发展模式　证伪主义科学发展模式又称科学理论的否证式发展模式,是在现代科学革命出现之后产生的、关于科学理论发展的较有影响的看法,它是由科学哲学家波普尔提出来的。波普尔是在科学理论发展问题上,第一个大胆摈弃传统的累积观而另辟蹊径的人,他指出:"我所想到的科学知识增长并不是指观察的积累,而是指不断推翻一种科学理论,由另一种更好的或者更合乎要求的理论取而代之。"⑤

爱因斯坦广义相对论的成功,对波普尔的思想产生巨大影响:如果像牛顿力学这样经受了长期的、无数次检验的理论尚有错误,那么,还有什么科学理论能够永远正确呢? 因此,他

① 马克思恩格斯文集:第 8 卷. 北京:人民出版社,2009:340.
② 马克思恩格斯文集:第 8 卷. 北京:人民出版社,2009:340-341.
③ 马克思恩格斯文集:第 8 卷. 北京:人民出版社,2009:359.
④ 马克思恩格斯文集:第 9 卷. 北京:人民出版社,2009:427.
⑤ 波普尔.科学知识进化论.北京:三联书店,1987:175.

否认科学能认识客观真理,真理就像在山顶的顶端,只可接近而不能达到。波普尔虽然否认能认识真理,但他却认为能通过猜测探索真理。科学追求的目标,是不断接近真理。虽然牛顿理论被爱因斯坦理论所否证,但它仍然保持对开普勒、伽利略理论的优越性。这表明,在科学的发展中,当后来的理论被确认比先前理论包含更丰富的内容时,也就意味着它比先前的理论更接近真理。正是从这个认识出发,波普尔认为科学的目标是通过批判和证伪找到愈来愈接近真理的理论。这样,波普尔站在科学可错论的立场上,从证伪主义出发,认为一切科学理论其实都是可错的,理论的实质就是猜测,应能满足可反驳这种否证性要求;科学理论永远不能证实,只能证伪,证伪对科学理论决不是灾难而是进步的表现;一个理论被经验证伪,就需要另一个更好的理论代替它。从而提出了科学理论否证式发展的思想。任何一种科学理论都不过是某种猜想或假说,其中必然潜藏着错误,即使它能够暂时逃脱当时实验的检验,但终有一天会暴露出来,遭到新实验的反驳,即证伪。科学理论就是在不断地提出猜想、发现错误而遭到否证、再提出新的猜想的循环往复的过程中向前发展的。并且把它形式化为四阶段的动态模式:P1(问题)—TT(猜测性理论)—EE(消除错误)—P2(新的问题)。即科学从问题开始(P1)开始,经过试探性理论(TT),又经过批判性检验、排除错误(EE),进而提出新的问题(P2)。这四个环节循环往复,推动科学不断前进。在波普尔的模式中,问题构成科学发展的源泉,反驳(证伪)是科学发展的根本机制,试错、直觉等非逻辑方法是科学创造的根本方法,批判性是科学进步所依赖的根本精神。波普尔认为,科学知识的增长,不是一系列愈来愈好的演绎系统的递升,而是从问题到问题的不断进步,即从问题到愈来愈深刻的问题。

波普尔的科学理论发展的模式强调不断革命的批判精神,勾画了一幅科学知识在矛盾斗争中不断发展的图景,反映了20世纪科学革命中知识增长的动态特征。但他在强调科学通过批判、否定而前进,通过不断革命而发展的时候,却否认科学知识的继承和积累,否认科学发展包含着量变渐进的过程,这显然是片面的。

3. 历史主义科学发展模式　历史主义科学发展模式又称科学革命模式,是在20世纪60年代由美国科学哲学家库恩提出的。库恩本人是个科学史家,后转向科学哲学研究,从科学史上来看,科学理论的发现和发展是有其社会历史因素的,仅仅从科学理论自身的证实和证伪两个方面来解释科学理论的发展是不够的。前者只看到理论的知识量的积累,后者只看到理论的革命、更替,二者都是片面的,都是一种离开科学事实的逻辑构造。

库恩用历史的方法,从动态角度考察科学发展的机制和规律,认为科学发展遵循如下模式:

前科学—常规科学—反常—危机—科学革命—新的常规科学……

理解库恩模式的关键是"范式"理论。库恩把科学家共同体的共同信念、共同传统,以及它所规定的基本理论、基本方法和解决问题基本范型的总和,称为范式。他认为,某一学科在尚未形成统一范式之时处于前科学状态,当科学家们经过长期的研究和争论,形成了公认的"范式",并依靠共同信仰的范式把大家统一为一个科学共同体以后,该学科便进入常规科学时期。常规科学活动的任务是不断验证和发展范式,在此过程中发现的难以用范式解释的新现象,就是反常。当反常现象大量出现,并成为常规科学无法解决的难题时,人们开始怀疑范式,失去对范式的信任,于是引起危机。危机发生后,一些思想解放、具有革命精神的科学家,不再迷信旧范式,而是勇于创新,去建立新理论,用新范式取代旧范式,从而发动科学革命。科学革命以后,科学即转入新的常规科学,进入在新范式指导下的渐进式发展。科学史就是常规科学和科学革命不断交替的过程,循环往复,永无止境。

库恩把科学不但作为知识的形态,也作为科学共同体的实践活动来观察,为科学哲学和科学史研究提供了崭新的思路。他对科学发展中的进化和革命,从发展形态上作了统一的全面的描述,有可借鉴之处。但他对范式及其更替过分突出其不可比性和非理性因素,夸大"常规"科学家和"革命"科学家的对立,从而实际上否认了科学知识发展的连续性、进步性和真理性,不能不说具有浓厚的非理性主义、相对主义色彩和较大的片面性。

拉卡托斯在批判继承波普尔、库恩的科学哲学思想的基础上,提出"科学研究纲领"的模式来解释科学理论的发展变化。拉卡托斯希望把两者的优点即"理性的重建"和"历史的再现"结合起来,他运用了历史主义的模式,吸取并发展了波普尔的证伪主义,将一系列相互联系的理论看成一种有结构的整体,他称之为科学研究纲领,用科学研究纲领取代范式,把科学理论发展看成是科学研究纲领进化退化、相互更替的过程。此观点成为历史主义学派中独树一帜的看法,也有人称之为新历史主义。科学研究纲领是由"硬核"(不可易的基本理论观点)、"保护带"(辅助性假说、解释模型等)和方法论规则(包括完善和发展纲领的正面启示法和保护"硬核"的反面启示法)组成的动态结构。每个时代、每门学科并非仅有一种纲领存在,而是有不同的研究纲领的竞争。一个研究纲领经过调整辅助性假说后,能够对经验事实作出新的成功的预言,就是进化的,否则就是退化的。科学的发展,就是进化的研究纲领通过竞争取代退化的研究纲领的过程,它本质上是一种优胜劣汰的选择过程。不过,他认为新旧研究纲领之间不是相互割裂的,而是存在某种连续性。因此,拉卡托斯的科学发展模式大体上可以表示如下:

科学研究纲领进化阶段—科学研究纲领的退化阶段—新的进化的研究纲领取代退化的研究纲领—新的研究纲领的进化阶段……

拉卡托斯的理论总的来看模式比较全面、比较深刻,与科学发展的实际更为切合。但夸大了研究纲领的韧性,以致难以判明研究纲领合理性的终结界限。

（三）科学的发展模式及动力

马克思主义认为,科学的发展表现为渐进与飞跃的统一,分化与综合的统一,继承与创新的统一。

1. 从纵向方面看,科学发展表现为渐进形式和飞跃形式的统一。

马克思指出,"正像各种不同的地质层系相继更迭一样,在各种不同的经济社会形态的形成上,不应该相信各个时期是突然出现的,相互截然分开的。在手工业内部,孕育着工场手工业的萌芽。"同时他指出,"在这里,起作用的普遍规律在于:后一个［生产］形式的物质可能性——不论是工艺技术条件,还是与其相适应的企业经济结构——都是在前一个形式的范围内创造出来的。"[①]

科学发展的渐进形式就是科学进化的形式,主要指在原有科学范式、框架内科学理论的扩展,局部新规律的发现,原有理论的局部修正和深化等。科学发展的飞跃形式就是科学革命形式,主要指科学基础规律的新发现、原有科学范式和理论框架的突破、崭新理论体系的建立等。历史上的科学,总是在进化和革命的不断交替中成长壮大的。无论是物理学、化

---

① 马克思恩格斯文集:第8卷.北京:人民出版社,2009:340.

学,还是生物学、地质学,一切科学都是如此。在科学发展历程中,经验材料、科学事实总是在不断积累,这是一个连续的过程,但说明方式、理论形态则几经更迭,在继承中有批判创新,又是连续中的不连续,如此构成人类对自然界不断扩展和深化的辩证认识运动。

2. 从横向方面看,科学发展的形式表现为分化与综合的矛盾运动,使科学日益走向多样化和整体化。

由于自然界的事物是无穷无尽地普遍联系和相互作用着的,因而人类反映自然界的办法就是用分析-综合-再分析-再综合的方法去无限地逼近它。科学史上的每一次分析和综合都在一定程度上反映出人类对自然认识的进步。近代科学兴起之初,人们为了认识自然界的局部、细节,把自然界按运动形式的不同分成不同的门类加以分析研究,基于这种分析研究造成了科学的学科分化,带来科学的蓬勃发展。由于认识的根本目的在于把握那个在总体上相互联系的自然界,所以在认识了自然界各个侧面以后,科学的进一步发展就要求进行综合性的概括,创造出综合性的理论。正是在这种要求的驱使下,道尔顿把化学经验规律整理为以化学原子论为基础的理论,牛顿把开普勒行星运动规律和伽利略力学综合为牛顿力学体系。19 世纪中叶的细胞学说、能量守恒和转化定律、生物进化论、元素周期律更是达到了物理学、生物学、化学方面更大的综合。自然科学每次综合的理论成果,都使人类对自然界的认识更深入一步,同时又是对自然界进行再分析的新的出发点。科学分化和科学综合的辩证运动,一方面使得科学的分支日趋繁多、精细,另一方面又使科学在不同范围、不同层次上结合为有机整体,形成更为深刻、更带普遍性的理论,从而越来越深刻、全面地反映自然界。可见,不断分化又不断综合的矛盾运动,是科学不断向更大的广度和更深的深度发展的客观规律。

3. 在总体趋势上,科学发展表现为继承与创新的统一。

继承包括科学思想、科学理论、科学方法和科学事实的继承。继承的东西越多,越有创新的基础,没有继承,就谈不上创新。然而,继承与创新又并非绝对一致的,或完全成正比的。在某种情况下,因继承的东西很多而被传统所束缚,故不能突破原有理论体系的框框,一旦真理碰到鼻尖上时却不能抓住它,如普利斯特列对待氧气的发现就是如此。继承只能使知识延续、储存,它是一种量的变化形式,并不能导致科学理论的质变。只有创新才是继承的目的,才能导致科学理论的质变,进而增加知识财富。创新包括科学思想、科学理论和科学方法上的创新。如果说创新也包括对科学事实的创新的话,那是专指发现人们未知的新现象、新过程、新事件。创新的内容和程度是不一样的,大到用更为全面的原理来取代片面性的原理,以更为深刻的见解取代肤浅的见解,或用更完善的数学形式来表述某种理论;小到提出一个概念,找到解决问题的一种新方法,对实验设备进行某种新的改进等。

科学发展中继承与创新的关系,体现出科学真理长河中渐进与革命交互更替的性质,以及认识不断拓广和加深、知识总量呈正比或指数形式加速的性质。继承与创新犹如长江后浪推前浪,永无止境。

在科学发展的动力问题上,马克思主义认为科学发展是内外动力共同作用的结果。自然科学作为一个相对独立的系统,它的发展除了受到社会等外部因素的影响外,还受到自身内部矛盾运动的综合作用。科学发展的外部动力一方面表现在社会生产的需要推动了科学研究成果的应用,另一方面表现在"资本主义生产第一次在相当大的程度上为自然科学创造了进行研究、观察、实验的物质手段"①。科学发展的内部动力表现在实验与理论的矛盾、不同观点和学派的争论、各门学科之间发展不平衡的矛盾等。这些矛盾使得进一步完善科学理论成为自然科学发展的迫切需要，从而共同构成推动科学发展的内在动力。"只有现在，实验和观察——以及生产过程本身的迫切需要——才达到使科学的应用成为可能和必要的那样一种规模。"②可见，科学在近代的巨大发展，是内外力共同作用的结果。

二、技术的发展模式及动力

技术作为人类社会这个大系统中的一个相对独立的子系统，决定了技术发展中多因素相互作用的复杂性。技术的发展模式及动力是技术哲学研究中的最基本的问题之一，在理论界也存在多种观点。

（一）马克思、恩格斯关于技术发展模式及动力的分析

1. 社会需要是技术发展的重要推动力　恩格斯指出，"科学的产生和发展一开始就是由生产决定的"③，"社会一旦有技术上的需要，这种需要就会比十所大学更能把科学推向前进"。④ 马克思指出，资产阶级的需要是近代科学发展的主体原因之一，正如德国以异乎寻常的精力致力于自然科学，这是与1848年以来资产阶级的强大发展相适应的。在资本主义条件下，"应用机器的大规模协作——第一次使自然力，即风、水、蒸汽、电大规模地从属于直接的生产过程，使自然力变成社会劳动的因素"。⑤ 资产阶级非常重视科学技术的作用。"资产阶级为了发展工业生产，需要科学来查明自然物体的物理特性，弄清自然力的作用方式"。⑥ 资本主义商品生产的扩大和市场竞争的需要对科学技术的发展和应用有着强大的刺激作用。

2. 技术体系内部发展的不平衡　马克思曾以驱动力为依据，概述磨技术的演进历程："我们首先可以找到按一定顺序相继采用的、而在很长时间内又是同时并用的所有种类的动力：人力、畜力、水力、船磨、风磨、马车磨（磨装在马车上，靠马车的运动来带动，在战争等时候使用），最后是蒸汽磨"。⑦ 即使在某一产业技术系统内部，不同效率层次的技术也往往交错连为一体，影响着技术使用的效率。马克思在分析工场手工业技术形态时指出："在有些生产过程中，部分地使用了类似机器的工具，部分地使用了机器（初期的工场手工业，当达到一定的水平时，就已使用机器了），局部的使用了蒸汽推动的机械，但是，这种机械的工作有时中断，这时就用手工劳动"。⑧ 从各生产部门的分工看，近代技术体系包括纺织部门、蒸汽机械的制造部门等。但从棉纺业来看，就有纺纱机、织布机、印花机、漂白机、染色机等。相应地，棉纺业的革命又引起分离棉花纤维和棉籽的轧面机的发明，进而社会生产过程的一般条件即交通运输工具的革命成为必要。

3. 科学对技术的先导作用　"机器生产的原则是把生产过程分解为各个组成阶段，并

① 马克思恩格斯文集：第8卷.北京：人民出版社,2009:359.
② 马克思恩格斯文集：第8卷.北京：人民出版社,2009:357.
③ 马克思恩格斯文集：第9卷.北京：人民出版社,2009:427.
④ 马克思恩格斯文集：第10卷.北京：人民出版社,2009:668.
⑤ 马克思恩格斯文集：第8卷.北京：人民出版社,2009:356.
⑥ 马克思恩格斯文集：第3卷.北京：人民出版社,2009:510.
⑦ 马克思恩格斯文集：第8卷.北京：人民出版社,2009:333.
⑧ 马克思恩格斯全集：第47卷.北京：人民出版社,1979:439.

且应用力学、化学等等,总之,应用自然科学来解决由此产生的问题。"①这样,整个生产过程不再是"从属于工人的直接技巧,而是表现为科学在工艺上的应用的时候,只有到这个时候,资本才获得了充分的发展。"②就是说,科学成为"生产的另一个可变要素,而且不仅指科学不断变化、完善、发展等方面而言,科学的这种过程或科学的这种运动本身,可以看做积累过程的因素之一"。③

(二)国外关于技术发展模式及动力的研究

1. 技术发展进化论　技术发展进化论是由美国学者乔治·巴萨拉提出的。他认为,技术发展表现为多样性与连续性。在他之前,有部分的技术研究者提出了技术发展的累积模式或连续性理论,这种理论认为,"任何一项技术发明都是由许多或明或暗的因素综合产生的,而不是突如其来的,并且这一发展过程是一个由简单到复杂、由单一性到多样性的过程"。④ 这种理论吸取了达尔文进化论的一些思想,并试图通过社会学以及心理学的途径来解决技术发展的模式问题,但是这种观点过分地强调技术发展的连续性,类似于科学发展中的归纳主义累进模式,因而,这种相对单调的累积模式理论注定要被修改与完善。

乔治·巴萨拉充分地吸收了达尔文进化论学说以及马克思历史主义的方法论,"他既承认与著名发明家相联系的重大技术变革的作用,也承认长期积累的小变化。因而在他的技术发展图景中,急剧的技术变革时期与技术的平缓发展时期是交替发生的,这与库恩的科学革命模式很有些类似,但巴萨拉更多的是偏重于技术发展的连续性,这一点倒恰与回避科学范式间的继承性的库恩有所不同"。⑤ 技术发展进化论偏重技术发展的连续性与渐进性,虽然它承认某个时候会有一些技术发明与技术革命的出现,但这只是具有连续性的技术发展过程中表现出来的一种似乎是非连续的不断革命的假象。

2. 技术发展阶段论　日本学者星野芳郎和美国学者G·道希是这一理论的代表。星野芳郎认为,如果把技术的发展说成是一种连续性的过程,不如把它说成是阶段性的,"这种阶段性可以从两个方面来认识,即局部性的改良和原理性的发展。当技术在特定的规范下以局部改良的形式发展时,是渐进性的发展;以原理性形式发展时,则是飞跃式发展,是伴有技术规范发生变革的阶段性发展"。⑥ 他指出,任何一项技术的诞生与运用刚开始都是不完善的、不成熟的,它包含着许多矛盾,需要进行不断地局部改良。但是,技术的这种局部改良总是有限度的,不可能存在一种技术,它的改良是无止境的,当技术达到一个极限时,它的原有功能无法再满足更高的技术目的,这个时候,技术的一系列危机出现了,技术的发展进入原理性发展阶段,需要产生新的技术原理和技术规范,以解除技术危机,然后这种新的技术再次进入渐进过程……技术的发展就是在这个模式下循环反复着,并不断获得进步。

(三)技术的发展模式及动力

马克思主义认为,社会需求与技术发展水平之间的矛盾是技术发展的基本动力,技术目的和技术手段之间的矛盾是技术发展的直接动力,科学进步是技术发展的重要动力。

1. 社会需求与技术发展水平之间的矛盾是技术发展的基本动力　从全局来看,技术的

① 马克思恩格斯文集:第5卷.北京:人民出版社,2009:531.
② 马克思恩格斯文集:第8卷.北京:人民出版社,2009:188.
③ 马克思恩格斯文集:第8卷.北京:人民出版社,2009:556.
④ 徐良.技术哲学.上海:复旦大学出版社,2004:185.
⑤ 徐良.技术哲学.上海:复旦大学出版社,2004:189.
⑥ 徐良.技术哲学.上海:复旦大学出版社,2004:192.

发展受着强大的社会需要的推动。任何技术,最早都源于人类的需要,正是为了生存发展的需要,人类起初模仿自然,进而进行创造,发明了各种技术。人类需要住处和保护,所以他们造房屋、堡垒、城池和军事装备;人类需要提高生活质量,所以他们就挖井、拦河筑坝,发展水利技术。社会需要是多方面的,在经济、政治、军事、文化等方面的需求促进了不同领域技术的发展。在医疗卫生领域,出于健康与提高国民生活素质的需求,推动了医学与分子生物技术的发展。国际间经济竞争的需要同样也推动了技术的发展,如信息技术、现代通信技术等高技术发展已经被提到各国经济发展的战略高度。

　　社会需求的产生也是由矛盾引起,其中最为基本的是人和自然的矛盾。人类要生存繁衍,就要和自然打交道,通过作用于自然而达到目的。也是在这个过程中,随着人类需求层次的不断提高,技术也得以不断地发展起来。

　　2. 技术目的和技术手段之间的矛盾是技术发展的直接动力　对于技术的发展来说,仅仅考虑需要和实用并不能说明人类所制作的物品的多样性,因此,仅仅从需求的角度还不足以完全揭示技术发展的内在规律。在一个特定的历史时期,社会需求都要转化为现实的技术目的,进而创造满足这种目的的技术条件,才可能有现实的技术活动来满足人们的需要。满足技术目的的技术条件就是技术手段。技术目的和技术手段之间的矛盾是技术发展的直接动力。技术目的和技术手段的矛盾往往来源于两个方面:其一是经济的、政治的、军事的、文化的、生活的需求不断增长且日益多样化,从而引起新的技术目的的设定,这就需要改变与原来技术手段不相适应的状况;其二是某些新技术手段的出现只是为某种潜在的社会需要而产生,这时,该技术手段在不断完善的过程中又可能导致新的技术目的。以“体外受精—胚胎移植”(试管婴儿)这一项人工辅助生殖技术为例,其主要程序:药物促进排卵、卵泡检测、取卵与卵的收集和培养,取精与精液的处理、卵子的体外受精与培养、检查与识别受精卵及卵裂和培养……其中每一个环节都是依赖具体的技术手段来实现的;但每一个技术手段又成为一个阶段性的新的技术目的。

　　技术目的与技术手段的矛盾运动是一个过程,在整个过程中,还会有诸多社会因素的相互制约,有时,技术手段不可能立即与技术目的相适应,有时,技术目的不可能很快被认可。尽管如此,技术目的与技术手段的矛盾仍然是技术发展的直接动力。

　　3. 科学进步是技术发展的重要动力　19世纪中期以后,科学走到了技术的前面,成为技术发展的理论导向。随着科学的分化发展,来自科学的知识改变了技术发展的经验摸索方式,对技术创造起着规范和指导作用。科学革命导致技术革命,技术发展对科学发展的依赖程度越来越高,可以说,技术已成为科学的应用。在19世纪后半叶,技术的发展在很大程度上与科学理论的研究密切相关。现代的高技术,就是指建立在科学研究基础上的技术。在技术史的发展中,我们可以看到,有机化学的发展使得大规模的综合整染工艺成为可能,对电和磁的性质的研究为电力技术发展奠定了基础。其中,原子弹的爆炸和原子能的开发就是一个最明显的例子。原子核反应堆和原子弹是依据原子核裂变理论研制成功的,量子力学和核物理的研究解决了原子核的结构问题,放射性元素原子核辐射的应用研究解决了铀235发出中子的链式反应问题,随后指导原子弹的技术开发。可以这么说,没有人类对原子、原子核的认识,没有原子核裂变现象的发现,要实现核能利用是根本不可能的。

　　科学的研究在一定程度上影响着实际技术的应用过程,避免了无谓的劳动,使应用科学家和工程师们能够快速、高效、经济地实现其目标。在现实生活中,由于人类不同活动领域的复杂程度以及相关学科发展的不平衡性,科学对这些领域的规范和指导作用的深度与广度是各不相同的。基于上述认识,我们说科学研究是推动技术发展的重要力量。

医学问题与思考:

关于中医现代化问题的讨论

近代以来,中西医的并存、冲突、交流、互补构成了近代中国医学发展史上一道令人瞩目的风景线。中医究竟何去何从?成为中医学面临的一个具有战略性意义的重大选择。从早期的中西医汇通的尝试到后来的中西医结合口号的提出,均是中医面对西医挑战而提出的应对策略。但中西医汇通和中西医结合结果的"汇而未通"和"结而未合"导致了中医又开始寻找新的发展战略,中医现代化口号的提出是近二十多年来中医发展的又一新的模式。中医现代化问题引起学术界的关注并成为国家医药政策的一部分,始于1979年在广州举行的全国医学辩证法讲习会。在此之前,根据1974年在全国四届人大提出的四个现代化的口号,医学界有"医学现代化"的提法,并提出了"我国医学科学的现代化,既要大力发展现代医学理论和最新技术,又要运用现代成果和技术研究中医中药,更好地阐明中医理论的物质基础。因此,医学科学现代化必将促进祖国医学的发展和加速中西医结合的进程。"①中医现代化的经典定义也是在这次会议上提出的,即"运用现代科学(包括现代医学)的先进技术武装中医、发展中医;运用现代科学(包括现代医学)的知识和方法研究中医、阐明中医。说得具体一点就是:在辩证唯物主义思想的指导下,多学科地研究中医药传统理论及其丰富的临床经验,以探索其规律,揭示其本质,发扬其精华,剔除其糟粕。使中医理论经过实验科学的论证,成为严密的先进的科学体系,把中医药学提高到现代科学的水平上来,使临床诊断、治疗具有客观指标并不断地提高其疗效。"②从此以后,关于中医现代化的理论和实践在蓬勃发展。

中医现代化的提出不是空穴来风,而是由现代医学的发展状况及中医发展的现实所决定的。如果说自19世纪以后,西医学在理论上已经开始超越了中医,那么20世纪以后,在临床医学方面,中医在整体上已经开始落后于西医。随着现代社会的日新月异和现代医学的突飞猛进,中医在许多方面已经越来越不能适应现代社会发展的要求。在这种情况下,中医的发展战略既不能固守不变,沿着传统的惯性缓慢发展下去,因为脱离现代科学技术的中医独立发展之路是没有前途的;但中医又不能全盘西化,完全按照西医学的模式来发展自己,这样中医不仅将失去其特色,也无存在的必要了。"皮之不存,毛将焉附?"在中西医汇通和中西医结合遭遇到困惑之时,寻找现代化之路就自然成为中医发展道路的另一种选择。

"现代化"在社会认知中到目前为止仍然是一个十分含混的概念,最突出的就是把现代化与西方化相混淆。正如余英时先生所说:"西方学者所说的现代化实际上是以17世纪以来西欧与北美的社会为标准的。所以现代化便是接受西方的基本价值。"③这样"西化"与"现代化"既有区别又难以区别。中国现代化的口号在很大程度上是受西方的刺激并以此为参照,因而在近代以来,凡主张现代化的学者都不知不觉地以西方作为现代化的目标和当然

---

① 黄家驷.医学科学现代化必将加速中西医结合.上海中医药杂志,1978,复刊:9.
② 王建平.试论中医现代化.上海中医药杂志,1980,4:2.
③ 祝世讷.医学的系统时代与中医.医学与哲学,1982,3:7.

模式,乃至在理论深处把西化与现代化相等同。由于中医属于中国传统文化的一个重要组成部分,同时又是一门传统科学技术,是传统科学文化与人文文化的结合体,两者在诸多层面上难舍难分。因此,中医现代化问题既涉及人文文化层面的问题又涉及科学文化层面的问题。在人文文化层面上,传统文化的现代化,就是传统文化在现代的现实转化,是指传统文化由旧的形态向现代形态的转化。传统文化的现代化必须保持其民族性,现代化是民族性与时代性的统一,没有民族性就没有现代化的具体性,现代化就失去了价值;没有时代性,就没有现代化的内涵,也就谈不上现代化。另一方面,在科学文化层面上,对于科学而言,现代科学已经消解了其民族性,而成为世界性的科学。由于医学认识对象的复杂性和与传统文化的不可分割性,造成了传统中医作为中国实用科学体系的一种形式至今尚存,且保持其特有的民族性。从科学发展的一般规律来看,中医迟早要消解其民族性,成为世界性医学体系中的一个部分。因此,中医现代化必须走向世界,具备现代科学的一些基本特征,让世界医学理解并接受,否则,脱离世界化的中医现代化的价值是有限的。因此,中医现代化应该是实现民族化、世界化和现代化的有机统一。

思考题

1. 结合科学的本质和特征,谈谈你对中医科学性的理解。
2. 科学问题的特点、类型及其作用是什么?
3. 科研选题应该遵循哪些基本原则?
4. 现代科学技术体系结构存在哪些结构类型?
5. 科学发展的内在矛盾有哪些?
6. 证伪主义、科学革命与科学研究纲领模式给中医药发展带来哪些启示?

（付晓男　勾瑞波）

第三章 马克思主义科学技术方法论

马克思主义的科学技术方法论是以辩证唯物主义立场、观点为基础,吸取具体科学技术中的基本方法,并且对其进行概括和升华的方法论。

马克思主义科学技术方法论的核心就是辩证思维。马克思主义科学技术方法论的基本原则就是把辩证法贯彻到科学技术研究中,以对立统一、质量互变和否定之否定的辩证思想渗透到具体的科学技术研究中,把握具体科学技术研究的过程。马克思主义科学技术方法论的理论要素就是:分析与综合相互映照,归纳与演绎相互结合,从抽象到具体的辩证过程,历史与逻辑相互统一。

第一节 科学技术研究的辩证思维方法

科学、技术与医学研究离不开辩证思维方法。分析与综合、归纳与演绎、从抽象到具体、历史与逻辑的统一等辩证思维方法体现和贯彻在科学家、工程师与医学工作者的具体研究、发展与创新活动中。自觉地认识和运用辩证思维方法,有助于树立正确的科学、技术与医学观,有助于深入研究科学、技术与医学。

一、分析和综合

作为思维方法的分析与综合是以事物整体与部分的对立统一关系为客观基础的,是认识主体按照一定的方式对认识对象进行的分解与组合。

(一)分析

1. 分析及其特点 分析是把作为整体的认识对象分解为各个部分、方面或属性的一种思维操作方法。在思维中,把一个事物的整体分为若干部分,把一个属概念分为若干个种概念,把一个全称命题分为若干个单称命题都属于分析。恩格斯指出:"把自然界分解为各个部分,把自然界的各种过程和事物分成一定的门类,对有机体的内部按其多种多样的解剖形态进行研究,这是最近四百年来在认识自然界方法获得巨大进展的基本条件。"① 分析方法在思维方式上的特点,就在于它深入事物的内部,通过认识事物内部的组成部分、方面或属性来认识事物的整体、本质与规律。分析方法是科学抽象过程中一定要运用的方法。因为

---

① 恩格斯. 反杜林论. 北京:人民出版社,1970:8.

实现科学抽象的前提就是将对象的各种属性加以区分,然后查明其中哪些属性是主要的和基本的、哪些属性是次要的和派生的。

2. 分析的作用　分析是认识走向深化的前提。没有分析,就不能认识事物的内部与细节,就无法深入到更深的层次把握事物的本质,从而达到真正彻底认识事物的目的。从 15 世纪下半叶至 18 世纪,自然科学主要处于对自然事物进行分门别类的研究和整理阶段,自然而然地分析方法成为其主要方法。因此,分析是近代科学产生和发展的重要思维方法之一;进一步地讲,分析也是近代前期形而上学自然观产生和发展的重要根源之一。同样,分析也是近代西医学产生和发展的重要方法之一,也是近代机械论医学观产生和发展的重要源泉之一。今天,分析方法在医学科学领域有着广泛的应用,是医生在科学研究或诊疗治病过程中不可或缺的思维方法。例如:在对人体健康与疾病的认识中,有时需要进行细胞学的分析,有时需要进行解剖学的分析,有时需要进行生理学、病理学、心理学与伦理学等方面的分析。但是,这种"机械分解"的思维操作是从静止的、孤立的立场进行的。把事物分解成单个要素,又把相互联系并不断运动的事物或过程割裂开来进行考察,这容易局限人的思路,造成"只见树木、不见森林"的片面理解甚至片面看问题的习惯。

（二）综合

1. 综合及其特点　综合是分析方法的发展,是将认识对象各个部分、环节或要素依其内在有机联系形成关于认识对象的整体性认识的思维方法。近代著名哲学家洛克指出:"人心对他的观念还有另一种组合功能。它借这种功能可以把他有感觉和反省得来的简单观念合拢起来,组成复杂的观念。"①综合方法在思维方式上的特点是,力求通过全面掌握事物各个部分、环节或要素及其内在联系来概括或再现事物的整体。综合不是主观任意地对认识对象的各个组成部分进行联系,不是"幻想的综合",不是"机械的综合",而是"唯物辩证的综合",是依照唯物论与辩证法的原则依照事物的内在机制与规律进行的。

2. 综合的作用　综合是从局部上升到整体,因此必须在分析的基础上进行。通过探索被研究对象的各个部分、方面或者属性之间的直接和间接的联系以及联系作用的方式,由此形成一种新的整体性认识。综合方法能克服分析方法可能的片面性,揭示事物在分割状态下不曾显现的特性,能够从整体上全面把握事物的本质。新学科的生长点往往表现为综合方法的成功运用。各种边缘学科和交叉学科就是多种学科知识相互交叉、相互渗透而形成的综合性学科。例如:环境科学就是把物理学、化学、生物学、地理以及经济学、法律等学科的理论、方法相综合而形成的科学。

综合本身就是创新,人们对事物各部分认识的综合往往导致科学新发现。如门捷列夫发现化学周期表的过程,首先对前人工作进行认真分析,批判继承了前人成果;然后,通过对各元素的原子量、原子价和化学性质的综合考察,提出了各种元素的性质有周期变化的规律。通过综合已有技术创造出新的技术产品,如阿波罗登月飞船、雷达装置等,虽是很复杂的技术系统,但它们的组成部分没有一项是新发现,都是当时世界上已有技术的综合运用。

（三）分析与综合的辩证关系

分析与综合存在的客观基础在于,整体与部分的不可分割决定了分析与综合方法之间的不可分割。只要分析不要综合,会导致机械的形而上学;只要综合不要分析,会导致思辨

---

① ［英］洛克.人类理解论.北京:商务印书馆,1997:14.

的整体论。高尔基说过:"假如一个作家能从 20 个到 50 个以至几百个小店铺老板、官吏、工人中每个人的身上,把他们最有代表性的阶级特点、习惯、嗜好、姿势、信仰和谈吐等,抽取出来,再把它们综合在一个小店铺老板、官吏、工人身上,那么这个作家就能用这种手法创造出'典型'来—而这才是艺术。"①

分析与综合结合的方式,存在两种典型情况。首先,"整体等于各部分之和"。其特点是典型的线性思维,理论基础是还原论,综合的结果属于机械整体论。其研究方法:首先把整体分解、还原为各部分,然后把研究重点放在部分上,最后完成研究程序上的综合。其次,"整体不等于各部分之和"。其特点是:典型的非线性思维,理论基础是系统论,综合的结果属于系统整体论。研究重点是整体,研究起点是综合。

在科学研究中,分析与综合是相互渗透和相互转化的。分析的目的,不仅是为了深入对象内部进行认识和实践,而且是为了在思维中综合认识对象,为在实践中变革对象打下基础;综合也需要以分析为基础,没有分析的综合不是深刻的综合。

二、归纳和演绎

人的思维有三种不同的方式:从一般到个别、特殊;从个别、特殊到个别、特殊;从个别、特殊到一般。其中,第一种方式为演绎,第三种方式为归纳。

(一) 归纳

1. 归纳及其类型 归纳方法是从个别或特殊事物中概括出一类事物的共同本质或普遍规律的方法。逻辑学上也称归纳推理。其客观基础是,任何客观事物都是个性和共性的辩证统一。个性之中有共性,通过个性可以认识共性。但个性比共性丰富,因此,归纳推理具有或然性(即结论所论断的内容超出了前提的范围,结论的真实性不可能仅仅由前提的内容来确保)。

归纳法根据归纳的对象是否完全,可分为完全归纳法和不完全归纳法。

(1) 完全归纳法:考察某类事物的全部对象后,得出关于这类事物的一般性原理。其公式为:

S1 是 P

S2 是 P

……

Sn 是 P

S1,S2,……Sn 是 S 类的全部对象

_____

因此,所有的 S 都是 P

虽然就科学的现实条件来说,完全归纳推理是一种极为可靠的推理方式,但是不可避免地包含两个致命的弱点。首先,当被推断的事物类中的元素为无穷数时,显然不具备使用完全归纳推理的条件。退一步说,即使被推断事物类中的元素是有限数,但当这个数较大时,也只能是理论上适用但实际上不适用完全归纳法。其次,被推断事物类中的元素有限且数量不大,但我们对其每一个别元素的观察、实验是带有破坏性时,显然也不适用于使用完全

_____

① 高尔基.论文学.北京:人民文学出版社,1978:159.

归纳推理。例如:对兵工厂产品炮弹的检验,显然不适宜使用完全归纳法。

(2) 不完全归纳法:考察了某类事物的部分对象后,得出关于这类事物的一般性原理的方法。大致可分为简单枚举法、科学归纳法等。

首先,简单枚举法。所谓简单枚举法,是指根据一类事物中部分对象具有某种属性,得出该类对象都具有这种属性的一般性结论的方法。这种方法可以扩展知识,作出预见,但是结论并不深刻,因为枚举的属性不能等同于属性的原因;另一方面,结论具有很大的或然性,因为大多数情况下考察的对象数量较少。要增强这一方法的可靠性,不仅要增加考察对象的数量与范围,并使其尽量具有代表性;而且要考察应当在不同条件下的对象。公式如下:

观察到的 F 是 G

在观察过程中未遇到反例

∴ 所有的 F 都是 G

其次,科学归纳法。科学归纳法,或称寻求因果关系的归纳法,也即穆勒五法。

第一,求同法。如果在若干场合考察同一个研究对象,出现同一结果,而先行条件只有一个是共同的,那么,这个条件就是这个结果的原因。其公式为:

场合	先行条件	被研究对象
1	A、B、C	a
2	A、D、E	a
3	A、F、G	a

∴ A 是 a 的原因

该方法比简单枚举法优越。它不仅试图发现原因与结果重复出现的连接,而且试图确定这个唯一的事态——不变地与我们感兴趣的结果或现象关联的一个事态。该方法在确定一种现象或者事态的一个范围方面特别有用。

第二,求异法。求异法就是比较研究对象出现与不出现的两种场合,如果先行条件中仅有一个不同;那么,这个条件就是这个结果的原因。其公式为:

场合	先行条件	被研究对象
1	A、B、C	a
2	B、C	–

∴ A 是 a 的原因

第三,求同求异共用法。求同求异共用法就是在研究对象出现的若干场合中,都有一个相同的先行条件;在研究对象没有出现的若干场合中,相同的先行条件也没有出现。用公式表示为:

场合	先行条件	被研究对象
正事例组		
1	A、B、C	a
2	A、D、E	a
3	A、F、G	a

负事例组
(1)　　　　－、B、G　　　　－
(2)　　　　－、D、E　　　　－
(3)　　　　－、F、N　　　　－

∴ A 是 a 的原因

实际上,求同求异共用法实际上是求同法与求异法的综合运用。

第四,共变法。共变法是指在研究对象发生变化的若干场合中,某个先行条件变化,其结果也相应地发生变化;那么,这个条件就是这个结果的原因。用公式表示为:

场合	先行条件	被研究对象
1	A1、B、C	a1
2	A2、B、C	a2
3	A3、B、C	a3

∴ A 是 a 的原因

当然,一些共同变化完全是偶然的。我们必须谨慎,不能从完全偶然的事件关系中推论出一个因果连接。但是,某些变化看上去是偶然的,但可能具有一个隐蔽的因果解释。追寻共同变化的现象的因果链条,我们可以找到共同的环节,这就是密尔所要表达的意思——他说这些现象可能是"通过某个作为原因的事实……而连接起来"。

第五,剩余法。剩余法,也称排除法,是指已知某一复合现象是另一复合现象的原因,如果已知这个复合现象的一部分是复合原因中的部分原因引起的,则这个复合现象的剩余部分和复合原因的剩余部分也有因果关系。其公式为:

复合现象 ABC 是复合现象 abc 的原因,

B 是 b 的原因,

C 是 c 的原因,

∴ A 是 a 的原因

穆勒五法的结论通常是可靠的,但由于它只适用于简单的、线性的、确定性的因果关系。它们作为检验科学假说的主要手段而意义重大。这些归纳技术构成了受控实验的方法,而该方法是所有科学的基本工具。

2. 归纳法的作用　　归纳方法在科学研究中的重要作用是提出科学假说、检验科学假说,从而产生科学理论。第一,从科学事实概括出一般规律,是提出假说和形成理论的有效方法;第二,通过对有限数量的事物的考察,得到关于事物的规律性的认识,这给科学认识增添了新内容。如果在各种各样的条件下观察过大量的 S 类对象,并且所有这些被观察到的 S 都毫无例外地有性质 P,那么就可以断定所有 S 类对象都具有性质 P。其前提是关于若干已知的个别事物的判断和陈述,其结论却是关于这一类事物的普遍性的判断和陈述。归纳法结论大于前提,是创造新知识的重要方法;但是,归纳法的推理方向是从个别到一般,其结论是或然性的。因此,归纳方法的局限性在于是一种或然性的推理,仅仅依靠归纳法难以作出深刻的科学发现,它必须与其他方法尤其是与演绎方法相结合。归纳法更深入的问题是归纳问题或称休谟问题。首先,我们关于实在东西的一切知识,必须以某一形式依赖于我们所感知和观察到的东西。我们不可能通过纯逻辑论证得到我们世界状况的知识。其次,我们却自以为我们具有实在东西的知识比我们通过感觉经验所能得到的这种知识多得多。上述两点可归结为这样一个问题即休谟问题:有保持真实性的扩大知识的推理吗? 休谟的回答是:否。

(二) 演绎方法

1. 演绎及其特点 演绎推理是从一般原理或理论出发,依据这一理论推导出一些具体的结论(假设),然后把这些结论(假设)应用于对具体现象的说明和解释。演绎方法的特点是前提与结论之间具有必然关系。

在科学中,演绎法派生出的一个重要方法是公理化方法。公理化方法就是从尽可能少的基本概念、公理、公设出发,运用演绎推理规则,推导出一系列命题和定理,从而建立整个理论体系的方法。由公理化方法所得到的逻辑演绎体系称为公理化体系。在科学研究中,公理化方法具有重要作用。第一,公理化方法是人们在科学研究中积累了丰富的经验材料和理论成果之后使科学知识系统化的一个重要手段,也是建立科学理论体系的重要方法。第二,公理化方法是人们从逻辑的角度探索事物发展规律,作出科学发现和科学预见的重要理论思维方法。第三,公理化方法也可以作为检验一个理论命题是否正确的辅助手段。

公理化方法最早的倡导者是亚里士多德,第一个古典的公理化体系的欧几里得的《几何原本》,后来又在牛顿力学中得到充分体现,在现代则更加发展并普遍推广。公理化方法在构造科学理论体系时有着重要作用,但也有其局限性。哥德尔定理告诉我们,任何一个公理体系不可能既是完备的,又是确定的。例如:欧几里得在《几何原本》中以 23 个定义、5 条公设和 5 条公理为出发点,推演出 467 个数学命题,将古代关于几何学的知识系统化为一个逻辑上完美、严密的体系。再如:牛顿在《自然哲学的数学原理》一书中,运用公理化方法表述了经典力学的理论体系。他从力学现象中提出若干基本概念,如质量、动量、惯性、力、时间、空间、绝对运动等;然后,他用这些概念表述了著名的牛顿三定律、万有引力定律;再进而推导出动量守恒、能量守恒、角动量守恒等定律;最后将上述定律、定理运用于宇宙系统中推论出关于行星、彗星、月球、海洋等的运动。

2. 演绎法的作用 演绎法的客观基础在于:任何客观事物都是个性和共性的辩证统一。共性寓于个性之中,只能通过个性而存在。首先,演绎是获得新知识的重要手段。演绎推理把不同前提结合起来创造新知识,可以帮助人们发现和掌握以前未曾注意到,但是已包含在已有知识之中的结论。其次,演绎是提出科学预见的重要手段,也是检验科学假说和理论的手段。在将一个假说或理论付诸实践检验之前,首先得从其中推演出一个具体论断来预言某一事实的存在或某一现象的发生,然后才能根据这一预言的具体结论设计实验进行检验。最后,演绎是论证理论的有力证据。只要前提正确,演绎出的结论一定是正确的。但是,演绎推理结论的可靠性受前提的制约。如果演绎前提不可靠,即便没有违反逻辑规则,也不能保证结论的正确。而前提是否正确在演绎范围内是无法解决的,这必须依靠其他科学方法来获得。

(三) 归纳和演绎的辩证关系

归纳和演绎的辩证关系。归纳和演绎是相互联系、相互渗透的。演绎以归纳为基础,演绎所依据的一般性原理都是由归纳获得的。归纳以演绎为指导,在为归纳而搜集个别事实时,是以一定的一般原理、原则为指导的。从科学认识的某一阶段看,归纳和演绎是相互依赖、相互渗透和相互转化的。归纳出来的结论可以成为演绎的前提,而演绎的结论往往又是归纳的指导思想。既不能夸大一方贬抑一方,也不能将两者对立。正如恩格斯所指出的:"归纳和演绎,正如分析与综合一样,是必然相互联系着的。不应当牺牲一个而把另一个捧到天上去,应当把每一个都用到该用的地方去,而要做到这一点,就只有注意它们的相互联系,它们的相互补充。"①

归纳推理与演绎推理的主要区别如下:

第一,从推理的方向来看,演绎推理是从一般到个别或从一般到特殊的推理;归纳推理是从个别或特殊到一般的推理,在思维过程的方向上正好相反。

第二,从前提的情况来看,演绎推理的前提通常是一般原理,同经验没有直接关系。归纳推理的前提涉及个别事物和个别事例,它同经验有直接关系。归纳推理是感性经验上升到理性思维的重要方法。

第三,从结论的范围来看,演绎推理的前提蕴含结论,因此它的结论没有超出前提的范围;而归纳推理的结论一般都要超出前提的范围。因此,较之演绎推理,归纳推理是更富有创造性的思维形式。

第四,从前提和结论的联系来看,演绎推理的结论和前提的联系是必然的,只要前提真实,形式正确,则结论一定可靠;归纳推理的前提和结论之间的联系一般是或然的,许多结论只具有一定程度的可靠性需要进一步加以检验和证明。

最后,归纳推理在形式上没有像演绎推理那样严格,这表现出对于前提数量的要求有所不同。一般说来,演绎推理的前提数量是确定的,而归纳推理的前提数量是不确定的。

三、从抽象到具体

(一) 抽象与具体的含义

抽象一词,原意是指分离、排除或抽出。抽象的认识之所以可能,是因为事物的不同方面、不同特征是相对独立的。因此,在认识的过程中,人们可以抽出事物某一方面、特征而撇开其他的方面、特性。自然事物的本质与规律往往不能直接为我们的感官直接感知,需要通过科学抽象才能得到。人们对事物的科学认识是通过一系列的抽象来完成的。列宁指出:"物质的抽象,自然规律的抽象,价值的抽象等等,一句话,那一切科学的(正确的、郑重的,不是荒唐的)抽象,都更深刻、更正确地反映着自然。"②抽象大致可分为三个层次。一是表征的抽象,它是初级的抽象,是对事物表面特征的抽象。二是本质与规律的抽象,它是对事物的深层次的抽象,抽象所得结果就是科学的概念、定理、定律、原理。三是哲学的抽象,它是人类认识过程中最高层次的抽象,各种哲学范畴、规律就是哲学抽象的产物。

科学抽象是对感性材料进行理性加工的基本方法,是科学认识由感性阶段上升为理性阶段的决定性环节。通过实践获得的科学事实只是科学认识的起点,它有待于上升为理性认识。科学抽象是科学研究主体在特定的认识活动中,在对研究对象的思维把握中对同类对象去除其现象的、次要的方面,抽取其共同的、重要的方面,从而做到从个别到一般、从现

---

① 马克思恩格斯选集:第3卷.北京:人民出版社,1995:548.
② 列宁.哲学笔记.北京:人民出版社,1974:181.

象中把握本质的认知过程和思维方法。科学抽象是对经验材料的改造和升华,虽然远离直观的经验世界,但却深刻地反映了客观世界的本质。另一方面,科学抽象又从来都是在一定的认识语境中完成的,都是服务于特定的科学研究任务,都是从特定角度在特定层面上进行的,所以科学抽象不仅反映了客观世界的本质,同时也体现了研究者的认识旨趣,是科学实践中主客体统一的结果。

(二)科学抽象的客观基础

1. 科学抽象是现象与本质的辩证统一 首先本质区别于现象。本质隐藏在现象背后,不为人直接感知,不经过科学抽象就不可能认识事物的本质。其次,本质又具有可表现性。本质作为现象存在和变化的根据,必然表现在现象中。

2. 科学抽象是主客体的辩证统一 科学抽象是以科学事实(实践)为基础的,只有实践才能获得关于客观事物的经验材料,才有可能进行抽象;同时,实际用于科学抽象的方法以及抽象的结果是否反映了客观实际,都必须由实践来确定和检验。另一方面,科学抽象不是盲目的思维活动:离不开主体的知识结构、敏锐的判断能力和卓越的创造才能。

(三)从抽象到具体

科学抽象是由现象到本质、再由本质到现象的双向思维过程。完整的科学抽象过程包括三个阶段、两次飞跃:第一,从"感性具体"上升到"抽象规定",即从关于事物的整体的表象,通过科学抽象,形成概念;第二,由"抽象规定"上升到"思维具体",即从科学抽象得出的概念上升为理论。这也就是马克思在"政治经济学方法"中所说的从感性具体到抽象思维,从抽象思维(抽象的规定)到思维具体(许多规定和关系的丰富的总体)。由此可见,科学理论的创立过程实质上就是一系列的抽象过程,即概念、规律等的构成、形成过程。

1. 第一次飞跃 "从具体到抽象"。

所谓感性具体,是指人们在实践中通过感性直观得到的对于客观事物的表面现象、外部联系的直接反应,其主要形式为感觉、知觉、表象。它是认识的出发点。在科学抽象中,感性具体表现为科学事实,具有直观性、表面性。

所谓抽象规定,是指人们从感性的具体出发,运用比较与分类、分析与综合、抽象与概括等方法,从大量的感性材料中抽取出事物各个必然的本质的因素,达到对事物的各个方面的本质的认识。

在科学抽象中表现为科学概念、科学规律等。一旦客观事物的种种本质被抽象出来,就形成一系列的科学抽象。如经典力学中的运动三定律、万有引力定律,狭义相对论中的相对性原理、光速不变原理,量子力学中的薛定谔方程,等等。

感性具体必须上升为抽象规定。因为"感性具体"虽然能把客观事物的完整表象反映在人们的意识中,但却是混沌的整体,它本身又是很不具体的。一方面,它没有对客观事物的细节进行剖析,因而,这种表象还是比较笼统、模糊的。另一方面,它对事物的各种因素和联系的反映,还没有分清个性与共性、现象与本质、偶然与必然等,因而它无法对事物的本质及其关系作出正确的、深刻的、全面的说明。所以,要认识事物的本质,就要由感性具体上升到抽象规定。

2. 第二次飞跃 "从抽象到具体"。

所谓"思维具体",是指客观事物各种属性的反映形式,再现了客观事物的整体。"具体之所以为具体,就因为它是许多规定的结合,是多样性的统一。"① 在科学抽象中表现为某一对象的理论或理论体系。从抽象复归具体,是思维中再现具体对象的过程,是更全面、系统、深刻把握客观事物本质的过程。从抽象的规定上升到思维中的具体是科学抽象的第二个过程。思维中的具体是指从感性具体上升到抽象规定后,按照事物本身的层次和转化关系,把事物各方面的本质规定根据内在联系在思维中完整地复制出来,即在思维中形成对于事物的多样性的统一的认识。

抽象的规定之所以要上升为思维中的具体,是因为抽象规定虽然使人的认识从事物的表面深入到内部,从现象深入到本质。但是,这种规定是以纯粹抽象的形式出现的,而每个抽象的规定,又只反映事物本质的一个方面。因而它对事物的认识又不是具体的、全面的、完整的认识,为要达到对事物本质的、深刻的,同时又是全面而具体的完整认识,就要从抽象的规定上升到思维的具体。

例如:对光的认识过程。在感性具体阶段,人们感知到光的生动的表象,这时,光在人们认识中是一个整体,但是却不能就它的内部联系对光的各种现象作科学的说明。通过深入的分析研究,我们逐步认识到光的各种质的和量的规定。比如:从光的反射、折射等现象,可以了解光的直线传播特性;从光的衍射现象,可以了解光具有波动的特性;用三棱镜将太阳光分解成组成它的各个单元,又知道光是由各种单色光组成的;通过研究光电效应,还知道光具有量子性;用各种方法测定光速,发现光速是有限的但又是不变的,等等。所有这些关于光的各种属性的规定,都是从大量经验材料抽象出来的,我们称之为抽象的规定。尽管这些抽象的规定仅仅是分别反映了光的某个侧面,但这是进一步上升到思维的具体的必经阶段。当我们在抽象的规定阶段把握了光的直线传播、波动性、量子性等各种特性之后,就要进一步把它们上升为思维的具体,即把光的各种抽象规定,按照其内在联系,全面地进行综合,从整体上揭示光所具有的波粒二象性。这时,光的运动形态便以一个完整的整体在人们的思维中复制出来,这便是光的"思维中的具体"。第一阶段,人们感到光是一个混沌的整体,这是"感性具体";通过科学分析,人们从整体上把光分解为波动性、量子性、光速等"抽象规定",从而逐步认识到光的各种质和量的规定性。第二阶段,人们对光的各种属性、关系作出统一的科学解释,形成对光的相对完整的理论体系,即"思维具体"。至此,就获得了关于光的理性认识。

从抽象到具体,是在思维中再现研究对象的过程,也即形成理论的理性过程。在思维过程中,把研究对象的多种特征,按照从抽象到具体的逻辑顺序联系起来,从而形成一个反映研究对象整体的理论体系。"起点"是关于研究对象的最基本的抽象规定,包括基本概念、原理。"中介"是指从抽象上升到具体的整个过程中,联系上升起点和终点之间的一系列中间环节。"终点"是达到的思维的具体,是思维认识对象的结果。终点是相对的,对某一特定研究范围的特定对象而言,某一种思想是最具体的,是上升的终点;如果超出了特定的研究范围和层次,原来的终点就可能转化为新的起点或中介。

(四) 科学抽象的作用

第一,科学抽象可以帮助我们区分事物的真相和假象,撇开事物的非本质的联系,揭示出事物内部的本质联系,达到对事物的规律性认识。

---

① 马克思恩格斯全集:第 12 卷. 北京:人民出版社,1962:751.

第二,科学抽象可以帮助我们区分基础的东西和派生的东西,由表及里,揭示事物的性质,使对事物的认识不断深化。

第三,科学抽象可以撇开与当前考察无关的内容,撇开次要过程和干扰因素,使人们在理论思维中,从纯粹的形态上考察事物的运动过程。

第四,科学抽象是形成概念、判断、推理及规律的基本方法与途径。

四、历史和逻辑的统一

历史和逻辑的统一是辩证思维方法的重要方法之一。所谓"历史",是指研究对象的实际发展过程;所谓"逻辑",是指人们以概念等思维形式对研究对象的历史过程及其发展规律的概括,即"历史的东西在思维中的再现"。

历史方法是一种过程研究方法,科学技术研究需要掌握具体的研究过程、概念演变过程、学科发展过程等。逻辑方法是依理性的思维规范,以抽象为基本特征,以概念、判断、推理为基本形式来分析、思考和认知事物的本质特征。逻辑思维凭借科学的抽象揭示被人类建构的事物本性,具有自觉性、过程性、间接性和必然性的特点。

逻辑与历史相统一的方法,是研究事物发展规律的辩证思维方法之一。它要求在认识事物时,要把对事物历史过程的考察与对事物内部逻辑的分析有机地结合起来。逻辑和历史的统一,不仅仅是历史方法和逻辑方法的关系,更重要的是,它是建构科学技术理论体系和实践活动的规定性或基本原则。科学技术历史实践是逻辑思维形成和发展的基础,确定逻辑思维的任务和方向。科学技术历史实践的发展可以增加感性经验使逻辑思维进一步深化和发展。

逻辑与历史的辩证统一关系。首先,历史是第一性的,是逻辑的客观基础;逻辑是第二性的,是对理论的理性概括。其次,历史的东西决定逻辑的东西,逻辑的东西是由历史的东西派生出来的。最后,逻辑的东西剔除了历史中的偶然性,能够更深刻地揭示历史过程的必然性。

历史和逻辑相统一的两种类型。第一,按照逻辑程序与事物的历史发展进程相一致的原则来建立理论体系。第二,按照逻辑程序与人类认识的事物的历史过程相一致的原则来建立理论体系。历史和逻辑的统一,其实质是"历史从哪里开始,思想进程也应当从哪里开始,而思想进程的进一步发展不过是历史在抽象的、理论上前后一贯的形式上的反映。"[①]

在科学技术研究中,注意历史和逻辑的统一,可以使科学家与工程师站得更高,看得更远,既可以横向也可以纵向地把握科学技术研究的脉络和前景;既具有理性缜密的思维与科学修养,也具有宏观开阔的全局视野和战略思维。

医学问题与思考:

中医理论的辩证思维方法

辩证思维是中医学逻辑方法的重要特征。辩证思维方法,不是把本来联结在一起的客观对象的各个环节隔离开来考察,而是从客观对象的发展运动的各个层次上,从不同的广度

---

① 马克思恩格斯选集:第2卷.北京:人民出版社,1972:122.

和深度揭示客观形式彼此间的关系,掌握其发展变化的规律。辩证思维方法对中医理论的产生、发展和临床实践,始终起着重要的指导作用。东汉张仲景创立六经辨证以来,中医理论逐渐形成了以中国古代哲学的气、阴阳、五行思想为理论框架、以辨证论治为认识论和方法论的特色。

中医理论中辩证的概念、判断与推理都是运用辩证思维方法来认识人体生命运动的本质与规律而形成的。其中,最基本的、最主要的思维方法是分析与综合。例如:中医学中的"阴阳"概念。张景岳在《类经·阴阳类》中指出:"阴阳者,一分为二也。"另一方面,阴与阳又是依存互根、动态平衡的"合二为一"。"一分为二"是对事物整体内部矛盾的揭示,属于辩证分析的过程;"合二为一"是把从整体事物内部区分出的不同的矛盾复归为统一整体,属于辩证综合的过程。再如:"藏象"概念,在人类对人体脏器一般性认识基础上,中医理论没有沿着实证道路探究各个脏器的结构、形态,而是运用辩证的分析与综合方法,把脏器及其功能首先分析为藏与象对立的两个方面,又综合为藏是本质,象是外在表现,"有诸内必形诸外"的脏器实体与功能反映的对立统一结合体。辩证判断是以对客观事物既有所肯定又有所否定的方式揭示其内在的辩证矛盾。张景岳在《类经图翼》中指出:"五行即阴阳之质,阴阳即五行之气。气非质不立,质非气不行。行也者,所以行阴阳之气也。"这段文字辩证地分析和综合了阴阳与五行的关系是气与质的关系,气与质是既相互对立又相互依赖的关系,揭示出五行结构系统中五类属性间的生克制化关系是依赖于各因素内部对立的阴阳双方既相互制约又相互依存。此外,"治病求本""善补阳者,必于阴中求阳,则阳得阴助而生化无穷""善补阴者,必于阳中求阴,则阴得阳助而泉源不竭"等都是辩证分析与综合方法的思维成果。

中医辩证思维方法贯穿于中医具体理论诸方面,包括以阴阳理论为基础的"八纲辨证"(八纲为阴阳、虚实、寒热、表里);以五行理论为基础的"五脏辨证"及"五味辨证";以经络理论为基础的"六经辨证"及"三焦辨证"等。在中医临床实践中,特别强调辨证论治,强调识别标本,治病必求其本。标与本是一个相对的概念。在疾病的发展变化中,较为复杂的疾病往往存在着许多矛盾,而其中必有主要矛盾即为本。中医方剂的组成原则"君、臣、佐、使",其中"君"药,便是针对病证主要矛盾的药物。这就是辩证法中医治疗学中的明显体现。冯契先生认为"在《吕氏春秋》和《黄帝内经》等著作中,辩证逻辑的比较法已被运用于具体科学领域,而成为卓有成效的方法。"①

第二节　科学技术研究的创新和批判思维方法

创新是科学技术研究的不竭动力和灵魂。要创新,就必须有创新思维和方法。提倡创新思维,一方面是科学研究本身的要求,另一方面也是社会对科学和技术的外部要求。

创新思维是其思维要素的重新组合与配置。创新思维是人类创造性活动的灵魂和核心,它存在于整个科学活动中。科学技术研究的创新除了辩证思维形式之外,还体现为收敛性与发散性、逻辑性与非逻辑性、抽象性和形象性的对立统一等辩证思维特征。

---

① 冯契. 中国古代哲学的逻辑发展. 上海:中国出版集团东方出版中心,2009:258.

一、思维的收敛性与发散性

收敛思维和发散思维是美国心理学家吉尔福特(J. P. Guilford)提出的,创造性思维方法的共同特征就是发散性思维和收敛性思维的优化综合。

（一）思维的收敛性

思维的收敛性,是指解决问题的过程中,尽可能利用已有的知识和经验,把众多的信息引导到条理化的逻辑系列中,从所接受到的信息中产生逻辑结论,寻求正确答案的一种有方向、有范围、有条理的思维方式。它的特点是根据已有的理论和方法,按照严格的程序进行,能够使思维集中于一个方向,所以,规范性是它的最大特点。由于它严格按照科学传统中一系列思想和操作规定的约束寻找解决问题的方法和答案,故又有"求同思维""封闭思维"之称。

（二）思维的发散性

思维的发散性,是指在解决问题时,思维从仅有的信息中尽可能地不受已经确立的方式、方法、规则或范围等约束,因此往往能出现一些奇思妙想,所以也被称作"求异思维"或"开放式思维"。其与思维收敛性相对,由于它是从一个目标出发,沿着各种不同途径去思考,探求多种答案的思维特性,也可以从某一起点出发,自由驰骋,去思考各种更可能的发展方向。发散思维具有三个特点:一是流畅性。就是在思维表达上反应敏捷,少有阻滞,能在较短时间内表达出较多的方案。二是变通性。是指改变思维方向后能触类旁通,随机应变。可使人把注意力转移到别人不易想到的比较隐蔽的方面去,提出一些不同于一般人的新构思、新办法。三是独特性。是指发散思维的产生是不寻常的,提出的解决方案,不与他人雷同或大同小异,而是有自己的独特了解。三个特点之间是相互关联的,流畅性是变通和独特的前提,变通性则是提出创新思维的关键。

（三）思维的收敛性与思维的发散性的辩证统一

对于创新思维来说,收敛思维与发散思维都是不可或缺的,它们反复交替、相辅相成,各司其职,缺一不可。两者的优化组合与有机融合是创造性思维的共同特征。

在创立新理论的过程中,常常是运用已有理论去研究,通过长期集中的收敛思维,找到问题的症结和困难所在,然后通过发散思维提出新的观点和解决问题的方法。在收敛中注意发散,在发散中注意收敛。

著名美国科学哲学家库恩对这两种思维形式以及两者关系的认识给我们以很大启发。他认为:全部科学工作具有某种发散性特征,在科学发展最重大事件的核心中都有很大的发散性;同时他又认为,某种收敛式思维也同发散式思维一样,是科学进步所必不可少的。这两种思维形式既然不可避免地处于矛盾之中。那么,在它们之间保持一种必要张力,正是成功地从事科学研究的启发所必须的首要条件之一。可以说发散性思维是自由奔放的思考,有助于联想、创新;收敛性思维是受一定传统约束的思考,有助于定向、稳定。两者对于科学进步同样是重要的。这两种思维必然会发生冲突,因此要善于在两者之间保持一种张力,这种张力正是我们进行最好的科学研究的重要条件。

首先,科学革命往往在科学理论与实践的危机中产生。当科学中出现了危机,就造成一种"压力",迫使科学家在危机中找出新范式,做出创造性发现,这时需要进行发散性思维。即思维高度活跃和开放,调整习惯思维模式,放弃信守的普遍信念,开辟新的科学道路,否则,就不会产生科学革命。科学发展中最大事件的核心都有很大的发散性。

同时,科学的革命毕竟是短暂的,科学家大部分时间是从事常规科学研究,这时就需要收敛性思维,即在传统范围内扩大原有理论的使用范围,提高原有理论的精确和一致性。

只有集中精力和思维收敛,才能在技术实践活动中发现问题、选准目标,为在各种方向上探索解决问题途径的发散性思维奠定基础。同时,思维只有沿着多种渠道尽可能发散开来,才可能捕捉到有助于解决问题的信息和思路,搜索到实现目标的手段,为更有效地聚焦所解决问题的收敛性思维创造条件。收敛与发散相互依存、相得益彰。收敛和发散的层次越高、轮次越多,就越有可能产生出具有独特性的新观念和新构想。它们的结合有助于技术发明的成功。

二、思维的逻辑性与非逻辑性

恩格斯说:“思维是能的一种形式,是脑的一种功能”[1]思维过程是思考问题的过程,即大脑对信息进行加工、整理、复制等活动的过程。人的思维具有社会性,用语言符号思考问题,是与语言符号联系在一起的。思维在科学技术运动中,一般表现为逻辑思维、非逻辑思维和系统思维三个方面。

(一) 逻辑思维

逻辑思维是遵循逻辑规则、借助于语言和符号,用概念来抽象出事物的本质的思维形式。它是推理的规则,能够确保每一步思维的缜密和清晰。无论是近代科学还是现代科学,都离不开逻辑方法。因此,科学家们十分重视这种方法。爱因斯坦说:“科学家的目的是要得到关于自然界的一个逻辑上前后一贯的摹写。逻辑对于他,有如比例和透视规律对于画家一样。”[2]可见,逻辑思维能力是一个科学家的科学素养的重要方面。它的主要基本类型有比较、分类、类比,归纳、演绎以及分析、综合等方法,它们是构成一切复杂的思维活动,包括创造性思维在内的基本要素。

1. 类比及其基础　类比是根据两个对象在某些方面相似或类同,推出它们在其他方面也可能相似或类同的逻辑方法。

类比的基础是比较,通过对两个不同对象的比较,找出它们的相似点,进而以此为依据,把对其中一个对象的有关认识推导到另一对象中去,从而得出新的认识,即类比推理法。

其公式为　　A 对象具有 a、b、c、d 属性 $\frac{B \text{ 对象具有 } a、b、c \text{ 属性}}{B \text{ 对象也有可能有 } d \text{ 属性}}$

2. 类比方法的特点　一是结论是或然的。类比方法的客观基础是事物之间的同一性和差异性,其同一性提供了类比的根据,而差异性则限制了类比的结论。事物之间的同一性构成了某些相似的属性,它们的差异性却又使属性不一定是相似的。二是类比方法是一种富有创造性的方法。类比方法虽然也要借助于已知知识,从已知推测未知,但却不受已知知识的束缚。类比方法可以根据少数特殊知识,而提出富有创造性的科学思想。在科学发展过程中,常常出现这样的情形,当发现了某些科学事实之后,由于旧理论无法解释,演绎法对此无能为力,由于科学事实数量太少,归纳法也无从下手,这时类比法却可起到探索尖兵的

① 马克思恩格斯选集:第 3 卷. 北京:人民出版社,1995:704.
② 许良英,李宝恒,赵中立,等. 爱因斯坦文集:第 1 卷. 北京:商务印书馆,1979:304.

作用。因此,运用类比方法有利于科学家充分发挥想象力,在广阔的范围内把不同事物联系起来进行类比,从而提出具有创造性的科学思想。

3. 类比方法在科学认识中的作用 这是一个由特殊到特殊、由此物及于彼物、由此类及于彼类的认识过程,它在科学认识中具有重要作用。在科学研究中,为了变未知为已知,往往借助类比的方法,把生疏的对象与熟悉的对象相对比,把未知的东西与已知的东西相对比。正如康德《宇宙发展史概论》中指出:"每当理智缺乏可靠的思路时,类比这个方法往往能指引我们前进。"[①]"我始终以类比和合理的可信性为指导,尽可能地把我的理论体系大胆发展下去。"[②]它在科学研究中具有启发思想、提供线索、举一反三、触类旁通的作用,在科学探索中常发挥冲破迷雾的导航作用。

由于类比推理是凭借原有的部分知识去推测未来或获取新的知识,是一种寓于创造性的逻辑推理方法和思维形式。它能帮助人们打开思路、受到启发,从而引出新的线索,探求自然奥秘。具有特有的灵活性与创造性。如果偏重于从静态的观点看待类比推理,就会过多地强调它的或然性方面而忽略它的创造性方面,若是从科学探索的动态过程来看待类比推理,就会看到它确有优越之处。解决新的问题,涉足未知的现象领域,建立新的理论模型,都没有现成的道路可走。而受前提约束最少的、从已知通向未知的、富有创造性的类比方法正好给我们帮助。从某种意义上说,相似处越少,越是在"异中求同",从而使类比的创造性是以它的逻辑上的不可靠为代价的。正是由于它的逻辑根据不充分和推理规则的不严密等原因,从而使类比的结果越是具有突破性、独创性。

（二）非逻辑思维

19世纪末20世纪初,随着实践的高层次化,科学发展的非经典化,仅仅依靠逻辑思维而忽视或排斥其他的思维类型或形式,已经不能适应科学和实践发展的客观需要了。虽然逻辑思维使思维获得一种严密性、确定性,但也限制了人们思维的发散性、想象性以及思维建构的创造力。显然,认识沿着单一的逻辑思维走下去是有局限性。

20世纪以来,人们日益认识到形象思维、直觉思维的重要性,这主要在于:人类实践对象的宏观化和微观化要求人类思维的灵活性。从逻辑思维深入到非逻辑思维,也是人对自身理解的深化。现代认识论的这一转化,说明从包括形象思维、直觉思维和灵感思维在内的非逻辑思维角度来发散人的潜在能力,无疑具有重大意义。在非逻辑思维方面,形象思维和直觉思维的创造性作用最为突出。

1. 形象思维 形象思维作为非逻辑思维在科学认识中具有自身的特点和作用。

（1）形象思维及特点:形象思维是在形象地反映客体的具体形状或姿态的感性认识基础上,通过意象、联想和想象来解释研究对象的本质及其规律的思维形式。

形象思维的特点主要表现在以下几个方面:

1）意象:形象思维的"细胞"是形象的意象。所谓意象,是对同类事物形象的一般特征的反映。它是认知主体在观察、接触、或介入研究对象后,在认知主体背景知识的基础上,通过感性知觉传递出来的关于对象最有形象特征部分,可以概括对象的表象信息的形象把握,从而在思维空间中形成的有关认知客体的加工形象。例如一些有深厚功力的画家以敏锐的

① 马克思恩格斯选集:第3卷.北京:人民出版社,1995:704.
② 许良英,李宝恒,赵中立,等.爱因斯坦文集:第1卷.北京:商务印书馆,1979:304.

观察力对对象进行观察和思考后,简单几笔就勾勒出来的关于对象的简笔画,就是对对象进行意象表征的形象意象。

2)联想:所谓联想,是指因一种经验、事物的触发而想到另一种或多种经验和事物的思维活动和思维方法。它能克服两个不同概念在意义上的差距,并在另一种意义上将二者联结起来,由此产生一些新颖的设想。联想是一种通过意象之间的关系来把握意象内容的思维过程;联想的两个事物或对象可以完全不同,比如"触景生情"。人们把前一种经验、事物称为刺激物或触发物,把多种经验、事物称为联想物。

联想的作用:可以把跨越性很强的经验与事物联系起来,触类旁通、举一反三、诱发灵感,它是科学发现和科学发明中的重要的思维方法。

在医学科研和临床中,人们往往借助联想把观察与实验中的某一医学现象或医学事实同其他现象或事物联系起来,得到原型启发和借鉴,引发医学发现或发明。例如:英国人李斯特看到巴斯德"细菌是生物体腐烂的根源"的报告,联想到伤口感染化脓,创立了"外科手术消毒法"。梅契尼柯夫意外发现海星游走细胞吞噬食物,创造性地联想到血细胞吞噬微生物,对此进行研究而获得1908年诺贝尔生理和医学奖。

联想必须以丰富的知识和经验为基础,通过多次性、多方面联想,才能既具有创造性又符合科学事实。一般来说,平时努力学习、善于积累知识与经验丰富的人,他的联想能力则较强;联想范围越广阔、深度越深,触类旁通,举一反三的能力也就越强,对创造能力的开发就越有益处。

3)想象:所谓想象,是指人们根据以往的经验,对原有感性形象或作用的机制进行新的组合和构思,从而创造出新的事物和形象的思维过程。对于科学研究而言,想象以联想为基础,想象比联想更高级。联想只是头脑中将已知的经验或事物同其他的经验或事物联系起来,并不创造新形象,想象则在联想基础上加上原有经验或感性形象,从而创造出新形象。所以,想象就是头脑中的形象操作。这个过程,是人脑对记忆中的大量个体形象进行比较、分析、概括和综合的再现过程,一般可理解为是感性材料和已有知识经验的巧妙组合。

想象在人们的创新过程中有着重要作用。首先,想象是灵感产生的重要诱因,是产生假说的重要条件。尤其是创造性想象,可以把头脑中捕捉到的模糊想法化为具体的命题和假说。其次,能帮助人们创造性地提出问题,是科学研究中的实在因素。爱因斯坦认为想象力比知识更重要,因为知识是有限的,而想象概括着世界上的一切,推动着进步,并且是知识进化的源泉。严格地说,想象力是科学研究中的实在因素。而爱因斯坦在其思维上的独到之处也正是在于他依靠已有的经验和自己的想象,在思想中创造出各种未知对象可能的图像和模型,填补起已知与未知连接的断裂之谷,并且通过艰苦努力的探索,突破了经典物理学的框架,建构起了相对论的两个理论——狭义相对论与广义相对论。正如贝弗里奇说的"我们之所以认为在科学研究上,想象力之所以非常重要,不仅在于它可以引导我们发现新的事实,而且在于它激发我们作出新的努力。再者,事实和设想本身是死的东西,是想象力赋予它们生命。"[①]

(2)形象思维在科学研究活动中的重要意义和作用

---

①　[英]贝弗里奇.科学研究的艺术.陈捷,译.北京:科学出版社,1979:61.

首先,形象思维可以直观形象地揭示研究对象的本质和规律。科学研究是一项极富探索性的活动,仅仅依靠逻辑思维是不够的,应当在充分发挥抽象思维的同时,善于使用形象思维。比如科学家华森和克里克对于DNA(脱氧核糖核酸)结构的探索,就是以一组搭积木的形象模型建立的。他们以不完整的图像、数据作为基本依据,通过科学的想象,创造性地建立了DNA双螺旋模型结构,为分子生物学的发展做出了巨大贡献。

其次,形象思维较之逻辑思维更富有创造性。由于联想和想象在形象思维中的主导作用,使得形象思维较之逻辑思维更富有创造性,这突出地表现在理想模型的塑造和理想实验的设计过程中。例如,伽利略关于惯性运动的理想实验就是以纯化和简化的形式表现出来的。形象思维也是推动科学理论发展和工程技术发明的一种重要手段。对象越抽象,科学研究就越是需要求助于形象思维。而在工程技术领域,创造任何人工自然物的先决条件就是意象的创造。人们也同样是首先在头脑中或方案设计中先建立其对设计对象的意象,然后才能把它转变为工程蓝图,进而成为工程结果。可见,没有形象思维、没有形象思维与逻辑思维的结合,就不可能有任何的工程技术,就不可能出现人类改造世界的宏伟图景。马克思曾经指出:“蜜蜂建筑蜂房的本领使人间的许多建筑师感到惭愧。但是,最蹩脚的建筑师从一开始就比最灵巧的蜜蜂高明的地方,是他在用蜂蜡建筑蜂房以前,已经在自己的头脑中把它建成了。劳动过程结束时得到的结果,在这个过程开始时就已经在劳动者的想象中存在着,即已经观念地存在着。”①

2. 直觉思维　在科学活动中,逻辑思维是基本的。然而一旦原有的理论无法解释新发现的事实时,光凭逻辑推论就不够了。这时,直觉思维便成为科学活动舞台上的主角。爱因斯坦对直觉一直给予极高的评价,他认为科学发现的道路首先是直觉的而不是逻辑的。“要通向这些定律,并没有逻辑的道路;只有通过那种以对经验的共鸣的理解为依据的直觉,才能得到这些定律。”②事实上,绝大多数科学发现,都来源于直觉的猜测。

直觉思维。是指在经验知识的基础上,摆脱固定逻辑规则的约束而直接领悟事物本质的一种思维形式。直觉思维有时会伴随着被称为“灵感”的特殊心理体验和心理过程,它是认识主体的创造力突然达到超水平发挥的一种特定心理状态。在直觉和灵感中都包含着使问题一下子澄清的顿悟。科学史上的许多重大难题,往往就是在这种直觉和灵感的顿悟中,奇迹般地得到解决的。可见,直觉思维区别于逻辑思维的重要特征,在于它是那种直接把握的思维方式。在直觉思维中,跳过了许多中间步骤,作出许多省略,它是从总体上进行识别和猜想,一下子得出结论。直觉的顿悟就是在长期沉思的基础上,经过量的积累,在某个关节点上引起了质的飞跃。它的出现常常需要对所要研究的对象有过较长时间的关注,并且同时这种关注又比较集中,而且通过逻辑思维和以往思考并不能获得较好的理解和结果,也有过困难来临即所谓“百思不得其解”的状态出现。如果研究者坚持对研究对象继续思考,并且有时又有对所思考的问题暂时搁置的情形,就可能会在某种特定情况下,突然获得某种突如其来的领悟和理解,其形式通常表现为一个答案的突然涌现。

直觉和灵感具有以下基本特征:

认识发生的突发性。直觉和灵感都是认识主体偶然受到某种外来信息的刺激而突然产

① 马克思恩格斯选集:第2卷.北京:人民出版社,1995:178.
② 许良英,李宝恒,赵中立,等.爱因斯坦文集:第1卷.北京:商务印书馆,1976:107,284.

生的随机过程。它的突发性乃是长期"冥思苦想"的结果。这种思维的高度集中,调动了下意识参与信息加工,从而产生了一种突发性的"顿悟"。

认识过程的突变性。直觉和灵感表现为逻辑上的、跳跃的突变形式,是一种无意识的思维过程的简化,省略了细微过程,问题与结论直接结合,没有呈现中间的逻辑过程,它打破了思维活动的常规程序,较为迅速地把握问题的实质。

认识成果的突破性。直觉思维往往是主体的意识和潜意识与客观对象在特定条件下的一种突然沟通,它不受常规思路、思维定势和逻辑规则的束缚。

直觉思维和灵感在科学认识中的方法论意义:

(1) 直觉思维是创造性思维的重要形式。

(2) 发挥科学认识主体思维能动性的突出表现。

(3) 对于科学研究具有先导启示和催化加速的作用。

直觉思维是认识主体长期探索的实践经验和知识储备得以集中利用的结果,是研究者显意识与潜意识的豁然贯通,是思维突破了按部就班的逻辑推理格式,在"大脑—环境"的开放系统中,最大限度地实现了总动员。因此,直觉思维是科学发现与技术发明过程中产生新思想、新概念和形成新假说、提出新模型的基本途径。直觉思维在爱因斯坦科学探索的生涯中起到了不可低估的作用。因此,他十分肯定地说:"我相信直觉和灵感。"在医学中,直觉思维因其重视"身临其境式"的感受,从完整功能上而不是从局部组织器官结构或功能变化上把握疾病,从而为在本质上认识疾病提供了可能。

3. 创造性思维　科学研究是一项创造性的工作,离不开创造性思维。科学研究和技术发明最重要的特征之一就是创造。而创造性思维是创造问题的关键内容。创造,尤其是科学技术方面的发明创造,无一例外,都是人类成功运用创造性思维的结果。

(1) 创造性思维:关于什么是创造性思维,有着不尽相同的定义。

例如"所谓创造性思维,即是创造主体通过有意识与无意识的交替作用和辩证统一过程而突然产生新观念的思维。"[1]创造性思维是指一种"有创见的思维方式,能开拓意识新领域的一种思维方式。"[2]"创造性思维是指人类在探索未知领域的过程中,充分发挥认识的能动作用,突破固定的逻辑通道,不断以新颖方式和多维角度的思维转化来寻求获得新成果的思维活动。"[3]在对人类思维问题深感兴趣和颇有研究的著名科学家钱学森那里,创造性思维是人类智慧的泉源,是形象思维与抽象思维的综合作用。其中,形象思维又占据主导地位。种种表述不一而足。

这种概念的多元性是可以理解的。思维科学本身仍处于解谜的阶段,创造性思维这个谜中之谜的解答更是有待时日。由于创造性思维现象本身的复杂性,对其进行考察的视角也是多维的。其实,我们也很难把思维活动分门别类,因为各种思维活动的形式常常是十分复杂地交混在一起的。我们在研究"创造"时,为了研究目标的集中与简化,往往就把人们获得创造时的思维活动方法称之为"创造性思维"。在这样的理解下,创造性思维就成了一种相对性的概念:是相对于不能获得创造的常规思维的一种思维方式;或从另一角度看,是相

① 傅世侠,罗玲玲.科学创造方法论.北京:中国经济出版社,2000:285.
② 王跃新.创造性思维训练与培养.长春:吉林人民出版社,2000:2.
③ 鲁克成,罗庆生.创造学教程.北京:中国建材工业出版社,1997:107.

对于论证思维的一种思维方式。实际上,创造性思维仍是多种类型的思维在创造活动过程中的一种有机的结合。

（2）创造性思维的特点:与一般思维相比,创造性思维具有组合各种思维、灵活调用各种思维,进行综合创造的特性。创造性思维的特点是能够经常在两种异质性的思维中保持一种张力。即我们所说的保持辩证统一,是能够提出创见的思维活动。而"新"是"创造"一词的应有之义。唯创必新。首先是问题之"新",开始于新问题的发现;其次,是思路和方法之新,能够打破常规,突破传统,以别具一格、新颖独特的方式来解决问题;最后,是结果之新,结束于新问题的解决,正是这一解决产生了新思想,当新思想应用于实践之后,则被物化成新的发明成果或产品。

创造性思维具有如下几个特点:

（1）独特性:与众不同,前所未有。

（2）多向发散性:即非单向也非单一的思维方式。创造性思考是多答案的,思路是立体型的。事实上,世界上每个问题都绝非只有一个答案。而创造,从一定意义上说,就是从众多可能的方案中选择最佳的方案。

（3）非逻辑性:出人意料的独创性答案往往是非逻辑思维的产物,否则人人都能容易地按逻辑分析而想到了。

（4）连动性:即由此及彼性。创造往往是在其他从表面上看毫不相干的事物的启发之后,思路豁然开朗而获得的。

（5）综合性:创造性思维就是以非习惯的方式思考问题的能力,就是看到与别人所见相同的东西,而想出与别人所思不同的东西。

从创造性角度观察,科学发现、科学理论的创立过程是一个意识与潜意识、逻辑和非逻辑、收敛式思维与发散式思维交互作用的过程。事实上,科学研究的创造特征发明并不存在做出发现与发明的机械程序,也不存在必然导致发明的普通有效的方法。我们能够看到的,只是创造性思维过程中所体现出来的逻辑方法与非逻辑方法的辩证统一,发散性思维与收敛性思维的优化综合。无论是科学发现还是技术的发明都是逻辑思维与非逻辑思维交替推进、螺旋式递进的过程。非逻辑思维开拓思路,逻辑思维整理思路,两者共同完成创新的理性建构。在逻辑方法走不通的地方,往往需要非逻辑方法开辟新的通途;而当非逻辑方法打开通路后,逻辑方法又必须及时跟进与整理,在已行与未行的"鸿沟"上架起逻辑的桥梁。非逻辑思维所取得的成果,最终都要通过逻辑思维的加工整理,以逻辑形式表达和交流,找到其逻辑的依据,进而纳入到人类的技术知识体系之中,否则,它们就不可能成为真正的科学知识。整个科学体系及一切真理性经过实践检验的科学知识,总是能够而且应该在逻辑上前后一致的,如果设想科学可以无视逻辑,可以舍弃逻辑的依据和论证,人们就无法判断其真伪,也无法建立起从科学理论到实践检验的通道,那么科学就将不成其为科学而只好诉请约定和信仰了,所以,一个足以完成科学创造过程中完整的创造性思维方法必定是逻辑思维与非逻辑思维的辩证统一和综合运用。而一个足以完成科技创造过程的发明方法,也必须是逻辑方法与非逻辑方法的辩证统一与综合运用。

三、批判性思维

1. 批判性思维的概念　"批判性"这个词的英文是"critical",它有两个希腊词根:一是

"kriticos",其意指"判断";二是"kriterion",其意指"标准"。合在一起的意思是:基于标准的、有识别能力的判断力。《韦氏新世界词典》中把"批判性"定义为"以仔细的分析和判断为特征的""试图进行客观的判断,以确定正反两面"。

"批判性思维"的英文名称是"critical thinking"。《走出思维的误区》一书,关于"批判性思维"讲了两点:一是对外界信息给予"批判性考察"以"做出自己积极的选择";二是人们可以"应用于实践"的"技能"。从广义上理解,批判性思维就是发展和完善人们的世界观并把它高质量地应用在生活的各个方面的思维能力。具体一点说,批判性思维是面对相信什么或者做什么而做出合理决定的思维能力。从实质上说,批判性思维就是提出恰当的问题和做出合理论证的能力。

2. 批判性思维的要素   批判性思维的要素包括断言(claims)、论题(issues)和论证(arguments)。识别、分析和评价这些构成要素是批判性思维的关键。

断言:作为批判性思维的基本要素,"断言"用于口头或书面交际中传递信息、表达意见或信念。批判性思维的关键就是检查和评估断言以及各断言之间的关系。

论题:当我们对一个断言进行审查的时候,即当我们探究断言之真假时,我们就提出了一个论题。批判性思维主要关注这样一类断言:被论证支持或反驳的论题。"论题"实际上就是"问题",我们可以互换地使用这两个概念。"问题"就是指某个特定的断言是否真实。解决问题就是对断言的真假做出回答。

做出断言或表达对问题的立场依靠的是语言,而语言的使用是纷繁复杂的,我们可以用语言来假设、猜测、设想及提议,可以用语言来消遣或娱乐,甚至有时候我们并不知道自己运用语言在干什么。我们要记住的是:当对一个断言进行批评性思维的时候,我们称之为面临一个问题或出现一个论题。在实际生活的境况中,重要且往往困难的是准确识别到底什么是有问题的断言,即论题到底是什么。我们识别论题的困难是由多种原因导致的,从有意混淆到含混的术语以及思想本身的混乱等。对于如何审查一个断言而言,关键是知道如何支持或反驳这个断言的真假。如果无从知道一个断言何时为真何时为假,谈论断言的真假就没有意义。换句话说,只有针对清楚地表达意思的断言、一个合乎语法的断言,我们才能谈论它的真假,也才能构成一个论题。

论证:一旦我们清楚了论题是什么,下一步就是评价支持或反驳这个断言的论证,并断定论题的真假。论证是批判性思维的最重要的因素,尽管论证可以很复杂,但究其实质,论证的概念很简单:我们从事论证是为了给一个断言的真提供理由。论证有两个构成部分:第一,论证的前提必须是真的。第二,前提和结论必须是相关的。需要注意的是,很多貌似论证的"论证"实际上并不是论证。例如:

身份信息的失窃较上一年度增多了至少10倍。

越来越多的人学会了如何轻易地获取他人的社会安全号码、银行账号等信息。

当地警方提醒大家谨防他人接近上述信息。

尽管上述各断言的主题相近,但没有任何一个断言为其他断言提供理由,仅仅是一系列事实的罗列,因而不构成一个论证。但下面的文字就不同了:

过去一年中学会窃取他人身份信息的人成倍增加了,所以你比以往更容易成为窃取信息的受害者。

这里的第一个断言作为理由为相信第二个断言提供了支持。这两个断言就构成了一个论证,因为窃密者数目的增加为更容易受害提供了更多的可能。

批判性思维的核心是分清是非。我们在现实生活中,外界所给予我们的信息是纷繁复杂的,往往在论证过程会受到多种因素的影响而发生偏差,例如价值观、道德观、表达者的身份及与论证者的关系等。

3. 如何培养批判性思维的能力　斯柯雷文和玻尔合著的《批判性思维的定义》一文认为,"批判性思维是智力的训练过程"。从哲学上说,进行批判性思维也就是要对于外界所给予我们的信息进行反思。所以,进行批判性思维能力的训练也就是进行理性思维能力的训练。批评性思维并非靠天性或成熟的程度来决定,它是可以通过学习和训练来得到发展和提高的。要培养批判性思维能力,思考者必须树立深思熟虑的思考态度,尤其是理智的怀疑和反思态度,而养成清晰性、相关性、一致性、正当性和预见性等好的思维品质,是培养批判性思维的基础。①

(1) 清晰性:澄清思维混乱。

清晰性意味着思考问题要有层次性。在不同层面上思考同一个问题,得出的结论完全不同。一般来说,对一个问题的论证要结合经验、逻辑和理论三个层面来考察。

清晰性意味着思考问题要有条理性。在日常思维中,最大的条理混乱是把事实问题、价值问题和情感问题交织在一起进行讨论和思考,人们在同一时刻将太多问题搅拌在一起思考是导致思维混乱的根源。

清晰性还意味着清楚、准确地使用概念和语言。概念是思维的细胞,语言是思维的外壳。概念和语言的使用必须遵守"公共交通"规则,也就是逻辑标准和语言规范。

(2) 相关性:摆脱感情纠葛。

相关性意味着围绕手中的问题进行思考。生活中充满大小不同的问题,若要有效地解决问题,必须集中精力,一次思考一个问题,围绕问题搜集相关的信息,对问题做出有针对性的回答,或者找出有针对性的解决方案,避免将许多不相干的问题牵扯进来,或者对问题做出不相干的回答。

相关性意味着在思考问题时诉诸逻辑推理而不是情感心理。要想解决问题,必须首先承认问题。我们不能解决某个问题常常是因为不承认这个问题的存在。承认问题的障碍之一是情感心理的干扰。复杂问题之所以复杂,是因为它需要检视和评估大量相关的资料才能找到好的解决方案。解决问题的障碍之一是懒惰和简单化的陋习。检视和评估大量相关的资料需要做十分辛苦的思考工作,可是绝大多数人都喜欢简单,讨厌复杂。在承认问题和寻求答案的问题上,需要的是理智的见解、深思熟虑和基于事实的分析和推理,如果不能摆脱对情感的依赖,不能切断感情的纠葛,就会陷入快捷而劣质的选择判断之中。时过境迁之后,我们会为此感到后悔,并付出相应的代价。

(3) 一致性:避免相互矛盾。

不一致的信念会导致人们做出错误的决定。自相矛盾是最尖锐的不一致。在相关性的基础上,才谈得上一致性。我们不在不同的对象或不同的问题之间谈论一致性,一致性总是针对同一个对象具有或不具有某种属性,或者针对一个问题的不同回答而言的。满足了相关性的要求,不等于满足了一致性的要求。

---

① 谷振诣,刘壮虎. 批判性思维教程. 北京:北京大学出版社,2006:3.

（4）正当性：消除不可靠的信念。

正当性意味着使用真实可信的理由为信念做出担保。信念与信仰不同，一个人信仰什么可能不需要讲理由，但是，一个人相信什么却需要讲理由。可靠的证据是在不受人为因素和不恰当的测量方法干扰的情况下，在不同的观察者面前能重复得到同样结论的实验结果。

正当性意味着为信念担保的理由是强有力的。如果理由是真实可信的，根据理由对信念支持程度的强弱来决定对信念的确信程度，这是正当的。如果我们对信念的确信度超出了手中所掌握的证据的担保能力，这种对信念的确信就是不正当的。超出理由担保能力的信念是有害的。清晰性、相关性和一致性不能保证信念的可靠性，由真实可信的理由和强有力的推理做出的信念是可靠的。

（5）预见性：拒绝盲目行动。

预见性意味着信念的实用性。如果你拥有的信念能帮助你对周围的世界做出较好的解释和理解，而且能够对周围世界所发生的事件做出较好的预测和控制，那么你的信念就是非常实用的。如果大胆假设有余、小心求证不足，所得到的因果观念大多是不可靠的，基于这样的观念所做出的预见总是让人提心吊胆。

预见性意味着信念的主动性。了解事物的原因不只是为了满足好奇心和消除恐惧感，而是要引导我们的行动，知道要做些什么、什么时候去做以及如何去做，并为我们做决定提供依据。

批判性思维属于理性思维，从哲学上说，进行批判性思维也就是要对于外界所给予我们的信息进行反思。所以，进行批判性思维能力的训练也就是进行理性思维能力的训练。斯柯雷文和玻尔合著的《批判性思维的定义》一文认为，"批判性思维是智力的训练过程"。即批判性思维从根本上说是一门思维训练学科，基本功能是培养和训练人的思维能力，而且主要是培养和训练人的理论思维能力和逻辑思维能力。恩格斯曾经指出，"一个民族想要站在科学的最高峰，就一刻也不能没有理论思维。"[1]"但理论思维仅仅是一种天赋能力。这种能力必须加以发展和锻炼，而为了进行这种锻炼，除了学习以往的哲学，直到现在还没有别的手段。"[2]恩格斯还指出，自马克思主义哲学产生以后，"在以往的全部哲学中还仍旧独立存在的，就只有关于思维及其规律的学说——形式逻辑和辩证法。"[3]在这里，恩格斯所说的逻辑就是指古希腊哲学家所发现的演绎逻辑和近代哲学家所发现的归纳逻辑，也就是我们现在常说的传统逻辑或普通逻辑。尽管批判性思维能力包括对各种信息的理解、识别、分析、综合、比较、判断等方面的能力，但推理和论证能力在其中最为重要，要善于批判性思维首先要擅长推理和论证。从根本上说，批判性思维是一门逻辑学科。

四、移植、交叉与跨学科研究方法

移植和交叉学科或跨学科的研究方法，是创造性思维的两种非常有效的研究方法。跨学科研究问题是当代科学和技术解决问题的创造性方法，体现了广泛联系和发展的辩证法。这是由于当代科学研究和技术发明变得越来越复杂，进行移植与交叉，通过多学科或跨学科

---

① 马克思恩格斯选集：第3卷.北京：人民出版社,1972:467.
② 马克思恩格斯选集：第3卷.北京：人民出版社,1972:465.
③ 马克思恩格斯选集：第3卷.北京：人民出版社,1972:65.

的研究,常常能够获得单一学科研究无法获得的创新成果。

(一) 移植方法

1. 移植方法 将某个学科、领域中的原理、技术、方法等,应用或渗透到其他学科、领域中,为解决某一问题提供启迪、帮助的创新思维方法。

移植方法对于原来的领域,并不新鲜,也许是原领域中成熟和运用熟练的方法,但是对于新领域而言,则可能是新方法。移植来的方法也需要与新的情境进行协调,因此,移植并不是跟在别人后面走老路。移植也是浓缩别处的经验和方法,对新领域的研究进行整合的过程,因此,它是现有成果在新情境下的延伸、拓展和再创造。

2. 运用移植创新方法时的两种思路

(1) 成果推广型移植:成果推广型移植就是把现有科技成果向其他领域铺展延伸的移植,其关键是在搞清现有成果的原理,功能及使用范围的基础上,利用发散思维方法寻找新载体。

(2) 解决问题型移植:就是从研究的问题出发,通过发散思维,找到现有成果,通过移植使问题得到解决。

3. 移植方法的意义与需要注意的问题 移植是一门学科中的研究向另一门学科的研究借用概念和方法。通过移植,使得一门学科中的思想、原理或方法运用到另一门学科中去,一方面使该研究方法获得了新的阵地,另一方面又促使接受移植的学科得到进一步的发展。随着科技发展综合趋势日益明显,科学方法、科学概念、科学原理的移植还会越来越多。

运用移植方法时,也需要注意移植的适用性、本土化问题,否则很容易出现"南橘北枳""水土不服"的问题。

(二) 学科交叉方法

多学科交叉是现代科学技术发展的趋势,是科技创新的源泉,也是学科增长点最重要的来源之一。通过学科之间的交叉往往可以获得新的认识,带来创新。学科交叉已成为一种新的思维方式和研究方法。

1. 学科交叉方法 就是两个以上的学科之间在面对同一研究对象时,从不同学科的角度进行对比研究的方法。借鉴其他学科的研究,思考本学科的问题和对象,融合其他学科的研究方法,以达到对研究对象的新认识。

2. 学科交叉的意义

(1) 通过学科交叉,可以对研究对象进行多视角的研究,从而在事物研究上发现更多的单一学科发现不了的性质、方面,获得对于事物的多样性认识。

学科融合不仅是学科发展的趋势,也是学术研究产生重大创新性成果的方式之一。据统计,在1901—2008年间,颁发的自然科学类诺贝尔奖(物理、化学、生物学或医学奖三项)中学科交叉的研究成果占获奖总数的52%,在各个被统计的时间段中学科交叉研究成果占获奖总数的比例一直呈上升趋势,最近8年这一比例已达到66.7%,可见学科融合与交叉是科学研究取得突破性进展的重要途径。

(2) 可以整合资源,取得原创性重大科研突破,产生新的交叉学科。在现代科学时期,科学的发展把分化与综合紧密联系起来了,把人为分解的各个环节重新整合起来了。物理学家、量子论的创始人M·普朗克深刻地认识到:"科学的内在的整体,被分解的单独的部门不是取决于事物的本质,而是取决于人类认识能力的局限性。实际上存在着由物理学到化学,通过生物学和人类学到社会科学的链条,这是一个任何一处都不能被打断的链条"。A领域的研究问题,用 B 领域的方法,往往会得出令人意想不到的结果。在 100 多年里,始终勃兴的交叉科学,包括边缘科学、横断科学,综合科学和软科学等,消除了各学科之间的脱节现象,填补了各门学科之间的地缘地带的空白,将条分缕析的学科联结起来,综合运用多种学科的理论和方法研究复杂的客体,从而才真正能够实现科学的整体化。例如,著名的 DNA 分子双螺旋结构的发现就是物理学、生物学、化学交叉融合的结果。可见,多学科的交叉融合,可以产生新的学科,进一步使科学研究精细化。

(3)学科交叉导致众多交叉科学前沿:学科交叉是学术思想的交融,实质上,是交叉思维方式的综合、系统辩证思维的体现。自然界现象复杂、多样,仅从一种视角研究事物,必然具有很大的局限性,不可能揭示其本质,也不可能深刻地认识其全部规律。因此,唯有从多视角,采取交叉思维的方式,进行跨学科研究,才可能形成正确完整的认识。著名物理学家海森堡认为:"在人类思想史上,重大成果的发现常常发生在两条不同的思维路线的交叉点上。"在多学科之间、多理论之间发生相互作用、相互渗透,形成了"科学键",从而能开拓众多交叉科学前沿领域,产生出许多新的"生长点"和"再生核",如粒子宇宙学、生物物理学、生物数学、环境科学、科学伦理学等。迄今,交叉学科的数量已达 20 000 多门之多,其中许多都是交叉科学的前沿。

医学问题与思考:

《黄帝内经》的形象思维方法——取类比象

中国传统哲学的意象思维渗透到中医理论的创立与发展过程,在中医经典著作《黄帝内经》中奠定中医形象思维的基本框架,并成为中医主要的思维方式之一。其中取类比象是中医的重要思维方法。

取类比象是中医应用最广的一种形象思维认知方法,即将复杂万端的事物归属于相应的类别之中,以便于分析研究并掌握之。此方法是根据被研究对象与已知对象在某些方面的现象或形象的相似或类同,从而推定它们在其他方面也可能具有相似或类同的性质。如《素问·示从容论》中说:"援物比类,化之冥冥"。所以,中医又常把这种方法称为援物比类法。《素问·八正神明论》中说:"天温日明,则人血淖液而卫气浮,故血易泻,气易行;天寒日阴,则人血凝泣而卫气沉。"这是古代医家在认识人与自然的经验基础上,将温度、阳光对水的影响推及温度、阳光对人气血及运行的影响。又如,在自然情况下,树叶或树枝因风的吹动而摇晃,甚至树可以被大风推倒。古人则由此推之,人体如果出现不自主的震颤、摇动甚或突然倒仆,半身不遂等是由一种类似的风所致,其病以风命名,致病因素亦被称之为风邪。

取类比象的方法对于建立中医理论体系起着十分关键的作用,是基础理论形成的关键所在。由于当时的技术水平限制了人类感性认识的深度与广度。中医通过对人体表象的直接观察,归纳出效法自然的意象生理、病理、病机模型,如藏象、经络、六经、气血营卫等。以脏腑为例,五脏(心、肝、脾、肺、肾)都近似于实体,故类比其实象,拟之于地,取其共相(意象)为阴;六腑(胆、胃、大肠、小肠、膀胱、三焦)都呈现为空腔形体,故类比其虚象,拟之于天,取其共象为阳。"象"的获取依靠观察,"类"的归属依靠思维。归类的科学性取决于观察的客观性和真实性。

可见取类比象的作用表现为：在充分占有经验材料的基础上，首先，撇开事物外部的非本质联系，使事物内部的本质联系和过程呈现出来，再将这些本质的联系作为一个整体（共相）完整的抽象出来，以便再回到实践中去接受检验和指导实践。取象不是单纯的类比、罗列表象，它是对事物间复杂的因果关系进行长期深入地反复地观察和分析、概括出来的规律性内容，它是古人智慧的结晶，有深刻的科学性。中医的症和证就是表象和意象的关系。症是人体患病时所表现出的各种症状（包括舌象和脉象）。这些症状是孤立的，分散的，是可以被人直观感知和通过仪器测知的。证是在症状、病情的基础上，通过八纲辨证、脏腑辨证、气血津液辨证、六经辨证、病因辨证、经络辨证等方法，对病因、病位、病性、病势与病机所作的概括性的判断。如风火内动、热盛伤阴、心阴亏损、肝气郁结等，已成为临床治疗和遣方用药的指南。证虽以症为原始依据，但不等同于症，它除包含有病状和病位等具体物象外，还包含有医家运用取类比象概念在内，如阴、阳、虚、实、风、火等。由于人体患病关系到整个机体的变化和调节，因此，证在揭示疾病本质上，比只反映表现现象的症更加深刻。象思维就是一个由"物象"提炼"意象"，再由"意象"反推"物象"的过程。象思维通过取类比象的方式，在思维过程中对被研究对象与已知对象在某些方面的相同、相似或相近的属性、规律，特质进行充分关联类比，找出共同特征、根本内涵，以"象"为工具进行标志、归类，以达到模拟、领悟、认识客体为目的的方法。可见，"象"思维带有很大的具体性、直观性和经验性，它以"象"作为中介把握事物的内在本质及与事物隐含的关联关系，宏观地探讨事物的性质和变化规律，消融主、客观对立产生的割裂看待事物的片面性和孤立性，在认识论上有独到的意义，中医学通过象数模型取象而得出的概念多为意象性的概念的方法，与现代医学纯抽象概念相比，既包含某种客观的象征含义即理性归类的成分，又渗透着某种主观的感性划分的成分，具有全息性、功能性、形象性、简明性、灵活性等特性。

但取类比象法仅为一种不可靠的推理方式，其结论难以避免或然性。因为事物之间既存在着同一性，也存在差异性，同一性提供了比类的逻辑依据，而差异性则可能导致错误的类比结论。征象不是本质，但反映本质，所以依据征象进行归类无可指摘。但是，当事物的征象在肉眼之中变得迷茫时，仍依据征象进行归类出现偏差就难免了。因为"象"毕竟不等于"体"。两者之间能否通过医者的努力而实现完全的沟通，恐怕很难给出一个肯定的答案。

第三节　科学技术研究的数学与系统思维方法

在医学研究和临床医疗活动中，不仅要善于使用分析与综合、归纳与演绎等辩证思维方法，还要善于使用创新与批判等思维方法；更重要的是，着眼于科学发展的全局，善于向其他学科学习有利于自身发展的理论成果，吸取有利于自身发展的认识方法。古老的数学方法和 20 世纪新兴的系统思维方法就是现代医学值得借鉴的有力武器。

一、数学方法及其作用

从土地的几何丈量到工具的生产制造，从时间、空间的推算到生产资料的计数，数学和其他学科一样，是从人类的社会实践中产生并发展起来的。数学的概念、原理和推论，本质上反映的是在特定条件下现实世界中事物之间量的关系，因此在研究客观对象时，尽可能地弱化或者忽视对象的其他一切特性，只抽取量的关系和特征加以研究。量的关系不外乎"数"和"形"两个方面，以此为基础，形成了代数、几何和分析三大数学门类，并衍生出集合论、数理逻辑、离散数学、微分方程、概率论与数理统计、模糊论、图论等诸多分支，反映出客观世界"量"的关系的普遍性和特殊性。在这个意义上，数学可以看作对现实世界的空间形式和数量关系的抽象研究。按照恩格斯的观点，当数学逐渐成为一门独立的学科，就在形式上与其他经验科学和技术相脱离，成为自然界的物质运动和人类实践必须遵循的一种规律性存在。恰恰是因为来自于经验世界，数学探索的理论成果可以被广泛的学科所应用，成为人类认识和改造自然的一种工具性存在，数学也就从一门科学进一步具有了方法论的意义。

（一）数学方法及其基本形式

数学方法是指运用数学手段研究客观对象的科学方法，即从具体的事物和环境条件出发，对事物的相互关系、运动状态和变化过程进行数学化描述，建立数学表达形式或模型，使用数学理论进行逻辑推理、证明和分析，将结果应用于具体条件以获得现实性的解释、判断和结论的方法。

一般的数学方法包括数学模型方法、数学实验方法、公理化方法等。

1. **数学模型方法**　数学模型是事物原型的反映，是采用形式化的数学语言抽取其特征性的数量关系，近似地还原事物的一种数学结构，其目的在于简化和纯化研究对象，解释原型的性质和变化，检验已有知识的可靠性以及帮助形成科学预见。根据现象的性质可分为确定性模型、或然性模型和模糊性模型等。数学模型方法是把复杂的认识客体通过系统分析、合理简化，找到一个既能反映事物的本质特征、又能应用数学方法解决现实问题的数学关系式。例如，报亭需要从某日报社每天以进价购入日报，以零售价售出，晚间将剩下的报纸以退回价返还给报社，那么报亭如何控制购入日报的份数才能使收入最大化？通过概率分布方法可以建模并求解，在零售价、进价、退回价已知的条件下，根据模型的计算结果得出：报亭每份报纸卖出的利润和未能卖出的亏损之比越大，应购入的日报份数就应越多。同一个研究对象的数学模型可能不止一个，但如果不能反映本质特征，最终只能以失败告终，因此数学模型才需要有确定性、或然性等几种具体的分类。

2. **数学实验方法**　数学实验方法是应用 20 世纪人类的伟大发明——电子计算机对系统的数学模型进行实验，以获得对客体的规律性认识的一种数学方法，也叫"计算机仿真"。计算机发明以前，对那些过于复杂繁琐或计算量超过人承受能力的科学问题，研究者往往望而却步。有了"不知疲倦"的计算机，我们可以利用已经建立的数学模型，将实验数据和计算机计算的理论值相比较，对数学模型进行筛选、检验、校正和评价。"四色定理"的证明就是应用计算机进行数学实验获得成功的范例。高速计算机花费了 1200 个小时，对几千种图形组合进行了二百亿次计算之后，终于得到了该猜想的成功证明。

3. **公理化方法**　公理化方法是从尽量少的原始概念和不证自明的公理、公设出发，通过严密的逻辑推理来建立理论体系的一种数学方法。从亚里士多德的三段论演绎推理到《几何原本》的公理化体系结构，从牛顿《自然哲学的数学原理》到克劳修斯《热的机械运动理论》，甚至斯宾诺莎的《伦理学》，都显示了公理化方法强大的逻辑力量和数学的严谨美。以《几何原本》为例，欧几里德在这本不朽名著的第一卷中首先定义了点、线、直线、面、平面，接着规定了平面角、直线角、直角、钝角、锐角的含义，然后给出了圆、直线形、各种三角形、四边形和多边形以及平行直线等概念的界定，共 23 个定义；其次提出了"由任意一点到另外任意一点可以做直线"等 5 个公设,最后提出"等于同量的量彼此相等"等 5 个公理,再严密推导出 48 个命题。其后一直到十三卷基本都是同样的理论结构,可以说这部名著是公理化方法应用的典范。

(二) 数学方法的基本特点

特殊的工具性决定了数学方法具有以下基本特点:

1. 高度的抽象性　数学方法不同于其他学科对事物的抽象,它更注重对"数"和"形"两个方面的浓缩和提炼——只保留研究对象的数量关系和空间形式特征而舍弃了其他特性。这种纯粹的简化和抽象暂时忽视了其他因素对量的变化的影响,把研究对象在数量上的变化趋势、程度和结果专门呈现出来,便于我们清晰地把握事物变化的数量特征。

数学方法高度的抽象性可以在数学模型的应用中得以体现。应用数学模型方法首先要对研究对象进行合理抽象,将科学问题简化为数学问题,建立数学模型;其次对数学模型研究求解,最后回到现实条件对结果做出解释、检验和预测,这一方法已经被现代医学成功用于解决各种医学问题,如麻疹数学模型、疟疾数学模型、传染病数学模型等,它们为揭示疾病的性质特征和变化规律提供了简明、准确和有效的中介。高度的抽象性使得数学方法作为一种建立模型的通用方法在不同的领域内得以广泛应用。

2. 严密的逻辑性　不要说数学方法在应用过程中需要遵守严密的逻辑,数学理论体系大厦本身就是严密的逻辑推理的产物。我们在数学中看到的每一个推论,都只能在基本概念和公理的基础上通过逻辑推理得出,哪怕推导过程中有一个小小的错误,或是与已经证明的定论有些许抵触,结论也不能成立。因此,数学中决不允许出现自相矛盾的现象。这一点在数学史上的第三次危机中表现得尤为明显。当 19 世纪的数学大厦看似稳稳地建立在康托集合论的基础上时,从 1897 年的福尔蒂悖论到罗素悖论使得康托集合论的缺陷得以暴露,这是以逻辑严密著称的数学科学所无法容忍的,随后数学家们将集合论扩展成为公理系统,才缓解了集合论的逻辑危机。从中我们可以看到,数学把逻辑正确作为自身永恒的标尺。当数学成为一种工具,它也把这种特质带给了相关的其他学科。正是在这个意义上,马克思认为一种科学只有在较高层次上成功运用数学时,才算是达到真正完善的地步,因为它将自身逻辑上的可靠性带给了研究结果,使得应用数学方法的学科具有了逻辑上的必然性和数量上的确定性。

3. 应用的普遍性　20 世纪以来,科学的发展突出地表现为高度分化的同时高度综合,不同学科相互影响、相互促进,横断学科、边缘学科和交叉学科大量涌现,原来距离很远的学科可能会不可思议地走到一起,原来离散的学科正在交织为有机的整体。在所有学科中,对大多数学科都能起到促进作用的恐怕非数学莫属。今天,自然科学、社会科学和思维科学领域的诸多学科已经广泛地应用数学工具来为自身发展服务了,例如统计学和组合数学的应用推动了分子生物学碱基对排序研究和基因图谱的解读;数学与经济学的互动使得数学的公理化方法成为现代经济学研究的基本方法。数学方法的广泛应用要归功于其高度的抽象性,而这种抽象性则来源于数学把握客观世界的特殊性。从物体最简单的位移到各种复杂的物理、化学、生命和社会的变化,再到人脑的思维这种最隐秘的感觉、心理的变化,宇宙间一切物质运动都需要以时间和空间作为维度,而我们往往通过数量关系来反映和衡量时间和空间的变化,在这个意义上,以研究事物的空间形式和数量关系为特质——完全不同于其他学科——的数学就具有了一种天然的普遍性。应该承认,没有数学方法的运用,许多学科发展的水平将远远达不到今天的高度。

(三) 数学方法的重要作用

几百年来的科学史不仅向我们展示了数学方法应用的普遍性,也为"科学的数学化成为当代科技发展的趋势"做了很好的注脚。且不说麦克斯韦电磁场理论、相对论力学和量子力学必须借助于数学方法,量子化学的诞生就让人们懂得了数学方法在化学发展进程中不可或缺的重要性,以前认为不需要数学的生物学也开始用数学方法来解释生理现象和生态系统,直至产生了数学生物学和生物数学等分支学科。数学方法高度的抽象性、严密的逻辑性和应用的广泛性决定了其在科学研究中的作用十分重要,大致可以归纳为以下几个方面:

1. 数学方法可以为科学研究提供简洁精确的形式化语言。我们知道,在科学语言系统中,各个学科都有专门的语言子系统来界定自己的科学符号(或科学术语)和形式化语言。如果说在科学语言系统发展的第一阶段(即"科学行话"阶段),各学科的科学符号可以自成体系的话,在形成形式化语言的第二阶段,数学和数理逻辑符号便成为一种基础性的模板语言。数学符号语言不仅为科学研究提供了表示事物的简洁方法,而且能够对事物名称和含义进行准确表述,确定各种表述之间相互转换的规则。因此,各个学科都能够运用这种高度抽象、具有极高精确性和适应性的语言来表述复杂研究对象的内涵并进行运算化推理。贝塔朗菲的一般系统论就是用一组微分方程定量地描述"系统"的概念,使"系统"定义在定量的基础上,从而推导"要素"的行为变化对"系统"产生的影响。现代数学语言已经发展成为一种形式化方法,形式化语言的运用使得操作语言可以在句法层面上进行,即利用数学语言符号的高度抽象性,只依据书面形态的转换规则进行符号操作,符号本身的意义在特定的运算阶段可以暂时忽略,这样一来,很多学科那些同数字完全无关的众多非数学对象也可以在严格的逻辑规则下进行量的关系的研究。在对自然语言符号的扬弃过程中,人类对自然界的客观事物及其变化有了更深层次的量的把握。

2. 数学方法可以为科学研究提供数量分析和计算的工具。一门科学的成功与否,往往在于其结论的可靠性程度。而可靠性程度又经常与推理逻辑是否严密清晰、数量分析是否准确无误以及计算结果是否符合事实有直接关系。数量分析与计算无疑需要应用数学方法。近代科学的典范——物理学的发展印证了数学方法在保证物理定律可靠性的过程中所起的重要作用。伽利略用数学-实验方法推翻了亚里士多德物理学的许多主观臆断,总结出了自由落体定律、惯性定律和伽利略相对性原理等,奠定了经典力学的基础,为哥白尼的日心说提供了强有力的支持;牛顿应用微积分等先进的数学手段建立了经典物理学的大厦;同样,爱因斯坦用黎曼几何等最新的数学方法确立了广义相对论这一人类认识史上的伟大成果。

现代基础科学、技术科学和工程科学更需要准确的数学计算和精密的定量分析,特别是大型的建筑设计、航天技术、基因工程等如果不进行数量分析和计算或是分析、计算结果不准确,不仅达不到预期目的,甚至还会造成重大的经济损失。

3. 数学方法可以为科学研究提供逻辑推理的工具。在某种意义上,有些经验科学并不像数学那样重视逻辑。《几何原本》能历经千年而不衰,足以证明正确的逻辑推理的强大力量。数学方法为其他学科的研究者提供了许多值得借鉴的逻辑推理的程式与规范,例如公理化方法就是先从研究对象的观察中归纳出尽可能少的基本概念、定义,再从研究对象的实践中概括出不证自明的判断——公理和公设,然后运用演绎推理规则推导出一系列的命题和定理来建立理论体系。牛顿在物理学史上最伟大的著作之一《自然哲学的数学原理》中就是遵照这一方法建立了经典物理学的理论大厦。数学方法为其他学科提供了可供模仿的研究范式，即如何从前提到达结论？如何从已知走向未知？从此岸到达彼岸也许并不是最重要的，重要的是无论能否到达彼岸，都要有逻辑上令人信服的证明。

二、复杂性思维及其方法

复杂性思维是相对于简单性思维而言的。简单性思维作为一种传统思维方式，在人类认识史上曾经发挥过至关重要的作用。随着系统论、控制论、信息论、耗散结构理论、协同学、超循环论、突变论、分形几何学和混沌学等科学理论诞生和蓬勃发展，人们开始转换思维模式，以新的理念和方法去面对这个本来就是多元化和复杂性的世界。

（一）复杂性思维与简单性思维

在20世纪中叶系统论等革命性理论提出以前，人们认为客观世界的物质运动必然遵循简单性原则，因而也就可以运用简单性思维方法去理解和认识，复杂性现象被视为人们尚未完全认识到某些物质运动变化规律的表现。

如果我们梳理近代科学发展的历史特别是物理学史，就会发现一种占据主导地位的思维：复杂的现象世界可以通过简单性原理和方法加以消解。不论是宇宙自然、人类社会还是人的意识，都可以看做是类似钟表的机构，零件之间的相互作用严格遵循线性因果律。只要弄懂了每一个零件及其作用原理，给出一个初始条件，我们就完全可以预测其任意时刻的运动状态及特征，甚至重建一个同样的宇宙和世界。由于经典物理学的成功，简单性思维对化学、生物学和医学等学科的发展影响很大。例如当时的医学就认为人体完全可以还原为一架精密的机械装置，一切生理和心理现象都可以用经典力学原理加以解释，如果能够搞清楚每个"零部件"的形状、结构和运动规律，我们完全有能力阐明和预测人体的各种行为特征，甚至可以消灭疾病。研究者没有认识到人是肉体和精神的非线性复合体，只有一部分运动遵循力学定律，治疗也是采用局部的、线性的、孤立为主的方法。牛顿在《自然哲学的数学原理》中把自然界描述为一个追求简洁、宁简勿繁的形象，不愿意浪费一丝多余的气力做一点无用的事情，他认为简单性原则和其他研究原则相比应该是第一位的。爱因斯坦之所以倾注其后半生的时间用于研究统一场论和对简单性的毕生追求是有直接关系的。必须承认，主导还原论时代科学研究的简单性思维是符合人类认识发展的阶段性特征的，因为人类认识客观世界往往要从简单对象开始，积累了足够知识后，才能进一步走上了解复杂对象的阶梯。

1. 简单性思维及其特点　概括而言，简单性思维具有连续性、确定性、可还原性和可预见性等特征。

（1）简单性思维认为，事物之间的相互作用是线性的，线性系统是客观世界的普遍现象、正常状态或者基本特征（从线性函数、线性方程的建立和没有黏滞的理想流体的研究中我们可以清楚地看到这一点），非线性系统仅仅是特例、异常现象或非基本特征，非线性现象被看作线性系统的扰动，甚至认为自然界无断裂、无跳跃；

（2）按照简单性思维，事物之间的作用严格遵循机械因果律，即在第一个因果周期内，每一个结果必然可以找到引起它的原因，在第二个因果周期内，上一个周期的结果又可以作为新的原因，导致一系列其他的结果，连绵不断的因果周期此起彼伏，无穷无尽。整个世界就是各种因果周期的交叉组合,所有事件都是直线因果链上的一部分,所有结果都是必然且受规律支配的结果,没有纯粹的随机性事件,这一逻辑直接导致各种形式的决定论;

（3）根据还原论和构成论的观点,整体由部分组成,分解的部分之和可以等同于整体,整体寓于部分之中。部分解释清楚了,整体也就解释清楚了。因此,不论整体多么复杂,整体的认识都可以还原为部分认识的集合。这种植根于机械论自然观的思想否定了部分之间的关联性和系统的整体性,因而在方法论上可以把整体的各部分割裂开来单独研究,再将部分的性质通过简单加和得到整体的性质,即可以用简化的还原方法来分析事物及其运动规律。当人类的认识触角探入到生态系统、生命系统、社会系统以及人脑系统时,取消关联性和整体性的简单性原则在复杂现象面前陷入了困境。

2. 复杂性思维及其特征   相对简单性思维,我们可以进一步归纳出复杂性思维的特征:不连续性、不确定性、不可还原性和不可预测性等。

（1）系统各组成部分之间的作用是非线性的,组成部分不能独立存在,它们共同组成具有高度协调性和适应性的有机整体,一个部分变化会引起其他部分甚至整体的变化。非线性特性不是特殊的现象,而是一种正常的、普遍的、本质性的存在,线性系统只是一部分简单非线性系统在一定条件下的近似。事实上,普朗克在 1900 年发表的《论正常光谱的能量分布定律的理论》这篇革命性论文中已经阐发了类似观点。

（2）不确定性是普遍的、基本的,确定性是作为特例出现的。事物之间的作用遵循复杂因果性原则,包括一般因果性、相互作用反馈、多主体协同作用、环境影响等。一个远离平衡态的开放系统,通过与外界交换物质、能量和信息,可以实现从混乱无序到稳定有序的转变,根据混沌理论,系统也可以从有序转化为无序。宇宙中存在"暗物质"和"暗能量"的推断就是不确定性原理应用的结果。最早提出不确定性观点的是海森堡,后来引发了爱因斯坦与玻尔关于"上帝是否掷骰子"的争论(通常称之为 A—B 争论)。

（3）系统作为有机的整体,具有各组成元素在孤立状态下不具备的特征和属性。一旦系统分崩离析、不复存在或者出现组成部分的减少,该特征和属性也就不复存在了。系统和环境不可分割,系统和元素不可分离。因此,系统整体的功能和性质不能还原到孤立状态下进行各分散部分功能和性质的简单加和。这一观念不仅把一般系统视为不可分离的要素集合,而且把宇宙也看做是不可分割的整体,体现在混沌理论中,零部件极其简单的系统也会产生极其复杂的行为,体现在量子力学上,实验的操作者与操作对象不是可以随便分离的,而是密切相关的。

（4）未来不是完全可以预测的,它并不在过去的延长线上,这是不确定性具有普遍性的表现,因为不论是自然界还是人类社会,大量的偶然性和随机性的事件是客观存在的。早在20 世纪 60 年代,混沌理论的创始人洛伦兹就发现,即便是由三个简单要素组成的决定论系统也会出现随机行为。复杂系统对初始条件具有较强的敏感性,初始条件的微小变化经过放大作用会对其他事物造成巨大影响,人们平时常说的"蝴蝶效应"就是典型的事例。

应该指出的是,简单性思维在大约三百年甚至更长的时间里迅速推动科学的进步,凭借其复杂现象简单化、非线性问题线性化的处理使我们对客观事物从模糊的描述阶段进入到精细的分析阶段,这是科学史应该铭记的。但是,简单性思维以片面的简单化牺牲了真实的复杂性,实际上背离了客观世界,把科学问题有意无意地修改为适应解决办法的另一种面目。当许多领域的"碎片化"越来越严重的时候,我们才发现科学比以往任何时候都更需要还原客观世界的复杂性。

（二）复杂性思维方法的内涵

通过对复杂性思维与简单性思维的比较，我们不难发现：复杂性思维并非完全否定了简单性思维，而是立足于新的科学实践实现了对简单性思维的扬弃。复杂性思维必须坚持辩证统一的原则确定新的思维方法，具体包含以下几个方面：

1. 线性与非线性相统一　纵观以往的科学，我们会发现，它们实际是研究对象为线性系统的线性科学。从线性代数到线性微分方程，从傅里叶分析到线性算子理论和随机过程的线性理论，数学为线性系统的研究提供了有效的工具。历史已经证明，无论在理论还是实践上，线性科学都取得了丰硕的成果，许多影响深远的科学发现和技术发明都是应用线性科学得到的成果。但是今天眼界的扩展使我们认识到，并不能因为手中的工具在一时一地的得心应手而想当然地认为凭借它可以包打天下，并不能因为线性科学已经取得了辉煌成就，我们就以为宇宙真的是一个线性世界，恰恰相反，我们遇到的更多的问题是非线性的，自然界是以非线性为基本特征的线性与非线性的统一。因此，适度地发扬线性方法的长处，更普遍地从非线性的角度看待问题，努力探索和研究非线性方法，这是复杂性思维方法的题中应有之义。

2. 确定性与随机性相统一　拉普拉斯决定论认为，根据牛顿力学，宇宙可以被认为是封闭、简单的系统，科学家如果可以找到一个具有最高普遍性的所谓"宇宙方程"，通过给出初始条件和边界条件，宇宙的过去和未来就可以按图索骥，精确计算出每一阶段的状态特征和发展趋势。但是混沌理论表明，完全决定论的实现其实不过是稀有的特例。即便是一个看来完全确定的非线性系统，边界条件和初始条件给定，系统也会发生不可预测的随机性事件，按照成思危先生的观点，一个确定性的系统其演进当然包含着随机性，但一个随机性的系统也有其内在的确定性，系统在远离平衡态的情况下也可以达到并保持稳定的状态。① 因此宇宙是确定性与随机性的统一，是相互包含、相互斗争的，复杂性思维方法要关注随机性，但不能因而忽视了确定性，做到确定性与随机性相统一。

3. 简单性与复杂性相统一　有传统观念认为，物理世界可以用简单性方法来处理，生命和社会历史领域需要用复杂性方法来研究。现代科学表明，即便是物理世界也不是可逆的、确定的、有序的、规则的、解析的，自然界越来越表现出其复杂性的一面，即不可逆、不确定、无序、不规则、非解析、不可做严格逻辑分析。从认识论的角度而言，恰恰是简单性的处理，人们才能首先在较低的层次上了解系统要素的形态结构，然后把握系统的宏观特征，我们需要明确的只是不能把认识工具归结为事物的本质特征，毕竟认识的对象应该是客观事物本身。简单性相对于复杂性是一种低层次的认识，但低层次并不意味着它可以随便逾越或者一无是处，作为一种研究手段，复杂性思维方法应该坚持简单性和复杂性的统一。

三、系统方法及其作用

系统科学的诞生是 20 世纪科学发展的光辉成就之一，它"彻底改变了世界的科学图景和当代科学家的思维方式"，不仅使现代科学改变了发展方向，而且催生出了大量的新学科，系统方法也成为我们认识世界的一般方法论。

---

① 金吾伦.复杂性思维的特征.学习时报,2005-8-29(7).

（一）系统科学

1. 系统及系统的基本原则　系统是指在一定环境条件下,两个或两个以上相互联系、相互作用的要素按照一定的原则组成的具有特定结构和功能的有机整体。这一词汇来源于希腊语,由两个部分构成,意为"站在一起"或"有意放置在一处",强调并非胡乱地或是无序地组合,而是根据一定的关系原则结合起来。在自然科学中,系统又称为"体系""物系"或简称"系"。

关于部分组成整体的思想古已有之,在古代自然科学、社会科学中都有所体现,比如德谟克利特就在公元前5世纪将其研究宇宙和自然的著作命名为《宇宙大系统》。使系统论成为一门科学的是著名理论生物学家贝塔朗菲,他比以往的科学家都更清晰地指出了物质世界在系统这一层面上的统一。早在20世纪20年代他就对当时生物学采用的越来越细分的研究方法进行批判。首先,他认为从一个生物体中分离出来的部分同在生物体中正常发挥功能的部分是截然不同的,例如人眼在人体内和离开人体后其功能会出现极大差异;另一方面整体功能也不是部分功能的简单加和,例如"人体"虽然由各个器官组成,但把相同数量的器官组合在一起并不等于有正常功能的人体。系统的性质不仅与各组成部分有关,而且与各部分之间的联系和作用相关。其次,贝塔朗菲把生命看作和外界环境不断进行物质、能量交换的开放系统。有机体之所以能保持其生命活动,是由于生命系统的开放性,人们应该从生物体与环境的相互作用来解释生命的本质。再次,贝塔朗菲认为一切有机体都是按照严格的等级和层次组织起来的,不同等级的要素如器官、组织、细胞等具有不同的性质和功能。这是贝塔朗菲一般系统论的三条基本原则,除此之外,还包括其他的一些原则如有序性、目的性、同型性、中心化原理等。

2. 系统科学　系统论的一般原理提出以后,一些其他领域的自然科学家纷纷投入到系统学的研究中来,在系统的自组织理论方面硕果累累。1969年比利时物理学家和化学家普利高津提出耗散结构理论,解释了一定条件下的系统产生的自组织现象,指出了由无序走向有序的一种新的可能方式。1977年德国物理学家哈肯创立了协同学。他以在激光研究过程中出现的丰富的合作现象为基础,提出远离平衡态的开放系统在保证外界有物质、能量和信息交换的条件下,能够自发地产生一定的有序结构和功能。同样是20世纪70年代,德国生物物理学家爱根从生物学的背景提出超循环理论。他从酶的催化作用推动的各种循环入手,指出系统可以出现包括新陈代谢、遗传变异等更高层次的超循环,进一步论证了稳定、突变、自组织等概念。70年代末80年代初,美国的费根鲍姆在研究离散的非线性映射系统时发现了混沌现象——复杂系统完全不同于自组织的另一类有序状态,给出了混沌现象的普适常数——费根鲍姆常数。到目前为止,系统科学已经形成了一个以系统论、信息论、控制论、耗散结构理论、协同学、突变理论、超循环理论等学科为主要内容的学科群。

（二）系统科学方法

人类探索世界的视角之所以从"以实体为中心"转向"以系统为中心",不能不说是在这些横断科学所倡导的系统科学方法的指导下完成的。

1. 系统科学方法　系统科学方法,简称系统方法,是按照系统科学的基本思想和理论成果,把研究对象视为由部分组成的有机整体——系统来解决认识和实践中各种问题的一类方法的统称。系统方法要求研究者不再把研究对象看作不可分割的物质实体或毫无关联的元素组合,而是根据普遍联系和永恒运动的哲学原理,既要把研究对象和外界环境分开,又要关注对象和环境、对象与对象之间的相互关系;既要把研究对象的各个组成要素分开,又要关注要素之间以及要素与系统之间的相互作用,彻底破除形而上学思想认识事物的局限性,从而更全面地认识世界和更有效地改变世界。

2. 系统科学方法的特点　系统方法具有整体性、动态性、模型化和最优化等特点和原则,运用这一方法时首先要着眼于系统整体——即系统的非加和关系,关注系统的时间演进——围绕系统所发生的一切物质、能量、信息的交换过程,掌握其运动变化的历史和趋势,根据需要和可能建立真实系统的抽象模型,运用线性规划、动态规划、决策论、博弈论等手段确定最佳目标,取得最佳设计,实现最佳控制,获得最佳效果。

3. 一般系统方法　一般系统方法包括系统分析方法、信息方法、反馈控制方法、黑箱方法、功能模拟方法等。

(1) 系统分析方法:就是为了确定系统的组成、结构、功能、效用,对系统各构成要素及其相互关系、变化规律进行整体考察的方法。其基本步骤包括目标分析、结构分析、功能分析、环境分析和动态分析等环节,以获得较好的可行性、最优化、适应性和相关性。

(2) 信息方法:就是运用信息论的观点,把研究对象的运动抽象为信息和信息变换的过程,通过研究信息的获取、传输、加工和处理来揭示对象的本质和规律的研究方法,尤其在认识复杂系统(如生命系统)的研究中发挥着越来越重要的作用。

(3) 反馈控制方法:就是通过利用反馈来控制系统功能,包括正反馈和负反馈两种方法。前者具有使系统偏离平衡和稳定状态的作用,如人体的排泄和分娩等生理过程;后者具有使系统趋于或维持平衡和稳定状态的作用,如人体血糖、体温等调节过程,该方法在现代科学研究和科学管理中应用得越来越广泛。

(4) 黑箱方法:是针对未被认识的事物(如人脑、黑洞等)的一种研究方法,即研究对象的内部构造和运行机制尚不清楚,只能通过输入、输出关系等外部功能和行为的考察和试验来间接认识。这一研究方法的根据是系统结构与功能的内在联系:结构是功能的基础,功能是结构的体现。中医诊疗疾病的"望、闻、问、切"等技术就是黑箱方法的实际应用。

(5) 功能模拟方法:是依据控制论的基本观点,在暂不考虑系统的内部结构和组成要素的情况下,对系统进行近似或等效的功能模拟以认识事物的方法。和黑箱方法类似,打破了"先认识结构、再把握功能"的传统方法,避开了复杂系统的结构研究,用模型来模拟或再现原型的功能和行为,对于一些不能或不便直接接触的研究对象而言意义重大。

(三) 系统方法的重要作用

系统方法以其整体论和全局观深入贯彻普遍联系的观点,充分适应了20世纪中叶以来大科学高度综合的发展要求,在现代科学研究中发挥了重要作用,具体体现在以下几个方面:

1. 系统方法是人们认识、研究、控制和设计复杂系统的有效手段。从古希腊的原子论到20世纪的系统论,人类认识世界经历了一个由简单到复杂、由注重物质实体到注重实体之间联系的过程。对客观事物的无限分割、静态解剖和还原组合虽然简化了认识对象、降低了认识难度,但却割裂和偏离了客观事物的复杂联系和运动。系统方法能够更有效地了解现实世界,揭示自然界和人类社会的真实存在,更好地指导我们改造世界。

2. 系统方法为人们提供了制定系统最佳方案以实行优化组合和优化管理的手段。应用非系统方法制定的方案往往偏重于局部、个别元素或某一个具体细节,容易忽略整体性和各个环节的关联性,不利于实现全面把握和宏观控制。系统工程使人们的决策和实践科学化,预先处理好系统内部竞争与合作、矛盾与相融、投入和产出的关系,便于提前预测和评估,减少风险,控制损失,有效地提高实践水平。

3. 系统方法为人们提供了一种崭新的思维模式。近代科学在取得认识世界的辉煌成就的同时,也把机械地看待世界的思维方式植根于研究者的头脑中,以为宇宙中的一切皆可还原的思想曾长时间占据主导地位。当人们发现复杂的世界并不像先贤所说的那样简单时,我们更需要的是思维模式的转变和更新。系统论一经提出即实现了对众多学科的辐射和带动,为许多领域提供了新思维、新思路,从大量综合学科、交叉学科和边缘学科的建立和发展进程中清晰地表现了出来。

医学问题与思考:

医学的系统思维方法

系统思维的早期形态是整体思维。

在中国的传统思想中,世界的本原不是单一的、不可分的"原子",而是以统一体形式存在的"混沌",具有不可分解性、不可还原性;万物的产生不是最小单位、所谓"宇宙之砖"——"原子"的组合排列,而是统一体的连续分化;特别是"天人合一"的整体思维一经成熟便被各家学说普遍接受。中医学立足"人与天地相参"的原则,运用阴阳五行的成熟理论,将天文、地理、社会、物候、植物、动物和矿产等外界的环境因素归纳为以人体为中心的包容自然与社会的"大系统"。以此为基础,从日出、日中、日入、夜半等昼夜阴阳的消长,从春生、夏长、长夏化、秋收、冬藏等季节气候的变化,从东、南、西、北等地理区域的差异论证人的健康与自然环境的密切联系;从经济、政治、文化、风俗、习惯等方面论证人的健康与社会环境的密切联系;从五脏、六腑、五体、四肢、五官、九窍、百骸等方面论证人体内部各要素的密切联系,可以说,在理论上充分体现了整体思维的特征。[①]

另一方面,在长期的医疗实践中,中国古代的医学家总结出了司外揣内的思维方法,其理论基础就是藏象学说。藏是人体内部的脏腑器官,象是内脏机能在体外的表现,司外揣内就是通过考察人体外部的各种症状表现,把握内脏的结构和功能的变化,这实际上就是系统方法之一——黑箱方法的实际运用。此外,中医的八纲辨证、六经辨证、卫气营血辨证、脏腑辨证等是围绕着阴阳辨证这一总纲领确立的,而阴阳辨证则体现了另一种系统方法——负反馈控制方法,目标是使病人恢复到"阴平阳秘"的平衡状态。在这个意义上,中医的理论可以看做是朴素的系统论,中医的一些方法可以看作朴素的系统方法。

在欧洲,西医学早期接受了古希腊的元素论和原子论思想,认为人健康或患病的根本原因是元素或原子。比如希波克拉底和盖伦就依据"四元素说"总结出了"四体液说",四种体液的比例、能量和体积配合得当、彼此和谐人就健康,否则就会患病。中世纪欧洲医学受到了宗教神学的压制,生病被看作上帝的惩罚,医学整体上没有长足的进步。到了近代,牛顿力学的巨大成功造就了机械自然观,西医学按照还原论的思维方式,由宏观深入微观,掀起了波澜壮阔的医学革命,促进了生物医学模式的形成。

---

① 张其成. 中医哲学基础. 北京:中国中医药出版社,2004:306.

　　自 20 世纪 70 年代以来,在系统科学和系统方法的指导下,美国医学家提出了"生物-心理-社会"医学模式,表明医学的分析时代已经过去,开始进入系统时代。中医应用现代系统论、控制论、信息论、应激系统、脑网络理论和神经-内分泌-免疫网络理论等成果重新认识五脏调控系统,挖掘中医的科学性,而不是仅仅用物理、化学和生物医学的观点和方法来理解和验证中医学的结论。我国自 20 世纪 70 年代以来出现了大量的诊断专家系统,如中医肾病专家系统、中医儿科专家系统等,90 年代后期逐渐向模糊数学和神经网络技术方向发展。灰色系统①理论被应用于卫生管理评价、疾病预测与控制(特别是疾病发病率和流行病灾变发生时间预测)、药物疗效评价和医学图像处理等方面,展示出了较大的优势和广阔的应用前景。

　　当代有专家进一步提出,疾病医学应该上升为健康医学,"对抗"医学应该上升为生态医学,化学医学应该上升为生命医学,体现了系统方法对医学发展的巨大推动作用。纵观当今医学发展现状,系统科学与方法推动了现代医学模式的转变,为现代医学科技的发展开辟了"系统合成"的新途径,为垂直方向的分子直到生态系统和横向的生物、心理、社会系统两个方面的整合提供了理论武器,为医学研究和医疗卫生事业的发展打开了思路。

　　应该看到,从古到今医学思维方法的演进基本遵循着"整体思维-还原思维-系统思维"的发展思路,东西方医学发展到今天,对医学思维方法基本精神的理解是相通的,在这个意义上,系统思维方法代表了未来医学的发展方向。

第四节　科学技术活动的方法

　　科学技术研究的基本目标是发明、发现和创造,科学技术实践是科学技术活动中最基本和最基础的活动。以往的西方科学哲学把科学看成一种理论体系,而不是科学活动,贬低了科学活动在整个科学技术体系中的地位和作用。科学技术活动方法的对错好坏,则直接或间接地影响着科学技术活动的成败优劣。马克思主义特别强调实践,认为科学实践是人类实践活动的重要内容之一。

一、科学实践的方法

　　科学实践的基本方法有科学观察、科学实验和科学仪器的运用等。其中涉及观察、实验与理论的辩证关系,涉及研究主体、工具与研究客体,以及与研究环境的复杂关系。

(一) 科学观察

　　1. 科学观察的含义及特点　科学认识是人类对自然界的反映,科学认识的成果和形式之一是科学事实。科学事实是指通过观察和实验所获得的经验事实,是经过科学整理和鉴定而确定的事实。一般来说,经验事实可分为两类:一是指客体与仪器相互作用结果的表征,如观测仪器上所记录和显示的数字、图像等;二是指对观察实验所得结果的陈述和判断。

　　科学观察,又称观察方法,是人们有目的、有计划地通过自身感官或借助科学仪器,对自

---

　　① 注:根据信息的已知和未知程度将系统分为三类:信息完全明确的称为白色系统,信息完全不明确的称为黑色系统,信息部分明确、部分不明确的称为灰色系统。

然发生条件下的对象进行考察和感知,以获取科学事实为目的的一种感性活动。观察方法是一种有理性目标的感性活动,是一种有目的有计划的活动,其特点为在自然发生条件下,即认识主体对认识客体的认识不加人为的干扰。

观察方法是人类最早也是最基本的研究方法,中西方古代的哲学及科学知识主要靠观察方法获得的。在生命科学和医学的发展史上,很多发明发现都是用观察方法获得的,如中医学的基本研究方法就是观察,"司外揣内"就是在不干扰对象的条件下研究生命和疾病的。诸如证候,药物功效,经络和穴位作用,等等,都主要是观察的结论。而西医的综合征、急腹症、濒死状态的症状表现,也都是长期观察得出的结论。

2. 观察方法的适用范围

第一,当无法对研究对象实行变革和干预时,要获得感性材料只能采用观察方法。

第二,当不允许对研究对象加以变革或干预时,要获得感性材料只能采用观察方法。

第三,处于描述阶段的新兴学科或以直接记录和描述自然事物、现象为基本前提的一些学科,观察方法仍是主要方法。

3. 观察方法的种类

按学科领域,可以把观察方法分为天文观察、地质观察、地理观察、生物观察、物理观测(观测比观察更强调定量化)、化学观测、工程观测、医学临床观察等多种类型。

按是否存在对观察对象的人为控制或干预,又可把观察方法分为在大自然提供的形态下进行的观察和在实验室提供的可控条件下的观察两大类。

按观察的目的分,科学研究中又有启示性观察、探索性观察和验证性观察等。

按观察过程是否使用仪器,又可划分为纯感官的直接观察和凭借仪器的间接观察。

按观察结果是否提供数量特征,观察方法又可划分为定性观察和定量观察两大类。

4. 运用观察方法的基本原则

(1) 主观和客观相统一的原则:观察者在观察的过程中不仅是"看",而且在"想"。在想的过程中,观察者原来的经验和知识都起着背景作用;运用观察方法需要注意两个问题:从主体方面看,不能滥用以往的经验和认识,从客体方面讲,须让观察现象充分暴露出来。

(2) 典型性和非典型性相统一的原则:典型性一般有两方面含义:其一,如果要对某一类客体进行观察研究时,最好选择某个或某些比较典型的客体;其二,对某一特定客体进行观察时,应首先寻找它们的典型表现。抓典型,有利于尽快揭示客体的本质特征,容易得出正确的观察结果。当然在观察中对反映事物个性的非典型性表现也不可偏废。观察时,要尽量做到典型性和非典型性的统一。

5. 观察方法在科学研究中的作用和局限性　观察方法是科学认识过程中的重要环节,是人类实践活动在科学认识中的一种具体化。对于任何一项科学研究来说,观察方法所获得的各种事实和材料,是科研全部工作的基础,是创造发明成功的出发点。

(1) 观察方法是发现新现象和新假说的条件:我国古籍就有"观叶落,固以为舟""见风蓬转,而知为车"等技术发明来源于观察的生动记载。观察方法是建立科学假说的先决条件。一些学科的知识大都是以假说的形式建立起来的,而这些科学假说得以建立的先决条件就是观察。没有观察研究,就不会有大爆炸学说、黑洞学说、大陆漂移的假说;正是凭借长期观察到的丰富的气候、物候变化资料,竺可桢才发表了引起国际气象学界高度重视的《中国近五千年气候变迁的初步研究》一书。

（2）观察方法是验证科学假说和理论的标准：1916 年，爱因斯坦提出了广义相对论学说，根据这一学说，他预言光线在引力场中将会发生弯曲效应。天文计算表明，1919 年 5 月 29 日将发生日全蚀，此时，金牛座中的毕宿星团刚好在太阳附近，若天气好，至少可拍摄 13 颗亮星。爱丁顿抓住了这个机会，就在该年 5 月，组织了一个探险队，奔赴非洲普林西比岛，利用日全蚀来测定星光的弯曲效应。结果，所测得的恒星偏离角度值（1.61±0.30 秒），恰好与爱因斯坦的预言值（1.7 秒）相符，从而验证了广义相对论的正确性。正如爱因斯坦所指出："理论所以能够成立，其根据就在于它同大量的单个观察关联着，而理论的'真理性'也正在此。"①

由于观察在相当程度上依赖于人的感觉器官，观察范围、观察的精确度和观察的速度等方面都有一定的局限。即使运用观察仪器进行观察，观察者若不去主动干预和控制观察对象，那么观察对象的许多属性、特征也不会自动显示在观察仪器上，因而观察还是有一定局限性的。其局限性为：其一，只见外部现象，不见内部现象；其二，消极被动，缺乏主动变革性；其三，不易直接抓住原因和本质。恩格斯说："单凭观察所得的经验，是决不能充分证明必然性的。"②

（二）科学实验

达·芬奇说："实验是确定性之母"。贝尔纳说："观察为我们提出问题，而实验教我们认识问题"。科学实验是科学研究的重要实践过程和方法，没有科学实验，就不会有科学技术现在的成就。

1. 科学实验及其类型　科学实验是认识主体有目的、有计划地通过科学仪器设备，人为的变革、控制和模拟认识客体而取得感性材料的一种研究方法。在变革自然中认识自然，是实验方法与观察方法相区别的最基本特征。正如马克思所指出："物理学家是在自然过程表现得最确实、最少受干扰的地方考察自然过程的。或者，如有可能，是在保证过程以其纯粹形态进行的条件下从事实验的。"③实验比观察更能发挥人的主观能动性，获得更多的科学事实。在现代科学技术中，实验逐渐发展成为科学研究的基本手段，在人们认识世界和改造世界的过程中发挥着巨大的推动作用。

实验方法不仅提供观察资料，也为理论的发展提供基础和引导。实验方法是介入世界的重要手段和工具，作为观察方法的补充和发展，可以起到单凭观察方法所起不到的作用。它比观察方法更能获取大量、精确和可靠的事实材料（科学事实），比观察方法更能深刻地揭示事物的本质和规律，更能证明其客观必然性。

实验的类型多种多样。

按精确程度可将实验划分为自然实验（动物实验、医学实验、心理实验、教育实验等）和实验室实验两大类。实验室实验又可区分为地面实验与空间实验之不同。

按实验的直接目的又可分为探索性实验与验证性实验。前者为了获取新事实，后者为了检验假说和理论。

按实验中的质与量的关系又可分为定量实验（如伽利略的斜面实验）、定性实验（如富

---

① 许良英，李宝恒，赵中立，等. 爱因斯坦文集：第 1 卷. 北京：商务印书馆，2009：115.
② 马克思恩格斯选集：第 3 卷. 北京：人民出版社，1972：549.
③ 马克思恩格斯选集：第 2 卷. 北京：人民出版社，1972：206.

兰克林关于雷电的风筝实验)和结构实验。

按实验在科学认识中的作用也可分为析因实验、对照实验、中间实验和判决性实验。

按学科又可分为物理实验、化学实验、生物实验等。

按人的干预情况还可将实验划分为加法实验、减法实验和模拟实验。

2. 科学实验的作用　科学实验是撬开自然奥秘大门的最有力杠杆,发挥单凭观察方法所起不到的推动科学认识前进的作用。实验具有以下几个方面的作用:

(1) 简化纯化作用:在科学实验中,人们可以利用各种实验手段,对研究客体进行人工变革和控制,从而使其摆脱各种偶然的、次要的、外来的因素干扰,使研究客体以比较单纯的本来面目显现出来。如物理学家戴维为了证明机械能可以转化为热能,把实验装置严格控制在不与外界环境发生能量交换的条件下,结果成功地发现了自然界的能量之间是以一定比例进行转化的规律。

(2) 定向强化作用:在科学实验中,人们可以利用各种实验手段,创造出在地球表面的自然状态下无法出现的或几乎无法出现的特殊条件,如超高压、超高温、超低温、超真空等。在这种强化了的特殊条件下,人们将接触到许多自然状态下不能或不易遇到的新现象,发现一些具有重大意义的新事实。如在高压条件下,100℃的水可以是固体;在超低温时,水银会失去金属特性而无电阻变成超导体。

(3) 重复模拟作用:在自然条件下发生的现象,有的转瞬即逝,有的则相当漫长,往往无法进行反复观察。而人们可以利用一定的实验手段,使观察对象重复再现。另外,有些自然现象时过境迁、一去不复返,对此类现象,人们可以运用模拟方法间接进行实验研究。例如,为了研究地球气象的变化,我国已进行了大气模拟实验研究,在实验室内将距离地面几万米的整个大气层的运动模拟出来,每半分钟左右能模拟一天气候的变化,三个小时可以模拟一年气候的变化。

(4) 科学实验可以模拟物理过程和数学关系:在科学技术研究中,出于安全原因或因耗资巨大,不允许直接进行试验,这时人们常常采用间接的手段进行实验研究,以取得关于对象的信息。这是一种根据对象即原型的本质特征,人为地建立或选择一种与之相似的模型,然后在模型上进行实验研究,并将实验结果类推到原型中去,揭示对象的本质和规律的一种研究方法。

一般来说,实验过程大体包括如下基本步骤:①明确实验目的;②实验设计;③实验操作;④实验结果的数据处理;⑤实验结果的理论分析。

明确实验目的,即明确实验主要解决哪一个或哪几个问题。实验设计,即实验构思,就是要设计一种理性方法并设想一套相应的方案,以回答实验目的中所提出的问题。实验设计是一个复杂的过程,包括实验方法和技术路线的确定,仪器装备、材料、样品和试剂的设计或选用等。实验设计极富创造性。为了避免片面性或受研究者主观愿望干扰,实验必须按照统计学的原则来安排。实验操作,包括仪器的研制、安装、操作和实验数据的记录等。实验仪器的精密度必须达到实验的要求,否则实验不能取得预期效果。在此阶段,应严格按照实验方案和操作规程进行,要尽量在技术操作上不发生错误,并且客观、详细地记录实验中所获得的每一个实验数据和资料,注意在实验过程中是否发现新问题。实验结果的数据处理和理论分析也是实验方法中至关重要的步骤之一,只有认真地对实验结果进行数据处理和理论分析,才能揭示自然事物的本质和规律,导致新的科学发现,形成新的理论观点。

（三）机遇在科学发现中的意义

在观察和实验的过程中,人们往往会由于一些偶然的机会,出乎意料地遇到新的自然现象,并以此为线索导致科学技术的新突破,这种意外的新发现,叫做机遇。机遇的基本特点是意外性。按照意外程度的不同,可将机遇分为:完全意外型机遇和部分意外型机遇。完全意外型机遇是指在观察实验中发现了与原有计划或预测目标完全不同的新现象;部分意外型机遇是指机遇发现的结果与观察实验原定计划或方案的结果基本相同,但发现的场合或方式却是意外的。

机遇的产生是必然性和偶然性的统一。机遇本身表现为一种偶然性,但其背后不可避免地受着必然性支配,以必然性为支柱。从认识论根源来说,机遇是认识主体与认识客体的矛盾造成的。主体的主观目的和事先预想并不等于客观事实及其规律,常常会出现各种矛盾和意外现象,而且人所控制的实验条件,难免由于意外条件变化而遇到一些新现象。另外,科学研究是探索未知的过程,在此过程中,人们在事先不可能充分、具体、详尽地了解被考察对象和过程的全部特点,就不可能肯定什么人、在什么时间、什么场合、以什么方式弄清认识对象。因此,机遇的产生有其必然的根据。

纵观科技史,许多重大的发现和革命性的突破都受益于机遇,它在科学认识活动中具有重要作用。

1. 机遇是导致新发现和新突破的线索　机遇是联结可能性和现实性的纽带,直接或间接地为科学发现和发明提供线索和思路。例如1899年,德国内科医生冯梅林和俄国病理学家明可夫斯基合作研究胰脏在消化过程中的功能时,给狗做了胰脏切除术。结果发现这只狗的尿招来成群的苍蝇。当明可夫斯基化验、分析狗尿时,发现尿中有糖。于是领悟到胰脏和糖尿病有密切关系,并由此导致了胰岛素控制糖尿病的发明。

2. 机遇是开拓新领域和新理论的起点　重大的机遇往往为科学研究开辟新的领域、成为建立新理论的起点。如1895年伦琴发现了X射线,1896年贝克勒尔发现了放射性,1897年汤姆逊发现了电子,正是由于这三项得益于机遇的重大发现,原子不可分割的观念被打破。以此为起点,经卢瑟福、玻尔的努力,确立了科学的原子理论,形成了揭示微观世界基本规律的新理论。

把握机遇是一种科学研究的创造性能力。捕捉机遇,既有主观条件又有客观条件。就客观条件而言,要勤于观察实验,勇于探索新问题,这样,机遇出现的可能性会大大增加,捕捉机遇的机会也就多了。就其主观条件而言,"机遇只偏爱有准备的头脑",即科学研究人员平时要有足够的知识和能力准备,建立渊博的知识体系,养成独立思考的能力。例如,最先偶然发现两个镜片离开一定距离会有望远作用的是荷兰磨镜片徒工李泼斯,但他由于缺乏光学方面的知识,更缺乏其他科学知识,所以他没有制造出具有科学实用价值的望远镜。但当伽利略听到这个消息后,凭着他广博的学识和丰富的经验,马上意识到这个发现在天文学上的重大意义,很快就研制出放大32倍的具有科学价值的望远镜。可见,头脑中有丰富的知识准备,对于及时捕捉机遇并由此做出科学的发现和发明,是一个十分重要的条件。

（四）观察与理论的关系

观察是获取经验事实的基本方法,实验是为了更好、更准确、更深入地观察。观察是实验的前提,实验是观察的发展。逻辑经验主义认为,在科学认识活动中观察是中性的,也就是观察可以不受任何理论的影响而保持不偏不倚的中立态度。按照这种观点,观察只有不受主观因素的干扰,才能保证观察的客观性,才不会把某种先验的倾向、成见带入严肃的科学认识活动中,这样科学的经验基础才牢固。而另一观点则认为,根本不存在脱离理论的中立性观察,观察要以假说或理论为先导。1958 年英国科学哲学家汉森在《发现的模式》一书中,提出了"观察渗透理论"的观点。

按照观察渗透理论的观点,观察并不是漫不经心的扫描,而是受某种观念支配的有目的的活动。观察是由许多不同环节组成的,其中最本质、最核心环节就是感觉。感觉作为基本的认识活动,它是由感觉材料和感觉材料的组织方式这两种因素构成。这里感觉材料是指来自外界事物对感觉器官的刺激,比如眼睛接收到外界的光信号。但是对观察者而言,眼睛只是感觉材料的接收器,它不会告诉我们看到了什么东西。只有通过大脑对来自外界刺激的组织、识别,我们才会有感觉,比如说看到了房子或者汽车。

事实上,在感性活动中,观察已不是中性的,它要受到理论的影响,知识背景潜移默化地渗透在人们的观察之中。提出"观察渗透理论"的主张,主要是基于下列理由:

1. 科学观察不仅是接受信息的过程,同时也是加工信息的过程。科学家在观察过程中,不仅仅要"看到"事实和现象,同时也要对"看到"的事实和现象进行理解和估价,这必然会涉及对外界的信息进行评价、选择、加工和翻译。这就与人的理论知识背景有关,不同的知识背景,不同的理论指导,甚至不同的生活经历,对同一现象或事物会作出不同的观察陈述。

2. 观察陈述是用科学语言表述出来的,通过语言来自客体的信息被编码记载下来。而科学语言、术语并不是中立的,总是与特定的科学理论联系在一起的,在使用科学语言时,与之相应的理论框架也会同时发挥作用。如当用波长为 7000 埃这个术语表示红光时,事实上也在运用暗含着光谱、波长、光学测量仪、实数集等一系列概念所构成的理论框架。

3. 理论在观察中起着"定向"作用。科学观察的过程,包括观察目的的确定、观察过程的设计、观察仪器的选择、观察数据的统计等,无一不与特定的科学理论有关。理论不仅有定向作用,还起着"加工改造"作用,帮助观察者理解观察到的究竟是什么。科学上的观察,不仅仅在于看到某种事实或现象,更重要的在于对这种事实或现象的解释。

在哲学上承认了"观察渗透理论"观点的正确,就势必会引起另一个问题,即观察是否具有客观性。所以只要承认"观察渗透理论",就必然要承认观察也可能会有错误。那种不受观察者的组织模式影响,对所有的人具有同等观察意义的所谓"中性的感性观察材料",实际上是不存在的。

(五) 科学仪器的作用

观察、实验的材料是科学理论概括的基础,而成功的观察、实验的实现,科学仪器、设备起着重要的作用,有时甚至是决定性的作用。仪器作为主体和客体联系的中介和桥梁,其作用突出表现在以下几个方面:

1. 科学仪器能够帮助人们克服感觉器官的局限,在广度和深度上极大地增强了人的认识能力,使过去观察不到的现象显现出来,人的认识因而进入到了新的领域。例如,在生物学研究中,细胞和细菌的发现,是由于光学显微镜的应用;细胞超微结构的研究,借助于电子显微镜的应用。

2. 科学仪器能提高人类认识的精确性,使过去分辨不清的东西变得清晰了,观察结果更加客观、精细、准确。因为人的感觉往往要受到一些主观因素的影响,而且比较粗糙,通过测量仪器的运用,引进客观的计量标准作比较,就可以排除某些主观因素的影响,能够获得准确的定量知识。比如温度计用于热学的测量;天平用于化学的测量等。对数量关系测量的精确程度一直都是观察实验水平的重要标志之一。

3. 计算机使观察和实验更加智能化。电子计算机具有逻辑判断、信息存储、高速精确计算、自动运行等功能,可以部分地代替人的脑力劳动。它的应用引起了观察、实验方法革命性的变革,是观察、实验手段现代化的重要标志。它可以用于图谱与资料的存储和检索。比如,化学实验中,将大量已知的红外核磁等实验结果存储于计算机,当未知试样的结果输入计算机后,很快就可以核对和鉴定出未知化合物的成分和结构,节省人力,提高速度。它可用于数量浩大、人力无法胜任的数据处理,如果用自动化仪表和计算机连成线,那么从测量、计算到分析、处理都可自动进行,最后由计算机给出实验结果的数据。如在基本粒子的研究中,一个研究题目往往需要拍摄上百万张照片,用计算机处理就可以在数日内完成人工几年难以完成的工作。

任何科学仪器的发展也有一定的局限性,首先要受到社会生产力的制约,并且仪器的精度也不是绝对的,总会存在一定的误差。科学仪器虽然使人们从直接观察进入间接观察,但是其记录的信息就不如直接观察那么直观。在人类认识空间逐渐扩大的条件下,特别是向微观领域深入,观察仪器对观察对象的干扰和影响引起人们的高度关注。科学家海森堡在1927年提出的"测不准关系"问题,成为量子力学争论的焦点,也成为科学哲学界长期争论的复杂的认识论问题。

二、技术活动的方法

技术活动的方法是人类在技术发明等活动过程中所使用的各类方法的总和。人们在长期的技术实践中,创造了众多的技术方法。但这些方法都是适用于某种特定技术的特殊方法,它们分属于各个技术学科。技术方法论所要研究的重点不是这些具体的特殊的方法,而是一般技术方法。它反映了各种特殊方法的共性,比特殊方法具有更大的普适性。

(一) 技术思维及其特点

技术活动的方法以一定的技术思维为前提。技术思维是工程师进行技术活动的思维。与科学思维相比,技术思维的特点有:科学思维更关注普遍性,技术思维更关注可行性;科学思维更关注创造性,技术思维更关注价值性;科学思维一般没有限制,可以任凭思维跳跃发展,技术思维是限制性思维,是思考如何通过现有条件或改造条件从而实现它。

(二) 技术活动的方法

1. 技术构思方法　技术构思是指在技术研究和开发中,对思维中考虑的设计对象进行结构、功能和工艺的构想。技术构思方法是要寻找在既定的限制条件下满足课题要求的新方案,这要求充分发挥人们的创新能力,将技术系统硬件的各个部分组成有机统一的整体,从而最大限度地完成既定的技术目的。技术原理的形成必须依赖已有的自然科学知识和原有的技术实践经验,通过发明者创造性的思考提出,例如,瓦特提出提高蒸汽机热效率的分离式冷凝器原理就是以潜热理论和纽可门机为基础的。有了技术原理,还需要将其具体化为实现技术目的的构思,这其中需要把基本的自然规律和已有的技术经验巧妙地结合起来,围绕新的技术原理,提出具体的技术设想和方案。

技术构思的方法主要有如下几种:

第一,原理推演法。是从科学发现的普遍规律和基本原理出发,推演技术科学和工程科学的特殊规律,形成技术原理。由于现代技术创造发明的一个重要特点是越来越依赖于自然科学的进步,原理推演也就成为技术构思中最为重要和普遍的一种方法。

第二,实验提升法。是指直接通过科学观察和实验所发现的自然现象,做出理性思维的加工与提升,产生新的概念或原理的方法,科学实验常常由此成为新兴技术的生长点。例如,电磁感应的实验产生了电机技术的基本原理;爱迪生效应的发现,成了电子管技术原理的先兆。

第三,智力激励法。又称智囊团法、头脑风暴法。其做法是:召集 10 人以下的小型会议,围绕一个目标明确的议题,自由地发表各种意见和设想,使与会者相互启发,激发想象和联想,引起和强化创造性思维的共振效应,从而构想了各种可能的发明设想和技术方案。运用智力激励法必须遵循以下原则:提倡每个成员自由思考、大胆创新,讨论时对各自发表的见解不作结论,也不做批评和反驳;提出的方案和设想越多越好;提倡将提出的方案有机结合成新的方案。

第四,移植综合法。是将在某个技术领域中已经发现的技术原理移植应用到其他技术领域中并进行综合,形成新的技术和方法。这种方法在现代技术研究中应用极广,是导致技术发明的重要途径。例如,激光技术就是微波技术、光学技术、量子放大技术、真空技术和自动控制技术综合移植的结果。

第五,检验表法。也称设问法、校核目录法,是奥斯本和阿诺德等人提出的用以大量发掘创造性设想的发明方法。其具体做法是:列出一系列问题,然后一个个来核对讨论,从中获得解决问题的方法和创造发明的设想。研究者可以依不同领域、不同专业或不同企业的具体要求列出相应的检验表。目前,检验表法在从材料方面和性能方面改进产品的研究中得到较为普遍的运用。

2. 技术发明方法　技术发明是指世界上原来不存在之物或方法、工艺包括某种技术的新思想、新概念、新原理被首次创造出来的过程。技术发明的特点在专利法中已经得到明确的阐述,即"新颖性、先进性和实用性"。技术发明是创造天然自然中所没有的人工自然系统。

技术发明的成果主要体现为实物的创造、设计,包括图纸及相应的说明。一般情况,发明人设计出样品图纸后,要按图纸加工出相应的实物,对实物进行检验、修正后提出更为完备的设计方案,以使所制造出的实物达到预期的目标。这种实物称为"样机",如果发明是一种新工艺,那么要有相应的工艺说明,特别要指明创新处。

发明成果是受法律保护的,根据发明的类型不同,在我国可以申请不同类型的专利,独创型和综合型发明可以申请"发明专利",一些综合型及改良型发明可以申请"实用新型专利",对外观等新的设计虽然算不上技术发明,但也可以申请"外观设计专利"。

技术发明可以运用很多方法,如在发明构思阶段可以运用科学原理推演法、实验发现提升法、自然模拟法、原理借鉴法、移植综合法、要素置换法、逆向发明法、联想法、集体技术创造法等。

3. 技术预测方法　技术预测是指人们利用已有的理论、方法和技术手段,根据技术的过去和现状,寻求其发展的规律性,并借此推测和判断技术发展的趋势或未来状态。技术预测在 20 世纪 50 年代首先兴起于美国。原因是:第一,由于新技术的研制需要昂贵的研究费用,人们希望提高研制的成功率,并使它尽快地应用于尽可能广泛的领域,以取得社会经济效益;第二,当时美国实行庞大的技术计划(如空间计划),并在这些计划中大规模地推行所谓工作平行化作业。只有对各种相关技术的突破前景作出比较可靠的预测,平行化作业才有可能。自从技术预测兴起以来,迅速得到了发展和广泛应用,技术预测方法已经发展到百余种。按逻辑分类,一般把技术预测法分为类比性预测、归纳性预测和演绎性预测等类型。按预测对象的性质、期限及目标分类,可以分为定性预测与定量预测,短、中、长期预测,规范性预测和探索性预测。

技术预测具有如下基本特点:

第一,概率推断。在技术研究与开发活动中,由于受到很多因素的制约和影响,预测目标的发展过程具有很大的随机性。预测对象发展的时间序列不是某个确定函数产生的,而是随机过程产生的。通过对随机过程的概率预测,既给出可能出现的结果状态,还要给出该结果出现的某种概率。对预测结果的绝对严格的决定性要求是不切实际的,或者说,绝对严格决定性事物是不必预测的。另外,对于具有充分不定性即完全偶然性的事物也是无法预测的。实际的预测总是具有不定性,这种不定性就是处于严格决定性和完全偶然性两端之间的某种概率,预测所获得的结果实际上是一种概率推断。

第二,结论误差。任何预测的结果必定存在误差,没有误差的预测必定是虚假的预测。要使存在误差的预测结果能够使用,就需要重视对误差的估计,提供关于结果准确程度和应用范围的偏差数值。结论的误差度与预测期限和精确度要求有关,一般地,长期预测的不定性也即误差比中短期预测要大,预测的时间越短误差就可能越小。对预测精确度要求越高,预测结果的正确率也会越低。实际预测中,如果能够综合地进行多项预测,其结果误差有可能减少,因为在综合过程中,各单项的不定性会得到一定程度的抵消。

第三,可检验性。对事物或事件未来状态和可能结果的预见和推测,最终能否符合实际,是否具有客观真理性,有待时间的检验。这里,预测的可检验性包含两层含义:其一,预测的结果必须是明确的(而不是模棱两可的),可以被检验的;其二,预测的方法也必须是可以检验的。如果预测方法本身不能被检验,即使后来的事实被言中,它也不是科学的预测。例如,尽管德国诗人歌德曾经预言了"试管婴儿"的出现,这一预言也已为现在的科学技术发展所证明,但它仅仅是幻想的产物,而不是科学预测的结果。幻想虽有助于预测,但它本身毕竟不是科学的预测。

技术预测的基本程序是:确定预测课题和任务—成立预测机构—收集处理信息—选择预测方法—建立预测模型—模型评价—利用模型预测—分析预测结果—提出预测报告。

4. 技术评估方法　技术评估是通过分析技术和人类社会、自然界诸相关因素(社会政治、经济、生态环境、人的价值观念等)的相互影响,来解决技术发展问题的一种方法,是一种与技术后果评估有关的宏观决策分析活动。技术评估于20世纪60年代首先出现在美国,当时其主要目的是对技术的负面效应进行预测,从而防止有害技术的扩散,即作为不良技术的早期警告系统。现代技术评估的主要目的是,以系统的方法来预测、辨别和评价由于新技术的引进与应用、已有技术的新应用以及技术应用规模的巨大变化所带来的广泛影响,以帮助政府、团体、企业或研究机构的决策者作出更加明智的决策。

技术评估大体可分为问题导向型、技术导向型两大类。问题导向型技术评估是探讨解决某一特定问题(如能源、环境评价等)的有效途径,为解决这些问题形成几种解决方案,供决策者参考。技术导向型技术评估是对某类技术特别是新技术产生的社会后果,包括正面的和负面的、直接的与间接的后果提出评价,由于影响技术发展,以及技术对社会影响的不确定性因素很多,因此这类技术评估会包含许多不确定因素,其答案也不是唯一的。

技术评估主要有以下特点:

第一,评估内容的系统性。技术评估是从政治、生态环境、技术、法律、文化、伦理道德、宗教信仰等各个受到或可能受到技术影响的方面对技术正负效应做出全面的评价,它包括对近期利益和长远利益以及不同地区、不同部门、不同学科领域、不同社会阶层、不同利益集团的利益的系统考察与权衡,既有对技术的直接效果(如经济效果)等的评价,也有对价值观、文化等潜在方面的考虑。

第二,评估主体的跨学科性。技术评估涉及技术应用的广泛的社会后果和政策选择,其中包括社会、经济、技术、生态等一系列问题,以及它们之间的相互关系。因此,进行技术评估,需要来自不同学科领域的评估者的通力合作,不仅要有与该技术相关的专家参与,还要有其他学科专家参与,包括社会学家、伦理学家、生态学家、法律学家乃至社会公众的参与。

第三,评估性质的批判性。技术评估本质上是批判性的,是对技术的社会的、伦理的及生态的批判,而不是描述性的和辩护性的。人们已经认识到,技术不仅能够造福于人类,同时也会带来消极的后果。常有这样的情况:有些技术的应用使社会的一些部分或部门得到利益,但却是以牺牲其他部分或部门的利益为代价的;有些技术会给社会带来暂时的利益,却是以牺牲长远利益为代价的。承认技术作用具有双重性,是开展技术评估的前提。技术社会效应中的积极的直接的效应,往往是技术专家们预料之中的或在项目论证时已经考虑到的,而技术的消极的、间接的、出乎预料的负面效应,则不易被认识。因此,技术评估的重点在于预测新技术的消极的、间接的、出乎预料的负效应。由于技术评估具有批判性,它可以充分揭露应用新技术时可能出现的负效应,从而为社会提供早期预警系统。

第四,评估方案的可操作性。技术评估是为社会就技术问题作出决策、政府制定技术政策服务的。因此,技术评估通过对技术预测所形成的各种方案作出定性和定量的分析评估,从需要和可能、现实和未来、政治道德和经济利益、技术基础水平和长远开发能力等多方面进行审定和可行性分析,提供适合于实践的具体方案、策略和规划,具有较强的可行性。

第五,评估过程的动态持续性。在技术评估的初始阶段,对评估的深度、范围和评估时间等各方面的预计,在进行过程中很难贯彻至终,经常要随着研究工作的进展对研究内容做相应的调整;同时,鉴于预警性技术评估的局限性,技术评估也逐渐倾向于对技术的建构性评估,它贯穿技术开发—创新—应用的全过程,直接作用于技术发展的取向。

第六,评估立场的中立性。技术评估应当是客观的、可信的。如果一种技术由它的研制者、资助者等单方面评估,就很难保证这种客观性。所谓中立性,就是要求把评估与直接制定政策的权力和职责分开,要求评估人独立于该技术项目负责人和参与者的利益。只有坚持中立性,才能为技术评估摆脱先入为主、利益冲突等主观因素的影响,以科学分析为依据、以社会总体利益为目标,力求为做出客观公正的结论提供可靠的保证。

技术评估的程序大体分为六个步骤:调查研究—寻找影响—影响分析—排除非容忍性影响—制定改良方案—综合评价。

医学问题与思考：

辨证与辨病：中西医诊断方法之差异

中西医在诊断方法上存在着明显差异。中医司外揣内，通过望、闻、问、切四诊合参，达到辨证施治；而西医则对人体进行问、触、叩、听和理化检查，寻找病因及其病理变化，进行辨病治疗。结果西医治病如不能确诊，找不到病因及病理变化，则无法进一步对病治疗；而中医看病，只要病人有病痛描述和医生通过四诊能看到病人的病症表现，均可以辨证治疗。

中西医最根本的差异之一就是中医辨证、西医辨病。中医诊断的精华是辨证。辨证是在临床中用四诊方法所获得的资料，根据中医学理论，通过辨证的过程，对致病原因、疾病性质、病变部位、病理机制、疾病发展趋势等方面做出判断。中医学诊断疾病采用辨证方法，对于某一种疾病要用八纲辨证、病因辨证、脏腑辨证、经络辨证、气血津液辨证、六经辨证、卫气营血辨证、三焦辨证等。西医诊断实质是辨病，认为疾病是机体在内外环境中的一定的致病因素作用下，因稳定状态破坏而发生的内环境紊乱和生命活动障碍。西医诊断先通过患者发病时临床症状和体征，再通过物理检查和现代各种检查办法，得出一些数据、图像、组织病理改变作为疾病诊断的依据，根据所得的条件最后确诊为某种疾病和疾病的分期及分型。

辨证和辨病在对待人体各器官上也有所区别。中医侧重人体的功能概念，认为人体各器官生理活动是不可分割的统一整体，科学地运用它们代表人体生理活动某些功能，这些脏腑生理功能均是互相资生、互相制约关系；当某脏腑失去平衡，偏胜或偏衰都会发生疾病，同样也影响到其他脏腑生理功能。西医则侧重人体结构概念，将人体分为几大部分或系统，如神经系统、肌肉系统、骨骼系统、消化系统、泌尿系统、循环系统等。因此，中西医的客观对象是相同的，都是人体，但作为认识对象及客体是不同的。

两种医学产生的社会条件和背景不同，故其诊断方法各具特色。中国古代医家根据长期的医疗经验，逐渐总结出获得疾病感性认识的基本方法。这种方法大致有如下特点：①通过四诊了解情况，尽量做到系统周密，来弥补当时诊测手段之不足；②强调四诊合参，注意全面掌握疾病情况，尽量避免片面性；③必须用中医的理论指导进行四诊，根据中医理论体系的要求通过疾病的外表证候来认识疾病的本质。中医辨证中常用的逻辑方法有：①由外揣内、由表及里；②援物比类，由此知彼；③异中求同，同中求异；④明辨标本，分清主次；⑤辨别真假，抓住本质等。可见中医认识疾病的方法虽有其时代的局限性，但它正确地抓住了事物的一般性质，这也是中医有较好疗效的原因所在。西医采用了当时自然科学的一些研究成果，逐渐以分析解剖方法认识诊断疾病，产生了解剖学，建立了血液循环说，提出器官病理学、组织病理学、细胞病理学等，使人们对于人体疾病的认识越来越深入，提高了防治水平。而且由于现代科技的不断进行，逐渐丰富了西医的检测手段，由简单的诊具听诊器发展到用实验诊断，X线、生物电、超声、放射性同位素、电子计算机、半导体、激光、导光纤维内窥镜、免疫检测技术、微量检验技术等逐渐越来越广泛地应用到诊断领域，扩大了医生感官的功能，加深了对疾病深度的认识，使医生对疾病的认识有量化的客观依据。

中西医在诊断方法上必须互相取长补短。中医的思维方法特点是综合的，但这种综合是直观的、表面的，要想发展成为现代的综合必须克服其表面性、直观性。西医是建立在近代分析解剖的基础上，通过现代化的实验手段来认识人体生命活动和各种疾病现象，虽有其一定局限性，但注重物质和微观，长于分析是其优点。现代的辨证综合思维要求必须把二者结合起来,互相取长补短,才能使医学科学更进一步发展。

思考题

1. 结合中医学理论与实践,谈谈归纳法的主要类别、作用及其局限性。
2. 谈谈中医学中从抽象到具体的途径与作用。
3. 多学科的交叉与融贯有何方法论意义?
4. 列举复杂性思维方法在科学研究过程中的具体应用。
5. 以中医学为例,简述整体思维方法与系统思维方法的异同。
6. 试分析中医药现代化进程中应用数学方法的必要性。
7. 技术方法及技术评估在医学中有何意义?

(关晓光　李大凯　徐蓉　智广元)

第四章 马克思主义科学技术社会论

马克思与恩格斯第一次从历史唯物主义与辩证唯物主义的角度出发对科学技术与社会关系进行考察,总结和揭示了科学技术的本质特征及社会功能,阐明了科学技术的社会建制、科学技术的社会运行等客观规律,形成了以科学技术社会功能观、科学技术伦理观、科学技术运行观、科学技术文化观等为核心内容的马克思主义科学技术社会论。这是我们全面认识科学技术的社会功能和作用、理解和认识人类社会发展规律及动力的重要维度和思想方法。

第一节 科学技术的社会功能

科学技术是历史发展的火车头,推动了生产力内部各要素的变革,引发了产业结构的调整和经济形式的变化及增长方式的转变,促进了经济转型。其生产力功能和社会变革功能引发的社会变迁,改变了社会历史进程,造就了新的社会形态。

一、科学技术与经济转型

阐明科学技术与生产力之间的关系,揭示科学技术的生产力属性,是马克思主义科学技术社会论的思想基点,"科学技术是生产力"是体现这一思想的基本论断。

(一)科学技术是生产力的有机组成部分

科学技术的历史是人类不断认识自然、改造自然的历史,也是人类生产发展的历史。19世纪初,科学技术井喷式发展,工业革命方兴未艾,社会变革激烈动荡,科学技术进步作用迅速增长。正是在这样的历史条件下,马克思揭示了科学的生产力性质及科学在生产力要素构成中的地位和作用,"在马克思看来,科学是一种在历史上起决定作用的、革命的力量"①。

马克思认为科学作为社会发展的精神成果,是生产力的"知识形态",在尚未进入生产过程,以知识形态而存在的科学是"一般的生产力"。当科学转化为劳动者的劳动技能,物化为劳动工具和劳动对象,在生产力结构体系中发挥作用时,它就直接进入现实的生产过程,成为现实的社会生产力。

马克思还把科学技术进步作用的发挥与资本主义制度的分析结合起来,他指出:"在固

---

① 马克思恩格斯文集:第3卷.北京:人民出版社,2009:602.

定资本中,劳动的社会生产力表现为资本固有的属性;它既包括科学的力量,又包括生产过程中社会力量的结合,最后还包括从直接劳动转移到机器即死的生产力上的技巧。"①他曾断言:"生产力的这种发展,最终总是归结为发挥作用的劳动的社会性质,归结为社会内部的分工,归结为脑力劳动特别是自然科学的发展。"②马克思把科学技术作为社会经济系统的内生变量来看待,突破了把科学技术作为经济系统外生变量的观点,为正确认识科学技术与生产力之间的关系提供了思想基础。人类的生产实践表明,在生产力发展到一定阶段后,作为经济增长内生变量的科学技术,通过劳动者素质的提高、劳动手段的强化和劳动对象范围的扩大,使整个生产结构、生产流程、生产绩效、生产方式、生产面貌发生了革命性的变化,促进整个生产力系统的优化和发展,导致社会生产体系的结构性调整和演化,促进经济转型,推动社会变革。

随着生产力的发展,科学技术作为经济增长的内生变量的功能和作用与日俱增。20世纪80年代罗默提出的新经济增长理论,提出了技术进步内生增长模型,更是把经济增长建立在内生技术进步的基础上。新经济增长理论认为,增长的原动力是知识积累,资本的积累不再是增长的关键,知识和知识的载体具有规模报酬递增的性质,知识通过专业化的人力资本内生化于经济过程,产生规模报酬递增效益,成为经济持续增长的动力。因此,内生的技术进步是经济增长的决定性因素,是经济增长的核心。以知识为基础的新的经济增长理论,鼓励新知识的积累以及知识在经济中的广泛运用,有力地论证了知识经济的到来。这些理论无疑是在现代生产方式及生产力条件下对马克思主义科学技术社会论现实意义的又一佐证。

(二) 科学技术作为生产力的历史体现

科学技术作为生产力被人类历史实践所证实。原始的物质生产活动是人类科学技术发展的起点,火的使用、弓箭的发明、采集和种植、制陶与编织等原始人类的物质生产活动,蕴含着人类科学技术的萌芽。农耕技术和冶金技术的发展把人类由原始社会带入到农业社会。在漫长的农业社会,人类认识自然、改造自然的能力和水平不断提高,城市兴起、社会发育、产业成形、阶级分化、国家出现,这一切的社会变迁都离不开科学技术的作用。近代以来科学技术日积月累,产业革命爆发,科学技术作为历史火车头的作用迅速增大,为人类创造了由农业社会向工业社会转变的条件。

发生在18世纪的第一次技术革命,以机械力学理论为基础,以纺织机的改革为起点,以蒸汽机的发明与使用为标志,实现了生产工具的巨大革新,导致具有世界历史意义的产业革命的发生,机器大工业取代手工工场,生产力水平发生质的飞跃,人类进入工业经济时代。这期间,"资产阶级在它的不到一百年的阶级统治中所创造的生产力,比过去一切时代创造的全部生产力还要多,还要大。"③

19世纪下半叶第二次技术革命以电磁学理论为基础,以电机的发明和电力的应用为标志,能源和动力出现划时代变革,带动了电解、电冶、电化工、电运输、电传输等技术密集性产业的兴起和发展,使生产更加依赖科学技术的进步,技术从机械化时代进入了电气化时代。

① 马克思恩格斯文集:第8卷.北京:人民出版社,2009:206.
② 马克思恩格斯文集:第7卷.北京:人民出版社,2009:96.
③ 马克思恩格斯文集:第2卷.北京:人民出版社,2009:36.

电力革命使产业结构发生了深刻变化,电动机、发电机和电信等新技术的应用,极大地提高了劳动生产率,改善了劳动条件,生产力呈直线上升趋势。19 世纪后 30 年,世界工业生产总值增加了两倍多。与此同时,新技术的使用,为资本和资源的聚集创造了条件,使新技术带动的电力、电讯、冶金等产业和部门朝着垄断化方向发展,加速了垄断资本的形成,引发了生产关系的变革。美国通用电气公司、贝尔电报公司、德国西门子电气公司等应运而生,垄断资本得以迅速发展。

发生于 20 世纪的现代科学技术革命,以相对论、量子力学和分子生物学为基础,以信息、能源、材料三大技术为核心,在世界范围内形成了科技革命的新浪潮。各种新兴科学技术,包括新材料技术、新能源技术、信息科学技术、海洋开发技术、空间开发技术、基因科学技术、纳米科学技术等得到迅猛发展和广泛的社会应用,逐步渗透到社会生产和社会生活的一切领域,推动形成新的产业群,对经济增长和社会结构演变产生了深刻的影响。对此人们冠以"后工业社会""第三次浪潮""信息社会"等。

由此可见,每一次科技革命都毫无疑问地伴随着生产方式的变革和全世界经济总量的大幅度攀升,科学技术作为生产力的内生变量,推动着人类文明跃迁式的进步与发展。

(三)现代科学技术革命引发一系列经济转型

经济转型是指资源配置方式和经济发展方式的转变,包括经济体制、经济结构、发展模式、发展途径的转变。现代科学技术革命呈现出科学与技术互动、技术与产业互动、产业与经济互动的相互牵引的发展趋势,呈现出科学革命引起和导致技术革命,技术革命影响和带动产业革命,产业革命促进经济繁荣的连动特征。现代科学技术已经成了经济发展的强大推动力量,成为影响经济增长和诱发一系列经济转型的决定性因素。

1. 现代科学技术革命加快了产业化进程,促进了产业结构升级　一方面,产业结构及其比重发生变化,实现了以农业为主的第一产业和以工业为主的第二产业向以服务业为主,包括信息、能源,生物、旅游、文化产业在内的第三产业的迅速转变。原有传统产业部门得到改造,新的产业部门和朝阳产业不断涌现,第一产业和第二产业的比重减小,第三产业的比重迅速上升,服务业成为后工业社会的主要标志,成为经济发展水平和现代化程度的主要标志。另一方面,完成了由劳动密集型和资本密集型产业向知识密集型和技术密集型产业的升级转变,知识和技术含量高的航天航空业、新材料新能源产业、信息和网络技术产业、生物医药等技术密集型产业在产业结构中的比例越来越大,成为带动和牵引新兴产业集群发展的助推力量。

2. 现代科学技术革命促进了经济增长方式由粗放型向集约型转变　在现代科技革命的推动下,经济增长方式从主要通过资金和资源投入转变到依靠科技进步和提高劳动者素质来推动经济增长,经济增长指标从以速度为中心到以效益为中心,生产规模从外延式增长转变为内涵式增长,经济增长途径从投资拉动向技术驱动、资源消耗向知识助推转变。信息、能源、材料三大支柱为基础的现代科技革命,拉开了后工业社会的序幕,新的经济形式,如信息经济、知识经济、网络经济、生物经济等迅速出现,成为新的经济增长点。例如,新能源技术革命不仅改变了能源的结构,同时为经济增长方式由粗放型向集约型转变提供了动力基础。随着太阳能、风能、地热、海洋、核能的广泛运用,高消耗、低产出、高污染的粗放型经济,逐渐被低消耗、高产出、低污染的集约型经济代替,生态经济、循环经济、低碳经济等逐步成为主要的经济形态。在当代,谁能有效地发展这些新的科学技术,谁就能处于世界经济的领先地位。

总之,现代科学技术革命引起的社会变革比以往任何时候都更加突显,其发展成果带来了人类社会有史以来最急速的经济转型和社会变迁。

二、科学技术与社会变迁

社会变迁是指一切社会现象变化的过程及结果,比社会进步、社会发展具有更广泛的含义,既包含社会的进步和退步,又包含社会的建构和解体。社会变迁的内容涉及社会生产、生活的所有领域和方面,主要有自然环境变迁、经济变迁、文化变迁、价值观变迁、社会制度变迁。社会变迁的形式表现为社会整体或局部的变迁、社会结构的整体变化或社会结构要素的变化。社会变迁的进程有渐变、突变或断裂。影响社会变迁的因素很多,社会物质生产发展无疑是影响社会变迁的根本原因。科学技术作为生产力,作为社会经济过程的内生变量,渗透到人类活动的一切领域和方面,对生产方式和生活方式的变迁产生巨大的影响和作用。

(一) 生产方式变迁

生产方式是指物质资料的谋得方式,是以物质生产方式为基础并反映物质生产方式变化的社会生产方式。马克思认为,物质生活的生产方式制约着整个社会生活、政治生活和精神生活的过程,生产方式是社会存在的基础和社会发展的决定力量。一定的生产方式决定着社会的性质和面貌,生产方式的变革决定着社会的制度变迁和政治改革。生产力是生产方式的物质基础,生产方式是生产力要素的结合形式与实现方式。生产力及科学技术的发展决定了生产方式的变迁。马克思指出:"劳动生产力是随着科学和技术的不断进步不断发展的。"①科学"是人的生产力的发展即财富的发展所表现的一个方面,一种形式。"②科学是生产力的知识形态,作为科学技术的生产力,能够大大提高社会生产力水平,从而推动人类物质生产的迅猛发展,并改变人们的劳动和生产方式。正如恩格斯所说:"工业中机器和蒸汽的采用,在奥地利,也像在所有别的地方一样,使社会各阶级的一切旧有关系和生活条件发生了变革;它把农奴变成了自由民,把小农变成了工业工人;它摧毁了旧的封建手工业行会,消灭了许多这种行会的生存手段。"③事实上,人类从手工化、机械化、电气化、自动化,走向信息化、智能化、生态化的过程,既是生产力不断提高的过程,也是生产方式不断变革的过程。

(二) 生产关系变迁

生产关系是人们在社会生产中发生的、必然的、不以人的意志为转移的,同物质生产力一定发展阶段相适应的社会关系。包括生产要素之间、生产过程之间及各种生产之间的关系,表现为人与人、人与物、物与物的关系。马克思、恩格斯全面辩证地评价了科学技术推动社会变革的作用,特别是对资本主义生产关系建立和发展的作用。马克思指出:"蒸汽、电力和自动走锭纺纱机甚至是比巴尔贝斯、拉斯拜尔和布朗基诸位公民更危险万分的革命家。"④他意识到,作为强大精神力量的科学技术,在产业革命的基础上,推动社会变革,对社

---

① 马克思恩格斯文集:第5卷.北京:人民出版社,2009:698.
② 马克思恩格斯文集:第8卷.北京:人民出版社,2009:170.
③ 马克思恩格斯文集:第2卷.北京:人民出版社,2009:378-379.
④ 马克思恩格斯文集:第2卷.北京:人民出版社,2009:579.

会生产关系产生有力影响。"火药把骑士阶层炸得粉碎,指南针打开了世界市场并建立了殖民地,而印刷术则变成新教的工具,总的来说变成科学复兴的手段,变成对精神发展创造必要前提的最强大的杠杆。"①恩格斯也说:"分工,水力特别是蒸汽力的利用,机器装置的应用,这就是从上世纪中叶起工业用来摇撼世界基础的三个伟大的杠杆。小工业创造了中间阶级,大工业创造了工人阶级,并把中间阶级的少数选民拥上宝座,但是,这只是为了有朝一日更有把握地推翻他们。"②马克思和恩格斯的这些观点被历史实践所证实。指南针推动了航海业和地理大发现,促进了世界范围的商业贸易,对世界市场的建立,资本主义生产关系的扩张功不可没。印刷术打破了僧侣对文化的垄断,火药在资产阶级战胜封建制度中起了重要作用。资产阶级正是凭借科技进步指点江山,使社会生产力得到前所未有的大发展,获得资本主义制度确立和发展的现实条件。19世纪末垄断资本主义形成,在世界范围内逐步形成了以少数科技先进的欧洲国家为中心,对世界绝大多数科技相对落后的国家和地区实行统治和剥削的殖民体系,导致了具有政治、经济、军事、文化、意识形态丰富内容的国际关系的新变化。20世纪以来,现代科学技术革命一方面加快了资本主义各国的快速发展,促进了资本主义生产关系的再调整。另一方面,也加剧了世界范围内各种力量的竞争,导致世界大战和世界革命的爆发,催生了新的社会制度和一系列新的国家政权。新的生产关系建立发展的每一步都离不开科学技术的影响和作用。

总之,新技术开拓了新的工业制造领域,新型产业勃然兴起,培育新的市场主体,形成新的消费需求,分化新的社会阶层,新的生产能力打开新的市场。我们看到,现代资本主义、新兴市场国家、多种所有制形式并存、各社会阶层稳定分化、专家治国、网络民主、各种权益运动兴起等,说明科学技术的经济功能和政治功能都得到全面加强。

(三) 生活方式变迁

生活方式是指人们在一定社会历史条件下,为满足自身生存和发展需要的生活活动特征及形式,包括劳动方式、消费方式、闲暇方式、交往方式、家庭婚姻方式等。生活方式受一定时期生产力发展水平和社会政治状况及条件的制约,生活方式变迁是整个社会系统变迁的重要组成部分。宏观上看,人类社会从狩猎与采集开始,渐次经历了农业时代自给自足自然经济生活方式、工业时代商品经济生活方式,步入信息社会去中心化的后现代生活方式,每一次生活方式的变革,都与科技发展密切相关。如今,科学技术渗透到我们生活的方方面面,航天和海洋技术把人类送到了外层空间和海底世界,网络和信息技术正在改变人们的存在和活动空间,快捷地构建了现代文明和我们的生活方式,其技术规制与方法模式正在改变人们的生活和劳动方式,生产、办公、家庭生活的自动化和智能化成为现实。伴随着信息互联增强、交往互动多样、文化传播急速、消费结构多元、发展诉求增大等生活方式的一系列变革,人们的交往范围更加广泛、交往方式更加便捷、交往内容更加丰富,社会文化广泛兴起,新型社会事业不断涌现。当下,"互联网+"正在改变着人们的行为习惯、交往方式和表达方式。一百多年来,"人类凭借科学技术的进步大大改变了交往关系。交通的发达使得人们消除了地理的阻隔,信息技术使交流无处不在,网络社会崛起,人类进入了'e时代'。全球化

① 马克思恩格斯文集:第8卷.北京:人民出版社,2009:338.
② 马克思恩格斯文集:第1卷.北京:人民出版社,2009:406.

不再是一种社会理想,而是一幅实实在在的生活图景"①。

(四) 思维方式变迁

思维方式是人们看待和思考问题的角度、方式和方法。一个时代的理论思维,都是历史的产物,它在不同的时代具有完全不同的形式和内容。思维方式作为历史的产物,它的变革与科学技术的发展存在着密切的联系。受科学技术发展的制约,过去人们的思维方式具有模糊性、经验性、直观化、简单化的特征。近代科学技术和机器工业生产,使人们思维的系统性、辩证性、逻辑化、分析性的能力增强,人的认识水平发生质的飞跃。与此同时,体现这一特点的科学主义思维方式及价值取向被定于一尊,科学技术成为"构成我们的诸信仰和对宇宙和人类的诸态度的最强大势力之一。"②工业革命浪潮巩固了科学技术的权威地位,在这样一种巨大的社会力量面前,人们崇拜科学,相信通过科学研究,一切社会问题、政治问题和经济问题都会迎刃而解,科学主义价值观和思维模式广泛渗透,机械主义、形而上学、二元对立盛行。科学从一种探索世界的自主精神与有效方法变成一种信仰,对科学的信仰甚至变为对科学无批判的尊崇与迷信,并逐步成为意识形态,丧失了科学之根本的实事求是精神,科学从认识世界、改造世界的工具变成统治自己的异己力量。当代技术在快捷地改变我们生活方式的同时,由于技术思维的张扬,价值理性日渐衰落。步入后现代社会,随着信息化及网络社会的兴起,唯科学主义的价值取向及思维模式逐步被消解,互联网不仅从技术上压缩了信息传播的空间和时间,也在社会层面改变了人与人、人与物的关系。尤其是大数据的蔓延和运用,正在改变人们的知识构成体系,大数据的海量性和预测性的特点,增强了人们思维的敏捷性、前瞻性、开放性、互动性。以平视、互动、多元、开放、个性为特征的互联网思维正在取代和颠覆传统思维模式。

总之,科学科技对社会变迁的影响历史深远,现代科学技术对社会变迁的影响越来越直接,广泛地涉及社会的政治、经济、文化等方方面面,已成为当今社会"牵一发而动全身"的力量。

三、科学技术与人类发展

马克思、恩格斯历史地考察了科学技术的发展及对人类发展的影响,揭示了科学技术进步与人类发展之间的关系,特别是科学技术在人类解放过程中的辩证作用及正反效应。当今,科学技术已经成为人类社会进步的主导力量,它已经在很大程度上影响和制约着人类的行为和命运,成为人类社会稳定发展的直接动力。

(一) 科学技术是人的自由全面发展的重要推动

人的全面发展是社会发展的最终目标和最高价值追求,无论是经济发展、技术进步还是制度完善,文明的演进都是为人的发展开辟道路。科学技术是通过对人类的生产劳动、生活方式以及人类自身的发展,以力量渗透的方式提升人类解放的品质和水平。科学技术是人类最终走向自由,实现人类解放的杠杆。

1. 科学技术对人类发展的推动是通过对生产力的渗透作用实现的　人类从石器时代、铁器时代、蒸汽时代、电气时代到信息时代,不同的时代,科学技术的发展水平决定了人们从

---

① 王一方. 医学人文十五讲. 北京:北京大学出版社,2006:4.
② 贝尔纳. 历史上的科学. 北京:科学出版社,1959:6.

事生产实践的具体方式与发展状况,也决定了人类自身体力、智力和精神发展的水平和状态。石器和铁器的使用使人类摆脱原始状态进入农业文明,财富的增进和分工的发展,为人的脑力和体力发展创造了条件。其后,机器大工业生产,一方面,使机器生产代替手工生产,扩大了劳动领域,减轻了劳动强度,使劳动者的身体在一定程度上获得了解放;另一方面,生产技术含量的提高,要求劳动者受教育并掌握相应的知识和技术,使智力获得发展。正如马克思指出:"自然科学却通过工业日益在实践上进入人的生活,改造人的生活,并为人的解放作准备,尽管它不得不直接地使非人化充分发展。"①电气时代到信息时代,科学技术越来越频繁地影响并进入生产过程,使人类生产和生活的方式不断改变和提升,技术的发展开始成为人的发展的决定性因素,对人的全面发展产生强烈影响。

2. 科学技术对人类发展的推动是通过对生产关系的渗透作用实现的　在马克思、恩格斯看来,人类社会发展是一个不断推进的历史过程,依次经历了"人的依赖"关系为基础、"物的依赖"关系为基础的阶段及"自由个性"全面发展的阶段。在"人的依赖"的历史阶段,人的生产能力只能在狭窄的范围内进行,人既受制于自然,又受制于社会,没有独立性与自主性,人与人之间具有明显的依附关系;在"物的依赖"的阶段,由于科学技术的发展,社会物质财富巨大增长,形成普遍的社会物质交换、多方面的社会需求及全面的能力体系,人的发展获得充分的条件,以物为基础的人的独立性增强。但社会分工与劳动过程中人对技术的依赖,使人与人、人与物的关系"物化"和"异化";在"自由个性"阶段,生产力高度发达,共同的社会生产能力成为自由个性的基础,社会关系不再是异己的力量,人成为真正独立、具有自由个性与全面发展的人。

3. 科学技术对人类发展的推动是通过对社会文化的渗透作用实现的　科学技术是人们认识和把握世界的方式,科技发展为人的认识能力的提升和自我发展能力的增强创造了必要条件,为"世界的祛魅"和人类主体性的确立提供了强大动力。人类从蒙昧中走出来,对科学的信仰曾经极大地焕发人的主体意识,对西方人摆脱教会束缚,解放个体起到了推波助澜的作用。人们借助科技进步拓展认识能力,扩大活动范围,延伸人体感官,提升思维能力,解放思想禁锢。现代科学技术已经成为我们时代的生活方式。贝尔纳指出"科学既是我们时代的物质和经济生活的不可分割的一部分,又是指引和推动这种生活前进的思想的不可分割的一部分。科学为我们提供了满足我们的物质需要的手段。它也向我们提供了种种思想,使我们能够在社会领域里理解、协调并且满足我们的需要"②。现代科学技术的发展使人们有足够的条件完善自身,改变和重建人与自然关系,改变人与人的交往关系和劳动形式,增进人类精神生活的丰富性和自我发展能力,实现人的全面、自由发展。

(二) 科学技术在人类发展中的反主体效应

马克思主义者在充分肯定科学技术的巨大社会价值时,一方面,看到了科学技术本身的有限性。因为,任何时代的科学技术都是人类认识和实践发展到一定阶段的产物,都是对相对真理的认识、把握和应用,因此,科学技术的社会功能必然是有限的。另一方面,因为科学技术的发展和应用受到社会条件的制约,必然带来双重社会效应,既有"正效应",也有"负效应"。而且,随着科学技术的进步与发展,技术带来的"负效应"也在增加,且出

① 马克思恩格斯文集:第1卷.北京:人民出版社,2009:193.
② 贝尔纳.科学的社会功能.北京:商务印书馆,1986:542.

现链式效应,具有很大的不可预测性。军备竞赛、环境污染、生态危机、资源匮乏、失业加剧、恐怖活动等问题和威胁,这些负面价值和反主体效应,把人类置于科技困境之中,科学技术在不同社会制度条件下的运行产生的社会危害和后果,引发了人们对科学技术社会功能的再思考。

马克思劳动异化的理论是对技术异化现象最早的理论自觉。马克思对科技在人类发展过程中的反主体效应的揭示是以劳动异化理论为基础的。马克思一方面充分肯定了技术在社会中,特别是在资本主义社会发展中发挥的巨大作用,另一方面也揭示了在资本主义条件下技术的运用所产生的异化现象。劳动是实践的基本形式,是异化产生的真实领域,技术异化是劳动异化的结果,劳动异化是基础,技术异化是劳动异化的表现形式,在其本质上是劳动的异化。他指出:在资本主义社会中"科学对于劳动来说,表现为异己的、敌对的和统治的权力。"[1]"所以文明的进步只会增大支配劳动的客体的权力。""这种科学并不存在于工人的意识中,而是作为异己的力量,作为机器本身的力量,通过机器对工人发生作用。"[2]马克思并没有把技术本身当作罪恶之源,他认为技术异化的根源不在于技术本身,而在于人的实践活动及建立其上的社会经济制度,资本主义的生产关系是技术异化现象得以产生的社会历史根源。"因为机器就其本身来说缩短劳动时间,而它的资本主义应用延长工作日;因为机器本身减轻劳动,而它的资本主义应用提高劳动强度;因为机器本身是人对自然力的胜利,而它的资本主义应用使人受自然力奴役;因为机器本身增加生产者的财富,而它的资本主义应用使生产者变成需要救济的贫民。"[3]马克思对技术异化现象的批判同其对资本主义制度的社会批判有机地结合起来,揭示了技术异化的本质,技术对人的统治与支配本质上是资本对人的统治与支配。

随着科技运用的负面价值及反主体效应的增大,使人们从对科技乌托邦式的信仰中走出来。现代西方一些著名哲学家从不同角度、不同程度表达了对技术异化现象的严重关切。海德格尔反思科学主义的盲点,认为现代技术是一种违背了自然和人性的展现方式,要使人类摆脱科学技术的异化,要借助诗与思方能使人类诗意地栖居。伽达默尔认为:"20世纪是第一个以技术决定作用的方式重新确定的时代,并且开始使技术知识从掌握自然力量扩展为掌握社会生活。所有这一切都是成熟的标志,或者说是我们文明危机的标志。"[4]美国学者罗蒂反对唯科学主义,主张清除科学主义,认为科学技术可能使开放和自由不存在。后现代主义思潮表达了对工具理性的解构立场。西方马克思主义对现代科学技术革命和现代社会进行了反思,法兰克福学派的科学技术社会批判理论和生态马克思主义最具代表性。

法兰克福学派作为西方马克思主义学派重要代表,以马克思的异化理论作为重要理论来源,站在技术理性批判立场,对现代科技革命和现代社会进行了反思,提出了许多有价值的见解。其主要代表人物包括阿多诺、马尔库塞、霍克海默、弗洛姆、本雅明、哈贝马斯等人。他们认为,现代科学技术革命使人们的生产和生活条件得到了根本的改善,但是人们并没有摆脱异化的困境,而是进入了一种更高阶段的异化。科学技术在发挥正面社会作用的同时,

---

[1]　马克思恩格斯文集:第8卷.北京:人民出版社,2009:358.
[2]　马克思恩格斯文集:第8卷.北京:人民出版社,2009:185.
[3]　马克思恩格斯文集:第5卷.北京:人民出版社,2009:508.
[4]　伽达默尔.科学时代的理性.北京:国际文化出版公司,1988:63.

使人变成商品的奴隶、消费的奴隶,发达资本主义社会既是"富裕社会",又是"病态社会",造成了畸形的、"单向度"的人。在资本主义条件下,科学技术成为"合理化"的统治手段,工业社会成为"技术统治的极权社会"。现代科学技术不是价值中立,而是具有明确的政治意向性,作为新的控制形式,具有意识形态的功能,工具理性成为唯一的社会标准,现代科学技术成为独裁的手段。法兰克福学派指出了科学技术的意识形态性,揭示了技术负效应产生的社会危害后果及技术对人的控制和奴役,对科学技术的全面认识做出了重要贡献,在一定意义上丰富和发展了马克思主义的异化理论。

生态马克思主义的技术、环境与社会批判理论源自于马克思主义人与自然关系的理论。自产业革命以来到 19 世纪,环境和资源问题的恶化,使马克思、恩格斯把人与自然的关系纳入历史的现实基础问题来认识,把自然问题和社会问题联系起来考察,揭示了人与自然的内在统一及实现形式和途径。指出生态问题是由人们对待自然的"特殊"方式引起的,根源在于资本主义制度,只有共产主义"是人和自然界之间、人和人之间的矛盾的真正解决,是存在和本质、对象化和自我确证,自由和必然、个体和人类之间的斗争的真正解决。"①第二次世界大战以后,西方学者开始把分析生态危机与社会批判结合起来。20 世纪中叶以来,核武器扩散、全球生态危机等问题的出现,进一步激起了西方学者的忧患意识和激烈批判。西方发达国家绿色运动蓬勃发展,法国学者高兹、加拿大学者阿格尔、德国学者格伦德曼、美国学者奥康纳等,他们不但对技术与环境之间的关系作了探讨,重要的是从马克思主义关于资本主义生产本质的观点出发,揭示生产、消费与环境之间的关系。他们认为,在资本主义制度背景下,资本的逐利本性驱使技术沦为资本家牟利的工具,这是技术应用造成环境问题的根本原因。技术虽然是解决环境问题的一个重要因素,但要从根本上解决环境问题,真正实现人与自然的和谐,就必须把技术从资本主义生产的非理性动力中解放出来,扭转资本主义的经济逻辑和生产逻辑,以生态价值为引领,重建自然、文化、社会劳动之间的关系。

西方学者对技术异化现象的现代反思及社会批判理论,对科学技术带来的人与自然关系的异化、人与社会关系的异化、人与自我矛盾的加深进行了多角度的揭示,切中了技术主导的工业文明实践活动的内在矛盾及反主体性效应。的确,以控制、征服自然为目的,以科学技术为动力,以经济增长的单纯欲望为基础的现代化工业运动,使工具理性精神进一步从科学技术领域延伸到社会领域,使科学技术成为意识形态。在以科学技术为基本文化素质的社会,人对物的把握无论从理论层面,还是实践层面来讲,都被视为人的本质力量的最集中体现,这种文化指向最终导致人的物质欲望的日益炽烈和自我及主体性的丧失、人文精神和价值的丧失。这些批判和审视,使当代社会文化反思中的伦理意识凸显出来,一系列呼吁回落到人与自然、人与社会、人与自身的和谐状态中的生态伦理学、生命伦理学、制度伦理学等在科学技术的霸权中"像细菌一样繁殖起来"。

总之,以工具理性和科学主义为核心的西方现代化进程在其经济与社会、经济与文化、科技与人文的冲突中走入了困境。我们必须在马克思主义科学技术社会论的基点上,进一步深入探讨科学的社会建制及社会运行,使科学技术始终在为人的向度上运用和发展。

---

① 马克思恩格斯文集:第 1 卷. 北京:人民出版社,2009:185.

医学问题与思考：
医学的社会功能与医学技术的异化

医学是一门研究人体疾病发生与防治、保障人体健康与延年的科学。医学的发展依赖于人们对人体结构及其机制，对健康、疾病发生、发展规律的正确认识，而这些认识是建立在科学研究基础上的，科学技术的进步与发展为医学的进步与发展提供了理论基础和技术手段。因此，一直以来医学是人类最活跃的科学研究领域之一，它不仅涵盖众多的基础理论研究，而且涉及广泛的技术应用以及自然和社会诸多问题。现代医学更是一个科学和技术交集，价值和事实纷争、科学与人文纠结的十分复杂的研究和应用领域，而在这个领域中现代医疗技术已成为医疗实践中社会影响深刻、风险难以预测和控制的主导性因素。

医学的社会功能与医学的目的和医学的价值密不可分。医学的价值取决于医学目的，由医学的功能来体现，由医学发展的外部条件来保证。社会经济对医学的发展起基础性作用，医学的社会运行需要政治体制、法律、政策的保障和支撑，社会文化理念及价值对医学的目的及社会功能发挥引导作用。

现代医学的目的是社会的，它的目的不仅是治疗疾病，使某个机体康复，而在于维护人类健康，提高人类的生命、生活质量，使其调整以适应它的环境，作为一个有用的人①。医学是现代社会结构中体现社会保障功能的重要组成部分，医学关乎国计民生和社会经济发展，医学科学在保障人类健康中承载重要的职责和使命。尤其在遭遇重大自然灾害、突发性事件及大规模传染性疾病时，医学在保障国家安全、维护社会稳定方面发挥重要作用。当下，我国医学发展面临着工业化、城市化、老龄化、全球化、生活方式及环境改变带来的各种挑战。在促进全面建设小康社会的过程中，保障医学的社会功能，发挥现代医疗技术在维护人类健康中的作用意义重大。

医学技术是医学不可或缺的手段，在医学发展史上，技术的运用使医学摆脱了宗教神学的束缚，医学得以科学的姿态迅速发展。而医学技术的每一次进步，客观上推动了医学的发展，使人类认识、控制生命的过程和能力得以加强，对维护人类健康做出了贡献。百年来，现代医学的辉煌是技术的辉煌，医学高科技的迅猛发展，不断向医学领域移植和渗透。医学领域成为技术异化的重灾区。人工干预人类繁殖过程、人工干预人类生命过程、DNA重组实验带来的人工授精、代孕母亲、克隆技术、安乐死、器官移植这些医学科技的应用引发了许多医学难题和伦理困境，一定程度上引发了现代医疗危机，需要我们对其作出价值判断和选择。

医学技术的异化表现在医学技术的运用偏离医学目的，以社会需求为导向，医疗技术运用功利化，技术商品化；医疗技术滥用，成为现实的牟利工具；医疗技术标准化、单一化、程序化，缺乏人性的温度；医疗技术服务市场化，听从资本的支配。这些表明，现代医疗技术的发展早已摆脱医学自身内在逻辑的牵引，导致医学本质变异、医学目的偏离、医学主体逆反、医学人文丧失、医疗纠纷频发、医患关系恶化、医学伦理丧失等现象，日益复杂的当代医学越来越以技术主义的姿态左右、控制人们的生命和健康的选择。

马克思主义认为，异化现象的深刻原因都应该在人的实践活动中。医疗技术异化有深

---

① 王一方.医学人文十五讲.北京:北京大学出版社,2006:3.

刻的社会根源,主要包括技术驱动、利益驱动、市场驱动、消费驱动。传统医学目的的影响和作用,使人们在生命神圣论的观念下,把医疗技术的运用看成是"消除疾病、阻止死亡",延续生命的合理手段而无节制使用;工具理性的张扬及技术至上的文化偏执,在医疗实践中盲目追求高新技术,迷信技术万能,造成技术滥用;医疗卫生体制及社会制度的局限、医疗资源投入不足等原因,使医疗技术的社会体制不完善;医疗技术的操控者和医疗技术的受用者的价值观也影响和制约医疗技术的不恰当运用;市场效应的诱因及资本介入的作用,使医疗技术携带资本的逐利性、增值性、扩张性,成了谋求利润的工具和手段。医药行业已经成为国家不可忽略的经济力量,甚至成为利润增长的源泉和所谓的新的经济增长点。

总之,医学技术是一种复杂的系统工程,也表现为一种社会建制。医学技术异化的消除,客观上,取决于生产力的发展、经济制度的变革与社会进步,依赖于医学技术革命自身的发展。同时,我们应该合理定位医学技术的价值、端正医学技术教育的理念、完善医学技术运用的法律制度、加强医学技术运用的伦理约束等。用良知抗衡技术异化与资本对医学的入侵,给医学资本以道德约束和制度约束,控制资本逻辑的作用范围,消解其消极影响,保证医学朝着科学和人性的方向发展①。在消除医学技术异化的实践中,还要注重发挥中医学为代表的人文医学的价值导向。中医学是世界上最古老的、系统存在而且持续发挥作用的医药科学和文化,是科学中最人文的,人文中最科学的,是科学文化与人文文化的结合,是生命科学与生命哲学的统一。有幸的是,在我国的医疗实践中,2009 年以来以去市场化、回归公益性为宗旨的新一轮医改,是政府为回归医学的本质和社会功能,从制度层面做出的行动和选择。我们相信,人们在应用现代医学科技为人类健康服务的过程中将更加理性。

第二节 科学技术的社会建制

科学技术的社会建制是科学技术发展到一定阶段的必然产物。在科学技术发展应用的新阶段,科学技术的社会建制呈现出新特点。在科学技术的社会建制中,经济支持制度、法律保障体系等科学技术体制是根本,各种组织机构及其科研组织运行是保证,科学技术的伦理规范是导引。

一、科学技术社会建制的形成和内涵

最早把科学作为一种社会建制研究的是英国科学家 J. D. 贝尔纳,他在 1954 年出版的《历史上的科学》一书中描述了科学的多重形象,提出科学"作为一种建制而有以几十万计的男女在这方面工作",从而成为现代社会不可或缺的一种社会职业。实际上,随着科学技术的发展,以科学技术为社会职业的队伍在不断成长和迅速壮大。

(一)科学技术社会建制的形成

科学技术成为一种独特的社会建制,是近代以来科学技术与社会互动不断增强的结果。科学技术社会建制的核心是科学技术的职业化,其进程与科学家和技术专家的职业化程度密切相关。因此,分析科学家和技术专家的社会角色的形成,是讨论科学技术社会建制形成

---

① 杜治政. 用良知抗衡技术与资本对医学的入侵. 健康报,2010-11-19.

的重要路径。

1. 科学社会建制的形成　　科学的建制化是一个历史的过程,它孕育于古代社会,在17、18世纪与近代科学相伴而生,自20世纪至今又得到了长足的发展。科学作为一种社会体制,初步确立和形成于17世纪的英国和法国,其主要标志是英国皇家学会和法国科学院的建立。

科学家社会角色在形成过程中,17世纪的英国迈出了决定性的第一步。1660年,英国成立了旨在促进物理-数学知识的学院。1662年英王查理二世正式批准成立了"以促进自然科学知识为宗旨的皇家学会"。英国皇家学会是历史上第一个官方认可的科学家组织,它的成立宣告了科学活动和科学家角色在英国社会中得到正式承认。但是,皇家学会的早期会员,从现代的职业观念看,他们具有业余科学家的特点。因此,17世纪英国科学的体制化只能是初步的。

法国在英国之后迈出了重要的一步。1666年,法国科学院在巴黎成立。它是国家级的专门研究机构,国家提供经费支持,法国科学院院士领取国家的薪金,还配有助手。法国科学院的产生,尤其是它的较为严格的院士制度的建立,一方面表明科学家作为一种社会角色已经出现,另一方面表明科学院已作为国家机构的一部分从事科学活动,科学作为一种社会建制已经形成。

科学的社会建制最终完成是在19世纪的德国,与大学教育和工业生产的发展密切相关。19世纪初,德国新建了柏林大学等一批大学,并对原有大学进行体制改革,即由原先的教学型转向教学与科研相结合的新型大学,并在大学中建立实验室,设置自然科学教授席位,制定并贯彻实验室制度和研究生教育制度。这些教授既是大学教师又是职业的科学家。以此为标志,科学研究作为一种专门职业开始形成,科学家的社会角色得以实现,这表明德国的科学社会建制走在了世界的前列。

19世纪末到20世纪中叶,随着世界科学中心向美国转移,美国大学和科研体制的变革,在大学中设立系和研究生院制度,培养了大批高质量的研究人员,推动了科学的迅速发展。大规模工业实验的设立,培养了大批工业科学家,国家直属科研机构的建立,聚集了大批既进行基础研究也进行应用研究的科学家,科学的社会建制得到进一步发展和完善。

随着科学研究发展成为一种专门的职业,科学家终于成为一种与其社会地位、社会身份或社会职业相一致的新型角色。1834年,在英国科学促进会的一次会议上,英国哲学家威廉·休厄尔仿造"艺术家"(artist)一词创造出一个新词"科学家"(scientist),用来称呼像法拉第那样一些在实验中探索自然秘密、增进人类自然知识的人们。1840年,威廉·休厄尔在其名著《归纳科学的哲学》中首次使用,"对于一般培植科学的人很需要予以命名,我的意思可称呼他为科学家"。[①] "科学家"一词开始并不被人们接受,甚至还受到人们的质疑。"直到19世纪末,西方社会才为大学、工业和政府中的大量科学家奠定了稳固的社会基础。在20世纪,大量科学家的职业角色,被人们认为是理所当然的,是获得社会赞同的。"[②]至此,作为一种社会角色的近代科学家群体终于诞生了。科学家这种职业角色,即职业科学家是在特定历史条件下孕育,经由专业和职业的教育与训练而逐步成长、壮大起来的,其对于科学

① ［英］J. D. 贝尔纳. 历史上的科学. 伍况甫,译. 北京:科学出版社,1959:7.
② ［美］伯纳德·巴伯. 科学与社会秩序. 北京:三联书店,1991:81-82.

建制与社会政治、经济、军事等方面都呈现出越来越重要的巨大作用。

2. 技术社会建制的形成　与近代科学家角色的形成过程一样,近代技术专家角色即工程师的产生也经历了一个长期的孕育过程。16世纪起,欧洲开始出现土木工程师,当时主要是指一些测量人员和桥梁道路建设者。此后,随着生产的发展,又相继出现了采矿、冶金、机械、电气、化工和管理等一系列专业工程师。

工程师角色的出现,除了与近代以来欧洲社会生产发展的客观需要有关之外,还与工程技术教育的昌盛和改革密不可分。近代欧洲的工程技术教育发展与生产发展并不是完全同步的。后期进行产业革命的法国和德国在工程技术教育上领先于英国。18世纪中叶以来,法国相继通过建立桥梁道路学院、巴黎综合技术学校等确立了国家综合性科学技术教育体制。德国在大学中设立了工学院,又开办了柏林实业学校及其他一大批中等专业技术学校。

高等工程技术教育的发展,不仅培养了一大批工程师,而且还导致了技术科学的诞生。技术科学诞生的前提,是出现了一大批既不同于传统的工匠,又不同于科学家的人物,他们一方面接受过良好的科学训练,另一方面又从事和熟悉技术,这些人便是工程师。工程师和技术科学之间这种互为因果的关系,在新的技术教育体制下形成一种良性循环,从而促进近代工程师队伍的不断壮大。这样,逐渐取代传统工匠的技术专家作为一种社会角色在近代工业社会中产生了。

科学家和技术专家真正成为一种社会角色及科学研究成为一种社会职业,既为科学技术社会建制做了充分准备,也出现了科学技术社会建制的雏形。

(二) 科学技术社会建制的内涵

马克思反对研究先验的、抽象的自然,认为脱离了人的实践活动的天然自然等于无。马克思所理解的人,也不是孤立的、离群索居的人,而是处于一定社会生产关系下从事物质生产的、具体的、现实的人。也就是说,自然的发展和人的发展必须从人的社会关系、生产实践活动和生产力发展中去寻找答案。既然马克思从社会的角度审视人和自然,那么科学技术作为社会系统中的一个要素必然也被界定在社会体系中加以认识。科学活动是整个社会活动中不可或缺的一部分,马克思在《1844年经济学哲学手稿》中写道:"只有在社会中,自然界才是人自己的合乎人性的存在基础";[①]"由此可见,一定的生产方式或一定的工业阶段始终是与一定的共同活动方式或一定的社会阶段联系着的,而这种共同活动方式本身就是'生产力';由此可见,人们所达到的生产力的总和决定着社会状况"。[②] 这就是说,科学认识总是采取一定的社会形式,在一定的社会关系中展开;科学活动作为一种探索性活动,是一种社会劳动,是社会总劳动的一项基本内容。这表明马克思早在100多年前就已经涉及科学的社会建制问题。

社会建制,是指为了满足某些社会需要而形成的相对稳定的社会组织和社会结构。一般而言,社会建制主要指社会组织制度,包括价值观念、制度规范、组织系统和物质支撑四大要素。科学技术的社会建制是指科学技术事业成为社会构成中的一个相对独立的部门和职业部类,是一种社会现象,主要包括组织机构、社会体制、活动机制、行为规范等要素。它们承载着科学技术活动的展开,并成为其必不可少的条件。科学技术的社会建制是在社会各

---

①　马克思恩格斯文集.北京:人民出版社,2009:187.
②　马克思恩格斯文集.北京:人民出版社,2009:532-533.

类活动组织化、职业化、专业化趋势不断增强的背景下,在自身特有价值导向和经济基础支持下,受包括国家宪法、法律和政策在内的制度体系调控和有关行政职能部门专门管理的,由数量日益庞大且具有明确分工协作关系的科学家、工程师职业角色、科学技术共同体从事科学技术研究和创新活动的体制化过程,最终结果是科学技术成为一个相对独立的社会机构和职业机构。从本质上看,科学技术的社会建制化,就是科学技术被确立为一种社会体制的过程,是科学技术成为一个相对独立的社会部门和职业部门,成为一个国家或社会内特定的编制、系统或体制,乃至成为一个国家或社会的重要事业的过程,是科学技术成为一种与政治、经济、教育等相类似的重要的社会力量的过程。

在科学技术社会建制过程中形成与发展起来的机构有:科学技术的决策、管理与咨询机构——国家专门设置的关于科学技术各个层次的决策、管理与咨询机构;科学技术的活动组织机构——包括大专院校、科研院所、工业研究中心、科学技术学会等;科学技术的传播机构——主要指各种科学技术工程出版物,为科学家和技术专家的学术交流和讨论提供平台;科学技术的人才培养机构——主要是大学和专科院校,为科学技术界提供源源不竭的智力资源;等。

科学技术组织机构的形成有一个过程,并随着历史的演化而变化,发挥着相应的功能,是科学技术活动顺利展开的组织保证,是科学技术社会建制化的基本标志。

二、科学技术的社会体制和组织机制

人类对自然力量的探索和利用由来已久,但科学研究和技术开发成为独立的社会活动领域,则是近代以后的事。这种科学技术组织制度及其对科学技术活动的社会规范,是从无到有并不断完善的过程,就是科学技术的社会体制化。

(一) 科学技术的社会体制

社会体制是一个社会学概念,它又表达为社会制度、社会建制。美国社会学家亚历克斯·英克尔斯认为,社会体制是"围绕一个或一组价值而发展的实践和社会角色的组织体系,是旨在调整实践和管理规划的机构"。[①] 有人也把它规定为了满足某些基本的社会需要而自发地或人为地形成的相关的社会活动的规范系统。我们认为社会体制是满足社会基本实践需要而形成的组织体系和规范体系、物资设备的总和。

科学技术体制化就是科学技术确立为一种社会建制的过程。科学技术的社会体制是其社会建制的一部分,是在一定社会价值观念支配下,依据相应的物资设备条件形成的一种社会组织制度,旨在支持推动人类对自然的认识和利用。科学技术的体制化以科学家和技术专家等职业化为核心,其内涵随着科学技术活动从个体到集体,直到国家规模的发展,不断拓展和丰富。科学技术的社会体制包括经济支持体制、法律保障体制、交流传播体制、教育培养体制和行政领导体制等,主要贯穿以下四个层面的内容:

1. 在价值层面上确立了科学技术的体制目标。科学的体制目标是"扩展确证无误的知识",即要求科学家必须做出独创性的贡献,实际上就是要求科学家不断生产出新的和具有客观性的知识,不断增加社会的知识存量。而技术的体制目标,侧重于创造性地运用科学知识,进行技术发明,并应用于社会经济生产,产生直接的社会经济效益。

---

① [美]亚历克斯·英克尔斯. 社会学是什么. 北京:中国科学出版社,1981:99.

2. 在制度层面上形成了一系列与科学技术知识的产生、传播与应用相适应的社会秩序,包括科学技术活动的行为规范、奖励机制以及与科学技术活动相关的各种制度安排,如国家科学技术政策等。

3. 在组织层面上建立了以科学家、工程师以及其他科学技术人员为活动主体的社会组织,主要包括学会、大学、研究院、工业实验室、国家实验室等组织形式。

4. 在物资层面上为保证科学技术活动的正常运行提供了必要的物资支撑,如科学技术研究中所需要的资金投入、仪器设备等。

科学技术的体制建设在科学技术活动中的作用如此重要,因此,积极推进科学技术体制改革,完善科学技术体制,使其与当代科学技术的发展规律相适应,对提高国家的科技水平和能力,增强综合国力和国际竞争力,具有决定性的作用。

(二) 科学技术的组织机制

科学技术共同体通过一定的组织机制从事科学技术活动。随着科学技术的发展及其应用的推进,科学技术活动的主题和形式都发生了一定的变化,从而使得科研活动的组织机制相应地呈现出新的特点。

1. 从基础理论研究到基础应用研究,从非战略性基础研究到战略性基础研究

(1) 从基础理论研究到基础应用研究:"基础研究"这一概念,是时任美国科学研究发展局主任 V. 布什在 1945 年 7 月向罗斯福总统提交的《科学:没有止境的前沿》的研究报告中第一次清晰阐述的。他在研究报告中这样写道:"基础研究并不考虑实用的目的,它产生的是普遍的知识和对自然及其规律的理解。这种普遍的知识提供了解答大量重要实用问题的方法,但是它不能给出任何一个问题的完全具体的答案。提供这种圆满答案是应用研究的职责。"布什提出"基础研究"这一概念,目的是表明"基础研究"与"纯研究"是不同的,"基础研究是技术的先驱"。[①]

"基础研究"概念的提出,对于人们认识新的历史时期基础研究与应用研究之间的关系,投资基础研究以保持国家经济竞争力,具有十分重要的意义。布什强调:"一个在基础科学新知识方面依赖于他人的国家,将减缓它的工业发展速度,并在国际贸易竞争中处于劣势"。[②] 布什在研究报告中坚持了基础科学与应用科学的两分法,这种见解带来了第二次世界大战后科学研究的黄金时代。

随着时代的发展,基础研究和与之对应的应用研究的划分,越来越具有相对性。1997 年 D. E. 司托克斯在其撰写的《基础科学与技术创新:巴斯德象限》一书中,对 V. 布什的"基础研究"概念进行了批判性考察。他把基础研究分为纯基础研究和应用引起的基础研究,前者即 V. 布什所提出的基础研究,又叫基础理论研究;后者称为基础应用研究。

基础应用研究概念是随着经济社会的发展而提出的。当代社会,科学、技术与社会的关系一定程度上已经由"科学—技术—社会"的发展模式,向"社会—技术—科学"的模式转变。科学转化为技术、技术进入市场的进程越来越快,涉及的认识问题越来越多、也越来越深,企业等技术创新主体在技术创新的过程中遇到了各种各样的认识问题,需要基础应用研究去解决。现代社会已经进入风险社会,国家安全、环境、能源、资源、国民健康等领域的问

---

① ［美］V. 布什. 科学:没有止境的前沿. 范岱年,解道华译. 北京:商务印书馆,2004:63.
② ［美］V. 布什. 科学:没有止境的前沿. 范岱年,解道华译. 北京:商务印书馆,2004:63.

题日益凸显出来,更需要我们对这些相关问题进行科学研究。

基础应用研究与基础理论研究,虽然在目的、效用、动机、资金支持、组织形式等方面是不同的,但二者之间的划界标准不是唯一的而是多元的。因此,既要坚持基础理论研究和基础应用研究并重,又要鼓励科学技术共同体的一部分走出学术象牙塔,更多地关注企业技术创新和社会经济发展过程中产生的科学问题,针对基础应用研究的特点展开相关研究,从而为技术创新和社会经济发展服务。

(2) 从非战略性基础研究到战略性基础研究:从历史发展的角度看,人类的科学建制经历了"小科学"建制到"大科学"建制的发展阶段。最早使用"小科学""大科学"提法的是美国科学史学家普赖斯。近代科学研究活动主要是科学家个人的智力活动,属于"小科学"。其主要特点是:科学家自己解决研究经费,自己制造仪器设备,自己自由选题开展独立研究;研究人员比较少,研究规模比较小,研究成本比较低。这属于非战略性的基础研究。

到了现代,科学研究的情况有所改变,有时涉及科学自身发展中的重大问题,有时涉及国民经济和社会发展过程中的重大科学问题。这类问题的研究,无论是对于科学自身的发展还是对于国家经济社会的发展,都具有十分重要的价值,因此可以称之为战略性基础研究,也叫"大科学"。其主要特点是:科学研究以国家战略利益为导向,突出国家利益,强调科学研究的知识目标与国家发展的战略目标的统一;科学研究的领域和对象逐渐向微观各层次和宏观各层次深入,涉及的科学问题更大、更复杂;科学研究通常需要巨大的项目经费、大型仪器设备和基础设施的投入;科学研究的组织形式更加多样,通常由众多的人力资源组成跨学科、跨单位甚至跨国的协作,科研人员的人数剧增。大科学日益受到国家和政府的重视,由政府加以规划、指导、组织、管理和资金支持。美国的"曼哈顿工程""阿波罗计划",中国的"两弹一星""载人航天",以及由世界多国合作的"人类基因组计划"等,都是如此。

2. 从学院科学到后学院科学,从高校研究到"官产学"三螺旋

(1) 从学院科学到后学院科学:随着大科学时代的到来和工业实验室的兴起,科学活动出现了机制性分化,在学院科学存在的同时,产业科学和政府科学出现了,科学进入到后学院科学时代。学院科学,简单地讲,就是在学术机构里进行的科学活动。这里的学术机构包括大学及其类似的组织机构,主要进行的是科研和教学,学院科学家的主要目标是发表论文。产业科学,就是在产业组织如企业研发机构或工业实验室中进行的科学活动,科学家进行的科研的主要目标是提高企业的经济地位。政府科学,指的是既由政府资助,又在政府实验室里进行的科学活动,科学家主要进行的是那些既不能走向市场,又具有公共物品性质的研究与发展(R&D)项目。

(2) 从高校研究到"官产学"三螺旋:20 世纪以来,出现了"科学—技术—生产"一体化的大趋势。随着科学社会化的发展,现代科学已成为社会和国家的事业,成为一种新的战略产业,科学技术已经成为社会大系统中的一个举足轻重的子系统。由此,单纯由高校进行科研的传统战略发生改变,国家主导的政府科学有所加强,工业研究发展迅猛,呈现出"政府—产业界—学术界"三螺旋发展态势。

3. 从"机械连带"到"有机连带" 从正式的学术交流到非正式的学术交流

(1) 从机械连带到有机连带:罗(Law)通过考察英国 X 射线晶体学的研究,发现 X 射线晶体学家的很多早期工作(到 20 世纪 30 年代)使用 X 射线照射晶体,并推论出晶体的分子结构。他们借助相似的工具做相似的工作,这种科学共同体的科研组织方式就是机械连带。

　　罗在考察中进一步发现,到了 20 世纪 30 年代中期,英国物理生物学家阿斯特伯里和英国科学家 J. D. 贝尔纳开始用 X 射线研究蛋白质。这属于 X 射线蛋白质晶体学,这样一来,蛋白质晶体学家就与其他蛋白质研究者整合起来形成蛋白质共同体。他们围绕着共同的研究对象蛋白质,利用不同的工具和方法做着不同的工作,这种科学共同体的科研组织方式就是有机连带。

　　科学共同体的机械连带和有机连带的区别在于:前者取决于研究手段,后者取决于研究目的。与有机连带相比,机械连带限制了自由和创造性。因此,从科研组织机制的发展趋势看,科学共同体将由传统的机械连带形式更多地走向有机连带形式。

　　(2) 从正式的学术交流到非正式的学术交流:科学共同体内部成员间互动的一种主要方式是科学交流。美国科学社会学家克兰在她 1972 年出版的《无形学院——知识在科学共同体的扩散》一书中指出,科学共同体的交流方式有两类:一类是正式的学术交流系统,包括正规的学术会议、学术期刊、学术专著、文献摘要和目录索引等;另外一类是迅捷的、非正式的学术交流系统,研究人员大多通过直接交谈、通讯等个人联系的方式进行非正式交流,这就成了"无形学院"。美国科学社会学家默顿把它理解为地理上分散的科学家集簇,这些科学家处在较大的科学共同体之中,但是他们彼此之间在认识上的相互作用更加频繁。因此,在科学的前沿,往往是由"无形学院"通过非正式交流系统创造出新知识,然后由正式交流系统来评价、承认、推广和传播。技术共同体有一种重要的交流形式叫创新者网络,它提供创新者非正式的直接互动的机会,从而提高创新活动的效率。

　　21 世纪以来,由计算机和通信技术发展进程所推动,科研环境发生了很大的变化,虚拟科研组织即"e-Science"开始出现,就是利用新一代网络技术和广域分布式高性能计算环境建立的一种全新科学研究模式。在虚拟科研组织中,科学技术共同体彼此信任、资源共享和协助工作。虚拟科研组织标志着人类正在进入开放科学的伟大时代,能够使跨科学、跨地域和跨文化的科学家群体共同协作,以完成大型的、高难度的现代科学技术研究工作。

三、科学技术的伦理规范

　　科学技术活动是整个社会活动的一部分,但是,其本身又具有相对的独立性,遵守和服从于特定的行为规范。如果没有这样的行为规范,就不可能将科学技术成果造福于社会。所以,科学技术的伦理规范不仅是科学技术人员个体的行为准则,也是科学技术发展的基本保证和前提条件。

(一) 科学共同体的行为规范和研究伦理

　　1. 科学共同体的行为规范　科学共同体是科学家的组织和团体,这一概念最早是 1942 年由英国物理化学家和科学哲学家波拉尼在《科学的自治》一文中提出的。现代意义上的科学共同体开始于 17 世纪。1662 年英国皇家学会成立时,学会秘书长胡可所起草的章程明确指出科学的目标有两层含义:第一,科学应致力于扩展确证无误的知识;第二,科学应为社会服务。像其他社会共同体一样,科学共同体也必须遵循共同的行为规范,受一定规范的约束。

　　1942 年,美国科学社会学家默顿在其论文《科学的规范结构》中,将科学共同体内部行为规范概括为普通主义、公有主义、无私利性和有条理的怀疑主义四条原则。

　　普遍主义是指科学的标准是客观的,并不取决于倡导者个人属性或社会属性,如性别、年龄、宗教、种族等;科学向任何有才能的人敞开大门。

公有主义是指科学发现是社会协作的产物,都是"公有知识",科学家要公开其成果,并宣称不占有这一成果。

无私利性要求科学家为科学的目的即追求真理从事研究,而不能把科学作为追名逐利的"敲门砖"。

有条理的怀疑主义是指任何科技成果都必须经受合理的怀疑和批判的检验,强调科学永恒的批判精神,强调不偏不倚的调查研究,向自然和社会的每一方面的事实提出疑问。

进入20世纪下半叶以后,默顿的科学社会规范"四原则"受到了严峻的挑战。由于科学自身的发展特点以及社会运行机制发生了巨大的变化:科学从纯科学、小科学和学院科学嬗变成为应用科学、大科学和后学院科学。这对科学共同体的行为规范产生了影响,导致他们可能会为了追求个人利益最大化而违反默顿"四原则",甚至产生一系列学术不端行为。

因此,需要制定相应的科研诚信指南或行为规范,来指导和规范科学共同体的研究活动,这是"扩展确证无误的知识"的必然要求。今天,从科学知识的生产和认同来看,默顿从大量的理论研究和经验研究中凝练出的四种规范,体现了科学活动的根本目的,依然是科学家现实行为的重要参照系,其经典地位至今未曾从根本上动摇。

2. 科学共同体的研究伦理　从研究伦理的视角看,科学共同体还必须遵循"公众利益优先原则",即在科学研究中,科学家要对研究中的个人、动物以及研究可能影响到的公众负责。这就要求科学共同体的科学研究符合社会伦理和动物伦理的基本要求。

(1) 人体试验应该尊重人类的尊严和伦理:1946年在德国的纽伦堡诞生了世界上第一部规范人体试验的"法典",即《纽伦堡法典》。之后,人们以此为蓝本,制定了包括《赫尔辛基宣言》《东京宣言》在内的一系列规范人体试验的国际"法典"。

《赫尔辛基宣言》,被认为是指导人体试验最重要和最基本的文献。该文献明确指出:"医学研究必须遵守的伦理标准是,促进对人类受试者的尊严并保护他们的健康和权利。有些研究人群尤其脆弱,需要特别的保护。这些脆弱人群包括那些自己不能做出同意或不同意的人群,以及那些容易受到胁迫或受到不正当影响的人群。"[1]

(2) 动物实验应该遵循"动物实验伦理":其内涵主要包括:实验不合法认定,即任何一种动物实验都将被认为是不合乎道德的,除非实验者能够证明该实验的合理性;实验者要承担举证的责任,除非该实验的好处非常明显,否则该实验即不合理;尽量提高被用于实验的动物的"福利",减少动物所遭受的不必要的痛苦;尽量减少用于实验的动物数量;尽量寻求动物实验的替代实验等。

(3) 科学研究应该增进人类福祉:马克思主义道德观的一个原则就是"为世界大多数人谋福利"。科学家的社会责任是多方面的,但首要的一点就是增进人类利益。现代科学的飞速发展,在给人类带来福音的同时,也产生了一系列负面效应。在这种情况下,一切严重危害当代人和后代人的公共福利、有损环境的可持续性科学活动,都是不道德的,科学共同体应该对科学研究及其应用后果承担相应的责任。

1984年制定的《乌普斯拉规范》进一步明确了科学家的伦理规范。1999年7月1日布达佩斯世界科学大会通过并颁布的《科学和科学知识宣言》声明:科学促知识、知识促进步;

---

① 世界医学会.赫尔辛基宣言——涉及人类受试者的医学研究的伦理原则.杨丽然,译.医学与哲学(人文社会医学版).2009(5):74.

科学促和平;科学促发展;科学扎根于社会,科学服务于社会。这一声明应该是对科学家科学活动中的各种行为进行伦理甄别的最高原则。

(二) 技术共同体的伦理规范和责任

模仿科学共同体和科学范式的概念,美国技术史家康斯坦于1980年首先提出了技术共同体和技术范式的概念。以共同的技术范式为基础形成的技术专家群体便是技术共同体,其任务是在技术范式的指导下从事技术的解题活动。技术活动有其道德合理性,科学技术发展的同时也推动了社会道德的进步。马克思认为,人的自由应当建立在非异化的技术基础之上,未来技术的社会发展目标是实现自然主义和人道主义的统一,"它是人向自身、也就是向社会的即合乎人性的人的复归"①。这就是从个人、社会、自然三者和谐发展的角度,为技术共同体的伦理规范指明了最高目标。

工程师是技术共同体的主体,在工程活动中起着至关重要的作用。因此,对工程师的行为进行伦理规范就非常重要。迄今为止,许多发达国家制定了工程师伦理准则,对相关行业工程师行为加以规范。伦理准则的内容,包含了对雇主、客户和对社会(公众)的责任等。如美国土木工程师协会伦理章程的基本准则是:应当把公众的安全、健康和福祉置于首位;友善地对待环境和其他生命;诚实公平;应当维护和增强工程职业的荣誉、正直和尊严等。

随着环境问题的日益凸显,工程师对环境的责任也被写入章程。世界工程组织联盟于1986年颁布了全球第一个"工程师环境伦理规范",规定工程师的环境责任。工程师应该持有恰当的环境伦理观念,遵循工程师环境伦理规范,贯彻工程实践行为,达到保护环境的目的。

(三) 新兴科学技术的伦理冲击及其应对

众所周知,新兴科学技术在20世纪极大地改变了人类社会的面貌,同时,由于人类滥用新兴科学技术也带来了生存困境这一全球性问题。如,生物技术、医疗技术、网络和信息技术、纳米科学技术等,对传统伦理产生了冲击,引发了一系列的伦理难题,需要我们合理应对。

1. 生物技术的伦理困境　如试管婴儿的问题、有关克隆人的争论、人类基因的问题、食品安全的问题等,必将会带来很大的伦理、道德和法律等诸方面的变化,从而导致极为严重的伦理问题。

2. 医疗技术的伦理困境　伴随着现代医药科学、医疗技术、分子生物学等的进步与发展,就器官移植、安乐死、人体试验、基因治疗等的产生,引起了诸多的伦理道德问题。

3. 网络和信息技术的伦理困境　如网络内容规则问题、个人隐私问题、知识产权问题、网络安全问题、信息资源共享问题等,在现实与网络之间,衍生了许多前所未有的伦理难题。

4. 纳米技术的伦理困境　由于材料技术得到了很大的发展,使人类可以制造体积很小的智能机器,如植入人脑中的微电脑芯片等,这是智能技术在新材料面前的诱人前景,但这些技术也可能带来无法预见、对人类整体进行的挑战,即带来潜在的危险。

面对新兴科学技术发展给人类带来的伦理困境,必须重新审视传统的伦理观念,制定和实施切实可行的伦理规范。布丁格等人提出的解决伦理困境的"4A策略",可以作为科学技术伦理研究的基本框架:

---

① 马克思恩格斯文集. 北京:人民出版社,2009:185.

第一,把握事实。具体准确地把握新的科学技术伦理问题中所涉及的特定的科学事实及其价值伦理内涵,分析其中涌现出的伦理冲突的实质,以此作为进一步研究的依据和出发点。

第二,寻求替代。在把握科学事实与伦理冲突的实质的基础上,寻求克服、限制和缓冲特定伦理问题的替代性科学研究与技术应用方案。

第三,进行评估:在尊重科学事实和廓清伦理冲突的基础上,通过跨学科研究与对话对替代性的科研与应用方案进行评估与选择。

第四,动态行动。在评估与选择的基础上采取相应的行动,并根据科技发展进行动态调整。[1]

医学问题与思考:

医患关系与医生的行为规范

健康需求是人类永恒的需求,因而医疗实践成为了人类最重要的实践活动之一,医患关系就是医务人员与患者在医疗实践过程中产生的特定关系。医患关系作为一种社会关系,是一个历史范畴,其内在的社会性质和外在的表现形式随着社会、经济、政治、文化等发展状况而不断发生变化。

医患关系可以从狭义和广义两个方面进行理解。狭义的医患关系特指医务人员与患者之间的关系,它强调的是医务人员和患者之间在医疗卫生活动中所形成的直接的特定的服务与被服务的卫生服务关系;广义的医患关系泛指医务人员和患者间的关系。其中“医”的范围涵盖医师、护士、医技人员以及医务管理人员;“患”也不仅仅单指患者,还包括与患者有关联的亲属、朋友、单位等群体,即广义的医患关系是指以医生为主体的人群与以患者为中心的人群之间所建立的相互关系。

医患关系是一个世界性问题,由于影响医患关系因素众多,造成了医患关系存在国别间的差异。纵观西方发达国家的医患关系,虽然医疗纠纷频发、医疗伤害无法避免、医疗诉讼问题时有发生,但是医患关系普遍较为和谐,发展情况也较为平稳,基本上在理性和法律的框架内。

我国医患关系的现状主要是和谐主流之中存在着不和谐的支流,具体表现为医患关系日趋紧张,医患冲突频发,医患纠纷形式多样化,医患双方出现信任危机。中国医师协会《医患关系调研报告》显示,全国范围内医疗纠纷数量明显上升,每年约以30%的速度增长。[2]仅2013年10月17日到25日短短一周时间内,全国各地接连发生5起医疗纠纷恶性事件,医患关系紧张已成为影响正常医疗服务的突出问题。[3]

医患关系紧张的根源是多样的、复杂的。有一种观点认为今天医患关系紧张的根源就在于医生,是医生的职业道德出现了严重的问题,如以追求经济利益为目的的医疗不端行为普遍存在;服务意识缺乏,特权思想严重;个别医生缺乏业务钻研精神,玩忽职守等。在他们

---

① T. F. Budinger, M. D. Budinger. Ethics of Emerging Technologies: Scientific Facts and Moral Challenges. John Wiley & Sons, 2006:3-5.
② 张文娟. 我国医患关系紧张的原因及对策. 医学与社会,2014,27(4):44-45.
③ 鲍勇. 医患关系现状与发展研究:基于信任及相关政策的思考. 上海:上海交通大学出版社,2014:1.

看来医生已不再是"白衣天使",而是披着天使外衣的"白眼狼"。这种观点显然是片面的。医患关系紧张的原因是多方面的,既有医疗体制的不合理与不完善的原因,又有政府财政投入不足的原因,还有极个别患者(或家属)无理取闹的原因等。因而,医生不能也不应担起医患关系紧张所有的责任。但是,若说医生对于紧张的医患关系没有任何责任则同样是不合乎实际的,也是不合乎情理的。因为医生在医患关系中是处于主导地位的,医生对于医患关系的改善起着优先作用。所以,改善医患关系首先还应从医生本身,从医生的行为规范即医德与医术谈起。

在紧张的医患关系中,医生是"系铃人",也是"解铃人"。古语云:"医乃仁术",这就要求医生既要有高超的医术,更要注重医德的培养。由美国内科学委员会、美国医师学院和欧洲内科医学联盟共同发起和倡议的《新世纪医师职业精神——医师宣言》,对医师的职业精神提出了三项基本原则,即将患者利益放在首位的原则、患者自主的原则、社会公平的原则,为当代医师提出了职业道德的行为规范和行为准则。在此基础上,紧密结合中国文化的实际情况而提出的《中国医师宣言》,从六个方面概括了医师职业行为的规范:平等仁爱、患者至上、真诚守信、精进审慎、廉洁公正、终生学习。这是对医生职业精神的总体要求,医生应按照这一要求重塑形象。具体而言,当代的中国医生应在继承传统优良医德的基础上,结合现代性社会中所突现的权利、公平等时代特质,重点培育人道主义与人文关怀。作为健康的守护者,医师应遵循病人利益至上的基本原则,弘扬人道主义的职业精神,恪守预防为主和救死扶伤的社会责任。

第三节 科学技术的社会运行

作为社会建制的科学技术,其运行必然要受到政治、经济、教育、哲学等社会各方面因素的影响和制约,完善的运行机制和良好的社会环境是科学技术得以顺利运行的保障。科学技术作为一种文化形态,它的产生、发展、进程和成就与其所属的文化传统有着密切关系,应该以先进的文化理念引导科学技术。

一、科学技术运行的社会支撑

马克思从社会的经济结构出发,揭示了社会需要是推动科学技术发展的强大动力,科学技术的发展及其应用离不开社会的支撑。社会政治、经济、教育、哲学等既是科学技术产生的基础,也是科学技术发展的外部条件。

(一) 政治对科学技术发展的影响

政治是经济的集中表现,是一种以强制手段支配整个社会行为的强大力量。它在保护和完善它的经济基础的同时,又对科学技术的运行有着重大的影响与制约作用。

1. 社会政治制度层面 不同的社会政治制度对科学技术运行的方向、规模和速度的影响大不相同。一般说来,先进的、民主的政治制度对科学技术的发展起着保障和促进作用,而落后的、专制的政治制度对科学技术的发展起着阻碍和破坏作用。历史上,神权政治统治西欧长达千年之久,致使欧洲中世纪科学技术发展缓慢,趋于停滞。许多研究或传播科学真理的人被投入监狱,甚至被活活烧死。近代人体解剖学之父维萨里由于批判宗教神学和盖仑学说,曾被宗教裁判所判过死罪。我国封建时代的统治者视科学技术为"奇技淫巧",明清时代的统治者实行闭关锁国政策,结果使我国近代科学技术发展迟滞并落后于西方国家。文艺复兴以来,西方科学技术的迅速兴起和科学中心的转移,都和当时当地的政治环境、学术自由有着密切的关系。

2. 政策和体制层面 科学技术本身没有政治和阶级属性,不会直接地支持或有利于哪一个国家的政府。然而,一个国家却会通过制定科学技术政策以及体现这种政策的体制,去保护、支持服从其政治目的的科学技术活动,并为促进其发展提供良好的运行环境;反之,则去扼杀违反其政治目的的科学技术活动,或改变科学技术原来的发展方向。一般而言,国家的科学技术政策具体影响到对科学技术领域和项目的优先确立、对科学技术研究的投入程度等。国家可以通过其政治影响力,建立合理的人才激励机制,通过改善科研条件来促进科技的发展。正确的用人制度是吸引科研人才、稳定科研队伍的关键,是科学技术顺利运行的重要支撑。科学技术政策和体制实际上决定了科学技术运行的方向、规模和速度,并实际地进行着对科学技术系统与整个社会大系统关系的调整。

3. 社会政治行为层面 政治行为是人类独有的一种行为,它是政治主体对政治环境刺激的反应,是政治主体受内在动因和外在因素相互作用的结果。军事对抗是最激烈的政治行为,它是刺激科学技术发展的重要因素。历史上许多重大技术发明都和战争有密切的关系,从古代的宝剑战船到现代的原子弹、电子计算机都是战争的产物。但是另一方面,战争又会大规模地破坏生产,毁灭科学技术成果,破坏科学技术设施,消耗发展科学技术的人力和物力;庞大的军事开支常常阻碍其他学科的发展;军事上的保密也限制了情报的交流与技术的传播。战争和备战会导致科学技术的畸形化,并且会付出牺牲经济发展和破坏人类文明的沉重代价。

(二) 经济对科学技术发展的影响

经济与科学技术是现代社会发展的两大杠杆。在影响科学技术发展的社会诸因素中,经济因素占据着首要地位,是推动科学技术发展的最直接动力。

1. 社会的经济需求是科学技术发展的最重要推动力量 社会需求决定着社会对科学技术某些方向的支持、扶植和激励,决定着整个社会科学技术资源的配置,并按需求评价科学技术成果的价值和效益。恩格斯说:"科学的发生和发展一开始就是由生产决定的。"[1] "经济上的需要曾经是,而且越来越是对自然界的认识不断进展的主要动力。"[2] 整个科学技术发展的历史表明:从远古时代科学技术的萌芽产生,到近代科学实验成为一种独立的社会实践,直到现代科学技术成果以越来越快的速度和越来越大的规模在生产和生活的各个领域得到日益广泛的应用,并且引发了新的科学技术革命,都是由于社会物质生产实践的需要。物质生产是人类社会赖以存在和发展的基础,是决定其他社会活动最基本的实践活动,也是科学技术产生、发展的前提和基础。物质生产不仅为科学技术发展提出需要解决的问题,也提供了必要的物质手段和条件。

2. 社会的经济支持是科学技术发展的最重要基础 科学技术研究是一种创造性的劳动过程,现代大科学、高技术的兴起使科学技术成为耗资巨大的社会工程。社会对科学技术

---

① 马克思恩格斯文集:第 9 卷. 北京:人民出版社,2009:427.
② 马克思恩格斯文集:第 10 卷. 北京:人民出版社,2009:599.

所投入的资金、设备、人才、情报等,归根到底都靠社会的经济投入来支持。社会对科学技术的经济投入水平,又是从根本上被社会的经济发展状况即经济实力制约着的。一个国家的R&D强度(R&D/GDP)与人均GDP的水平有关,西方发达国家的R&D强度普遍高于2%,中等发达国家一般在1%～2%,发展中国家一般不足1%。经济实力对科学技术的影响还表现在科研经费的使用分配上,一般来说,经济实力雄厚的国家不仅将更多的经费投入到风险高、耗资大、周期长的高新科学技术领域,而且通过教育、文化建设等渠道对科学技术发展的间接经济投入也快速增加。相反,经济实力弱的国家则更加注重能直接促进生产力发展的领域,科学研究及科研成果转化为现实生产力的水平还很低。因此,对于科学技术发展来说,不仅要有财力支持,而且还应有适当的经济体制和运行机制来保障。

3. 社会的经济竞争是科学技术发展的最重要刺激因素 自商品经济产生以来,经济竞争就成了给经济发展不断注入活力的源泉。恩格斯说:"彻底的自由竞争必然会大大促进新机器的发明。"①自由竞争有利于新技术、新发明的产生和应用,推动着科学技术的进步,而垄断和垄断性的部门则会对某些技术和服务的改善持消极态度,甚至阻碍科学技术的正常发展。在经济竞争中,无论企业还是国家,越来越依靠于科学技术的进步,并把经济产出的更大比重投放到支持科技进步上,于是形成了经济发展与科技进步之间、投入与产出之间的良性循环。同时,经济上的协同、协作和联合也是科学技术发展的动力。马克思通过技术史的事实,证明了"18世纪的任何发明,很少是属于某一个人的。"②在当代,交叉融合成为科学技术发展新的增长点,不仅需要大型科研人员团队、大型科学仪器,更需要依靠多学科的联合攻关,以及综合多学科的思维体系。

(三) 教育对科学技术发展的影响

教育和科技在总体目标上是一致的,就是共同服务于经济社会发展和人的全面发展。在现代社会,科学技术是第一生产力,是社会发展进步的源泉,而教育则是科学技术进步的基础。

1. 教育发展的状况决定着科学技术发展的状况 马克思指出:科学劳动"部分地以今人的协作为条件,部分地又以对前人劳动的利用为条件"。③科学劳动的这一特点表明,科学技术的进一步发展需要专业科技人员以继承他人和前人所积累的成果为前提。教育是培养、生产知识者的重要途径,科学技术劳动者是通过教育造就出来的。教育发展状况的好坏,不仅决定着科学技术队伍的质量、数量和结构,而且还决定着科学技术队伍知识更新的能力及其后备力量的培养。科学认识的特点在于创新,而创新只能在继承的基础上发生,所以,没有教育,就没有知识的继承,也就不会有创新。科学技术发展的历史表明:一个社会、一个国家科学技术发展的状况同本国的经济、政治和教育发展的状况是密切相关的。如近代科学中心的转移是与教育中心的转移同步的,即由意大利到英国,再从英国到法国、从法国到德国,20世纪30年代后又从德国转移到了美国。

2. 教育普及的程度决定着科学技术成果在社会中传播、消化、吸收和应用的速度与程度 科学无国界,任何科学技术成果都可以超出国家和地区的界限,为整个人类所共享。但

---

① 马克思恩格斯全集:第4卷.北京:人民出版社,1958:288.
② 马克思恩格斯文集:第5卷.北京:人民出版社,2009:429.
③ 马克思恩格斯文集:第7卷.北京:人民出版社,2009:119.

每个国家和民族享用这些科学技术成果的能力,取决于该国家和民族的教育水平。不论生产工具如何先进、劳动对象如何丰富,最终还是要人去掌握、使用;生产过程其实也是劳动者把自己所掌握的科学技术知识物化到劳动对象上的过程,劳动者素质是决定劳动生产率的首要因素。一个国家和民族的教育水平越高,公民的科学素养就越高,接受、消化、吸收和应用成果的能力就越强;反之,则越弱。不过,教育对科学技术的影响,尤其是对经济发展的影响有个"滞后期",这恰恰需要对教育进行超前的投入。如果由于教育的影响不能立即在科学技术和经济发展中显现出来而忽视和冷落教育,则是十分错误和有害的。

(四) 哲学对科学技术发展的影响

哲学是关于世界观和方法论的学说,它与科学技术之间是普遍与特殊、共性与个性的关系。无论科学技术工作者愿意与否、承认与否、自觉与否,他们都要受到自己的世界观、认识论和方法论的影响。即使没有系统受过哲学训练的人,由于自身的思维活动和受社会的影响,也会持有某种哲学观点。更何况,科学技术的研究活动是一种复杂的认识活动,要进行思考和逻辑推理,并上升为理论体系,就更离不开理论思维,离不开哲学,问题只在于这种理论思维或哲学是否科学、正确。正确的哲学能够为科学家开拓认识真理的道路,推动科学技术的发展;错误的哲学则堵塞认识真理的道路,阻碍科学技术的发展。辩证唯物主义是在科学技术本身发展基础上产生的,是适应于现代科学技术发展需要的哲学。当代科学技术工作者应当自觉地学习辩证唯物主义,并把它自觉地运用到自己的科学技术实践中去。

二、科学技术运行的社会保障

现代科学技术的社会运行是一个极为复杂的动态系统,在其运行过程中,必然要受制于社会运行环境系统的综合影响。从系统的观点建立科学技术的政策、法规与组织机构,并使之制度化,以便对科学技术活动进行合理的调节控制,保障其健康持续地运行发展,这是科学技术社会运行必须解决的重大问题。

(一) 建立完善保障研发活动社会运行的机制

建立保障研发活动社会运行的机制主要包括:较高的科技投入水平、合理的科学活动结构和高效的科研组织管理等。

科技投入的水平是衡量科技发展水平的重要标志。衡量科技投入水平,一般有 R&D 总资金、R&D/GDP、R&D 增长率/GNP 增长率、R&D/国家财政总支出等指标。R&D 占 GDP 比重(R&D/GDP),是国际通用的重要指标,不仅反映了一个国家科技投入水平,同时也反映了该国结构调整、科技经济协调发展的总体情况。近几十年来,随着我国经济的快速增长,研发经费在国内生产总值中所占的比例出现了显著增长。但由于我国人口基数大,人均 R&D 经费还很低,R&D 投入强度还不足以支撑我国的经济发展。因此,我们应继续保持 R&D 经费年增长率以及继续增大 R&D 投入强度。

合理的科学活动结构是指建立恰当的基础研究、应用研究和开发研究的关系。R&D 经费的高投入是提升创新能力的基础,而经费在各执行主体和不同研发阶段之间的合理配置则是 R&D 效率的保证。在发达国家,R&D 经费来源中,企业大多在 65%~75%,高校所占份额一般在 15%~20%,基本态势是超过政府研发机构,而且基础研究、应用研究与开发研究三大研发阶段的科研费用之比约在 15∶25∶60 的范围内。深化我国科技体制改革,必须打破研发投入上的行政主导和部门分割,建立主要由市场决定技术创新项目和经费分配、评价成果的机制。遵循研发投入的规律,形成政府与市场的合理分工,建立有利于研发投入效率提高的配套环境以及教育和培训体系。

科研组织管理对科技发展起着决定作用。科研组织是科技进步和科技创新的主体,对国家科技、经济和社会的发展起着重要作用。特别是在国际科技与经济发展竞争日趋激烈的形势下,世界主要国家不约而同地选择了知识经济的发展模式,科技创新成为引领社会经济发展的基本方式。在国家创新体系下,协同创新已经被实践证明是一条充分调动各类创新主体积极性和创造性、集成放大创新效能的重要途径。这不仅意味着科研组织要对外部环境的变化及时做出响应,而且还要制定适合组织发展的战略和决策,运用组织能够获取的资源来实现相应的目标。

(二) 建立完善保障科学技术发展的决策机制

国家的科学技术决策机构,根据科学技术发展规律、科学技术与经济的发展水平以及国家发展战略,制定战略、政策、法规等,运用资金、市场、政策法律、社会创新组织等杠杆作用,保障和规范科学技术的社会运行活动。20 世纪 80 年代初,尼尔森等学者指出,在现代工业中,国家是科学技术这个最重要的生产要素的主要提供者。

1. **战略方针制定**　科学技术与生产一体化表明:科学技术是经济和社会发展的首要推动力量,是国家强盛的决定性因素。我国早在 1985 年就明确提出"经济建设必须依靠科学技术、科学技术必须面向经济建设"的战略方针。《国家中长期科学和技术发展规划纲要(2006—2020)》进一步强调:"到2020 年,我国科学技术发展的总体目标是:自主创新能力显著增强,科技促进经济社会发展和保障国家安全的能力显著增强,为全面建设小康社会提供强有力的支撑;基础科学和前沿技术研究综合实力显著增强,取得一批在世界具有重大影响的科学技术成果,进入创新型国家行列,为在本世纪中叶成为世界科技强国奠定基础。"[1]这就要求建立并完善国家创新体系,大力发展有关国计民生的科学技术。在大力进行基础理论研究的同时,加强基础应用研究;在大力进行战略性基础理论研究的同时,加强战略性基础应用研究;在积极发挥科学技术经济功能的同时,充分发挥其政治、文化以及环境保护的功能。

2. **政策法规引导**　科学技术尤其是现代高科技在社会运行过程中,必然涉及价值理性和社会选择问题,使得公共政策制定时常常面临两难选择困境。应该全面评价科学技术风险-收益的多个方面:批判性地考查"内部"存有争议的科学知识或技术知识,分析相互竞争的利益集团和社会结构的"外部"政治学,理解专家知识和决策的局限性、公众理解科学的必要性以及外行知识的优势,明确政府、专家以及公众在与科学技术风险相关的公共决策中的不同作用,辨别公众参与决策的可能方式,从而形成最优化的科学技术公共政策模式。政府通过发挥政策导向、法规约束、管理引导等功能,去整合全社会创新主体的创新能力,形成国家创新系统与国家创新能力,推动科学技术创新活动的可持续发展。通过制定有关的政策措施,加强对高技术产业发展的参与、干预、组织与调控。

3. **产业升级调整**　产业结构升级进化是科学技术创新、尤其高技术创新之所以能形成新型生产力的基础和核心。科学技术创新既是产业发展的动力,也是产业结构调整的关键环节。产业结构优化和升级主要是通过现有生产领域的不断创新,创造出适合现实需求和

① 国家中长期科学和技术发展规划纲要(2006—2020).北京:人民出版社,2010.

潜在需求的新产品,改变过去以生产规模的快速膨胀来促进经济发展的短期行为。要建立科技有效支撑产业发展的机制,围绕战略性新兴产业需求,以数字化、网络化、智能化为重点,推进工业化和信息化深度融合。要改变传统技术创新目标的单一性,大力发展环境技术创新,如末端治理技术、清洁劳动技术、生态化技术、低碳技术等,推动技术改造,促进传统产业优化升级。产业结构调整不仅是我国经济稳定、持续发展的必然举措,也是增强社会经济的国际竞争力的客观要求。

(三) 改革完善科技奖励和评价体系

1. 科学奖励与技术专利制度 科学奖励系统的出现,源于对科学职业动力机制的深入考察和分析。默顿对科学家争夺科学发现优先权这一现象进行分析后,首次提出科学奖励系统的概念。科学奖励系统的实质是对科学家独创性贡献和科学能力的承认,这是由科学家的职业特点、科学劳动的复杂性、科学发现和科学成果的公有性所决定。科学家所期望的承认,实际上就是科学发现的优先权。默顿认为,科学建制的目标是增长知识,这就把科学发现的独创性推到首要地位。科学规范要求科学家必须公开其发现,并接受科学界同行的审查、鉴定。

与科学发现的优先权相对应的是技术发明的专利权。技术专家提交的成果通常被称为"技术发明",是技术专家创造的自然界原来所不存在的人工产物。与科学发现不同,技术发明的前期智力和资金的大量投入,以及技术发明的公开可以带来可观的商业利益,即后期模仿和增值的易获利性,都必须通过专利来调节。专利制度从法律上保护了发明者的劳动成果不受侵犯,且专利带来的效益越大,专利权人的回报也越大。专利制度是技术社会建制的重要组成部分,也是技术社会运行的润滑剂,它是对技术创新成果的权益及其有序扩散和转化的有力保证。

2. 科技奖励体系 结构决定功能,科技奖励制度的功能发挥取决于科技奖励体系的内在结构。科技奖励体系由主体、客体和层次三个方面构成。

科技奖励的主体是指科技奖励的设置者和组织实施者。西方发达国家科技奖励是大量的非政府科技奖励,包括企业、科研机构以及其他社会机构和个人奖励。我国科技奖励制度化始于1950年。随着改革开放的深入发展以及科学技术在市场经济中的巨大作用,1999年5月,我国颁布了《国家科学技术奖励条例》,形成了以国家级科技奖励和省(部)级科技奖励为主、社会力量设立科学技术奖励为辅的科技奖励体系。科技奖励的客体是科技奖励的获奖对象,现阶段的科技奖励有人物奖励和成果奖励两种。人物奖是指奖励对象为在某一学科或技术领域做出突出贡献的科技人员,而成果奖奖励对象是科研成果。前者是直接激励在科技教育、研究开发、科技管理和科技成果推广应用中成就卓著的科技工作者;后者则是通过对科技成果的技术、环境、社会和经济评价与承认,间接激励在该项目中做出主要贡献的科技人员。从本质功能来看,科技奖励是对科学家及其群体的承认、激励与引导。科学共同体的社会分层特征决定了科技奖励体系分层的必然性,而且要求奖励体系的层次与科学家的分层结构相适应,保证各个层次上的科学家都能受到激励,从而凝聚起激励科技创新的合力。

3. 科技中介服务体系 由于科学技术活动的复杂性,科学技术在社会运行中,除了自身运行过程各环节需要中介服务外,还离不开非技术、非生产性的中介服务如律师、市场调查、咨询、公共关系、风险投资等,以及非生产性公司包括研发实验室、产品设计室、猎头公司等。在市场经济条件下,科技创新活动、高风险的研发投入都需要通过社会化中介机构来推进。

科技中介服务体系作为科技系统的子系统,由行业体系、组织管理体系、法律法规政策体系组成。科技中介服务的各种行业是这个系统的组成要素,科技中介服务业的组织管理规定了系统中各要素的关联,法律法规政策则为科技中介服务业的发展与完善提供了一个平台。行业体系、组织管理体系、法律法规政策体系三者相辅相成,共同构成我国科技中介服务体系。

科技服务中介体系建设的目标是组织系统化、服务产业化、功能社会化,从而涵盖了科学技术社会运行的各个方面。科技中介服务作为国家创新体系的构成要素,是实施创新驱动发展战略的重要支撑力量;作为服务业的重要组成部分,科技中介服务对于优化我国服务业结构、提升服务业竞争力乃至整个经济社会的发展质量都具有重要作用。此外,科技创新治理的现代化也需要发挥科技中介服务的独特作用。

三、科学技术运行的人文引导

科技与人文是科技与社会关系的一个重要方面。现代科技的高速发展以及在经济社会领域的广泛应用,不仅改变了自然和社会,而且给人类带来了更可怕的潜在风险与危害,由此引发了科技与人文的"两种文化"问题。当代科学技术的运行尤其需要人文引导。

(一) 科学文化与人文文化

1. 科学及科学文化的含义 "科学"一词的英文"science"来源于拉丁文 scientia(学问、知识),具有这样一些含义:学问或知识、感觉或知觉。即人具有通过感官获得经验的能力,在感官经验基础上形成知识和判断能力。科学是对于表达自然现象的各种概念之间的关系的理性研究,是以自然界为指向的文化体系。

科学文化是科学家在科学活动中的生活形式和生活态度,或者是他们自觉和不自觉地遵循的生活形式和生活态度。科学文化以科学为载体,蕴涵着科学的禀赋和禀性,体现了科学以及科学共同体的精神气质,是科学的文化标志。科学文化的内涵和要素集中体现在科学知识、科学思想、科学方法、科学的宇宙观或世界图景,尤其体现在科学精神之中。科学文化的外在体现则是多种多样的:①物质与器物层次的科学文化,它构成了经济发展和社会进步的重要物质基础;②制度与组织层次的科学文化,它促进生产关系和上层建筑的不断进步;③行为规范与价值观层次的科学文化,它不断塑造和提升人们的行为规范和价值观念,推动人类精神文明建设;④手段与载体层次的科学文化,特别是那些具有重大社会效益的技术发明往往推动着技术文化的发展。

2. 人文及人文文化的含义 英文的 humanities 来源于拉丁文 humanitas,而拉丁文 humanitas 继承了希腊文 paideia 的意思。汉语的"人文"一词,最早出现在《易经·贲》中,"观乎天文以察时变,观乎人文以化成天下"。无论是西方还是中国,"人文"一词都包含有"人"和"文"两方面的意思。前者往往与"人性"等同,后者往往与"人文学科"等同。人文是以伦理道德、哲学、文学艺术、宗教等社会领域为指向的文化体系。

人文文化是人在其生活和社会实践中缓慢形成的文化,也是围绕人思考、研究、撰写、制作和应用,逐渐展开和达成的、处处与人相关的文化。人文文化是以人文学科为基底,主要凝聚在人文知识、人文思想、人文方法、人生观和生活方式中,尤其渗透和显现于人文主义或人文精神——这是人文文化的核心和精髓。人文文化以人为本,重视人的存在、人的心性、人的行为、人的尊严、人的价值、人的权利,把人真正当作人而不是物。人文文化讲求人道,提倡对他人的关爱和帮助,特别是提倡对弱势群体的关爱和帮助。人文文化的核心是对人的生命认识和终极关怀,认为生命没有等价物,生命应受到最大限度的保护。人文文化具有异常的广泛性、丰富性和包容性,远比科学文化更为深广地渗透到人们社会生活的各个领域。

3. 科学文化与人文文化的关系　科学文化与人文文化之间存在有诸多差别或异质性,但在本质上又是统一的。

（1）科学文化与人文文化的区别

1）认知取向不同:人们的意识和思维活动可以分为由具体到抽象和由抽象到具体两个方面。科学文化的目标是"求真",也就是对"实然"问题的解答,以发现自然的普遍规律(定律、法则、原理)为认知取向。人文文化的目标是"求善",也就是对"应然"问题的回答,它表达的是对客观事实的自身感受,或者对事实与规律的来源做出因果性的解释和论证(如人的需求层次论等)。

2）作用不同:科学文化体现着人类的客观真理性,是人类把握世界的一种基本方式;科学文化体现着的科学理性、科学规范和科学精神等,又是促进社会变革和精神文明不断进步的价值支撑。人文文化在人类社会发展中起着先导与灵魂作用。优秀的人文文化是推动人类社会历史前进的精神动力,是人类社会的精神旗帜,对人类社会的进步和创新有着深远的影响。

3）意义不同:科学文化关注的是外在的物质世界,研究的是"物理",提供的是"器",意义在于指导人们"如何做事"。人文文化关注的是人内在的精神世界,意义的世界,人的情感世界,强调的是对人的生命价值的终极关怀,提供的是"道",意义在于指导人们"如何做人"。

（2）科学文化与人文文化的统一

1）根源相同:在人类文化早期,几乎没有科学文化与人文文化的区分,科学和人文都是在人类不断的实践和探索的过程中发展起来的。古希腊是欧洲文明的摇篮,古希腊科学又称自然哲学。古希腊人所开创的"求知"的精神、"理论"的理性、"对象化-主体性"的思想方式构成了西方科学(哲学)的传统。

2）目标一致:无论科学文化还是人文文化都是为人类的生存、活动和发展服务,终极目的都是为了求得人类的终极解放和全面发展,追求人与自然的和谐统一。具体体现在合规律性与合目的性的统一、事实与价值的统一、求真与扬善的统一,这也是两种文化统一的内在根据。

3）内容互补:无论科学文化还是人文文化都只能作为整个人类文化系统的一个子系统存在和发展,并与其他文化子系统相互联系而有所作为。这种联系表现为科学和人文需要从对方吸取思想资源和精神灵感,并受一定时代的整个文化环境的培育和规范。科学文化和人文文化互相补充、互相促进,贯穿于人类文明之中。

（二）科学文化与人文文化的分离与冲突

1. 科学文化与人文文化的分离　在人类文明发展的历史长河中,科学文化与人文文化的发展一直处于不平衡状态。但事实上,直到被西方科学史学者们称为爆发了近代科学革命的 17 世纪,作为科学的现代典型形式的物理学也依然没有从人文这个大家庭中分离出来,最典型的证例是物理学家牛顿的经典物理学著作《自然哲学的数学原理》。科学文化与人文文化的概念,是由英国学者 C. P. 斯诺 1959 年 5 月在剑桥大学演讲时提出的。他在报告中对科学文化与人文文化的分离与冲突这一现象表示了高度的关注和深切的忧虑:"一极是文学知识分子,一极是科学家,特别是最有代表性的物理学家。两者之间存在着互不理解的鸿沟——有时(特别是在年轻人中间)还互相憎恨和厌恶,当然大多数是缺乏了解。……他们对待问题的态度完全不同,甚至在感情方面也难以找到很多共同的基础。"[①]斯诺认为,这种分离不利于整个社会的发展,而出路只有一条,就是改变现行的教育制度和教育方法。

在当代,一方面科学技术为社会建构提供了强有力的物质基础和精神动力,另一方面科学与人文的分离正成为人类面临的一个突出的文化困境。这种困境无论是在个体还是在社会性的群体中,都存在着两种文化在知识层面、思维方式层面和精神层面上的分离。科学与人文的分离表现在相互联系的四个方面:

第一,自然科学和技术愈演愈烈的学科分化和扩张,使人文学科的领地日见狭窄。可以说,从启蒙运动至今,科学主义或唯科学主义一直是西方社会思潮的主流。尽管在 20 世纪的一段时间里人文主义的思潮也十分强劲,但它们对科学的理解不但没有超出科学主义的视野,反而从根本上否定了科学的人文意义和价值,从而进一步加深了对科学的片面理解。科学主义者强调自然科学的"客观性"和科学方法的独特性,否认人文学科的科学性并宣布其在认识上的无意义。人文学科不仅在地位方面越来越低,而且在教育思想方面,科学教育、专业教育、技术教育压倒了人文教育。

第二,学问普遍的科学化倾向和功利化,导致了社会科学的兴起,也使人文学科的地位进一步下降。近代以来,运用自然科学的方法来解决社会问题的学科即社会科学日渐兴起,它们进一步挤占了传统人文学科的地盘。社会"科学"的概念取代了"人文"的概念,"功利"的概念取代了"理想"的概念。在一个科学化的时代,为了争得在学术殿堂中的位置,人文学界也出现了"人文科学"的说法,借以在科学时代合法地谋得一席之地。

第三,重视培养专业人才的教育体制,人为地造成了科学与人文之间的疏远和隔绝。近代以来,教育在其进程中深受科学主义的影响。体现在教学方式上,偏重智力教育,推崇能力主义,重视逻辑思维能力,而较忽视情感、态度、意志、兴趣等非智力因素;重视学科知识的系统性、理论性,而较忽视沟通不同学科的知识,以及建立科学技术与社会、文化、伦理的联系;重视知识的传授,而较忽视个性的充分发展。这种"重理轻文"的教育现状使得科学与人文之间的鸿沟日益加深。

第四,自然科学自许的道德中立,使得科学家们心安理得的拒绝人文关怀。与之相关的是近代哲学对事实与价值的二分,这种二分将科学置于澄清事实的范围,而不涉及价值问题。自然科学家们也许并不反对博爱善行的人道主义,但当科学的力量原则与人文经验发生冲突时,他们可能要牺牲后者。科学与人文的分离,常常体现为科学对人文传统的轻视。

2. 科学主义与人本主义的对峙 如果说以科学家集团为代表的科学文化和以人文知识分子为代表的人文文化的冲突还停留在一般层面上,那么,科学主义与人本主义的对峙则是科学文化与人文文化的冲突在更深层次上的反映与表现。

---

① [英]C. P. 斯诺. 两种文化. 纪树立,译. 北京:生活・读书・新知三联书店,1994:4.

（1）科学主义：科学主义（scientism，亦译唯科学主义）作为西方一种重要的哲学思潮，是伴随着自然科学的发展、兴盛而兴起的。它试图用科学的标准来衡量人类的认识和生活，分为学科内的科学主义和学科外的科学主义。

科学主义的产生有其社会、文化、心理等方面的原因，是人类在一定历史时期对科学的理想看法，表示的是对科学及其应用的态度和立场。即坚信科学真理的绝对性、科学方法的普适性以及科学价值的扩张性，由此使得科学观念成为一种话语权威，施诸于不同知识领域。它能够推动科学建制的确立、科学技术的发展及其应用，能够帮助人们解放思想，摆脱迷信，明辨是非。而且，将科学方法应用到人文社会科学的研究中，确实在一定程度上促进了这些学科的发展，因而具有一定的历史必然性与合理性。但是，它追求工具理性忽视价值理性，把自然科学的观念、方法不加限制地外推搬用并规范人文、社会科学，错误地把自然科学当作科学性的标准，实质上是以科学性来取代人性和排斥人性。这不仅导致了科学与人文的分离和对立，而且在社会实践中又带来了诸如环境污染问题、全球性生态问题等一系列社会问题。对科学的过分神化和无限滥用，又使其走向了一种违反科学原则的极端形式，也为后来的反科学思潮的兴起埋下了种子。

（2）人本主义：人本主义（humanism，又称人文主义、人道主义）既是一种哲学观，又是一种具有广泛影响的现代社会思潮和学术思潮，它对美学、文学艺术、心理学、教育学、管理学、法学等学科的发展起着极其重要的作用。影响较大的几个流派有以叔本华、尼采为代表的唯意志论，以狄尔泰、柏格森为代表的生命哲学，以雅斯贝斯、海德格尔、萨特为代表的存在主义以及弗洛伊德的精神分析学、法兰克福学派的社会批判理论等。人本主义试图超越理性，采取"非理性"或"反理性"的哲学立场来研究人的本质及人与自然的关系。

现代西方人本主义以不同的形式强调人在哲学中的地位和意义，强调人的自主性、实践性和能动性，强调在人与世界的关系中，人占主导地位，使哲学研究在不同程度上从传统抽象化的自在的自然界或绝对化的观念世界返回到人的现实生活世界。从人出发、以人为最终根据和最高目的去考察、说明、处理一切问题，从而具有更贴近现代人的生活气息，这使得现代西方人本主义思潮超越了近代西方哲学。从这一意义上说，人本主义有其合理之处。但是，非理性的过分张扬，会导致对一切价值、意义的消解，造成思想的迷失和混乱；主体性的无条件扩张，会导致"人类中心主义"主宰和征服大自然的霸道态度，结果遭到环境污染、生态恶化的报复性惩罚；个体"自我"的极度膨胀，会导致人的无节制欲望和恶性功利追求，伤及他人、社会和公共利益，也会带来灾难性后果。

当代人文主义者一般贬低科学技术的作用，他们认为科学技术并不是一种解放力量，相反，而是一种新的控制形式和意识形态，是当代堕落、异化及矛盾的祸根。他们反对实证主义的自然科学理想，即反对将自然科学的方法推广到人文知识领域，或者说用自然科学的模式来塑造人文知识。他们坚持人文知识的自主性和独立性，认为这些知识领域因其自身的主题而与自然科学区别开来。他们对科技会带来副作用的揭露和批判，是发人深思的。但是，他们往往带有反科学技术的色彩。他们大都从科技带来的负面作用而不是从资本主义制度本身的弊端去揭露和批判，无疑具有很大的片面性。

（三）科学文化与人文文化的交融

两种文化的分裂不利于科学技术的可持续发展，也不利于社会的进步，因此，应该在追寻人类生存和发展意义的基点之上,进行科学文化的价值理性重建,发展并重构科学技术,使之走向人性化和民主化。

1. 科学精神与人文精神的融合　科学精神是建立在科学思想和科学观基础之上,是对科学的产生和发展规律及其科学活动主体要求的一种理性升华,是促进科学活动的精神动力。人文精神是蕴涵在人文社会科学中的对人类生存意义和价值的关怀,是一种以人为对象、以人为中心的思想。科学精神和人文精神是人类在探索对象和发现自己的活动中形成的两种观念、方法和价值体系,它们统摄着我们对世界的把握。在科学精神的指引下,科技进步得到了真正的实现;而只有在人文精神的引导下,科学技术才能把握正确的前进方向。实现科学精神与人文精神的融合,既不是合二为一,也不是用一种精神去统率、消解另一种精神,而是要使科学精神人文化和人文精神科学化,使以"求真"为旨趣的科学具有更多的"善"和"美",使以求"善"和求"美"为主旨的人文具有更多的"真"。

2. 科学教育与人文教育的整合　两种文化的交融体现在人才的培养过程中,就是科学教育与人文教育的整合。人类社会向前发展的最终目标是人的自由和全面发展,教育是实现这一目标的有效手段。科学教育与人文教育的整合表征的是两种教育回归自我的本真和回归教育的本真,在更好地发展自我和更好地促进人的完满精神世界的建构上达成深度共鸣或高度默契。尽管它展现的是教育活动的过程,但其实却展现为两种教育中的人从"人与人""人与教育"文本两个向度进行的关系重构或重建活动,体现为教育内容、教育方法、教育目标以及课程设置等方面在高层次上的结合。关于科学技术与社会(STS)教育就是让科学家了解人文文化,使人文学者懂得科学文化,通过加强科学技术工作者与人文工作者之间的沟通和对话,使两种文化相互宽容、相互借鉴、相得益彰。通过文理兼容的全面教育培养真正兼备科学素质和人文素质的人,使社会与人的发展更加和谐有序。

3. 自然科学与人文科学的统一　由于科学与人文同属于人类文化的范畴,因此,它们之间必定存在着根本目的上的相通之处——促进社会的发展,增进人类的幸福。马克思说:"社会是人同自然界的完成了的本质的统一,是自然界的真正复活,是人的实现了的自然主义和自然界的实现了的人道主义。"[1]也只有在这样的社会中,人和自然界才能够真正体现出其实在性,即"人对人来说作为自然界的存在以及自然界对人来说作为人的存在。"[2]显然,自然界和人不仅互为对象,而且相互渗透,相互包含,这决定了自然科学与人文科学的相互包含。无论自然科学还是人文科学,都是人的本质力量的表现,二者在社会实践基础上得以统一。而实践的发展过程同时也是自然界与人日益融合、走向一体化的过程,也必然使自然科学和人文科学日益融合、走向统一,成为"一门科学"。

医学问题与思考:

弘扬医学人文精神

今天,到处都能听到弘扬医学人文精神的呼声,社会各方也寄予了很高的期望。但问题在于,医学人文精神究竟指的是什么? 先来看人文精神。西方的人文精神探索是从苏格拉底提出的"认识自己"开始的,在文艺复兴时期达到了极致。西方的人文精神强调的是"自

---

① 马克思恩格斯文集:第1卷.北京:人民出版社,2009:187.
② 马克思恩格斯文集:第1卷.北京:人民出版社,2009:196.

然人"这一个体的存在,更偏重"人本主义"。我国的人文精神从一开始就与西方不向,"观乎天文,以察时变;观乎人文,以化成天下"。"人文"与"天文"并举对称,"天文"或天道自然法则是人类应当取象效法的对象,而取象效法"天文"又须以人文化成为目的。此外,学界还立足于人类文化、终极关怀等角度对人文精神加以理解。尽管这些理解不尽相同,但从根本上都是为了"人",为了人的自由而全面的发展。

医学人文精神是医学科学的本质特征和医疗职业的理性自觉,是医学科学和医疗卫生保健服务的价值目标的理性提升,是医学科学和医疗卫生保健事业的旗帜。其核心内容是对人的生命的尊重与敬畏。医学,和整个自然科学一样,自文艺复兴以来走过了依赖实验、排斥哲学与人文学的影响、坚持自身独立发展的漫长路程。但是,尽管如此,早在19世纪20年代,德国病理学家魏尔啸就曾说过:"与其说医学是一门自然科学,不如说它是一门社会科学"。20世纪70年代末,新的生物-心理-社会医学模式的提出,开始了医学向人文社会学加速复归的航程。

人文精神是医学的核心价值,这是医学从其产生开始就具有的一种人道主义原则。E. D. 佩莱格里诺在《医学是什么》中说,医学是人文科学中最科学的,并且在科学中最人道的。这里,他既指出了医学的科学与人文两重属性,又指出了医学最突出的人道特征。英国科学史家梅森在其《自然科学史》中指出,医学可能是人道思想最早产生的地方,此话也许不假。医学是以人为对象和目的的科学,它的一切研究、服务及其他过程都必须遵守为人服务的规范。

人文精神是医者的品质和社会责任,无论置身于怎样的环境都不能放弃爱心、责任心和进取心。自医学诞生以来,医学人文就是医学的重要组成部分,一直引领和支撑着医学的发展。"夫医者,非仁爱之士不可托也"。这不仅揭示了医学人文精神是医学工作的灵魂和必然的价值诉求,也体现了以人为本的思想。当前,随着社会迅速发展,行业竞争激烈,人们的心理压力增大,人们更加需要健康的身体,也更注重健康和生命的价值。然而,在市场经济环境下,我国以传统医德维系的医疗关系正面临巨大的冲击,传统的"重义轻利"医德受到严峻挑战。因此,弘扬医学人文精神是化解目前医患矛盾、改善医患关系、促进社会和谐的重要途径,也是提高医务人员职业道德修养的必然要求。

医学人文精神还包含技术层面的沟通,这就是医患共同决策。作为一种新的医疗文化模式,医患共同决策理念越来越受到关注。所谓医患共同决策,是指医生跟患者共同参与,双方对治疗的各种结局进行充分讨论,最后得出相互都能够接受的、适合患者个体化治疗方案的过程。从以前所谓的家长式的决策,到知情决策,再到现在的医患共同决策,这是一个不断进步的过程,是医学人文精神在更高层面的体现。医学人文不是外在于诊疗的一个"附属品",其本身就是治疗的一个重要组成部分。

需要指出的是,弘扬医学人文精神,绝不是在科学与人文相区别的意义上特别地张扬人文的优越性,而是本质上就是科学精神的人文精神。其目的就是将人文精神渗透到医疗卫生保健服务的各个环节之中,通过医学科学的各种实践体现对人的生命的关爱。这不仅意味着对患者个体的关照,而且还蕴意着对群体的关照:确保每个公民都能分享医学科学技术的成就。尽管在为所有公民提供医疗服务上是有限的,但它体现了对人人享有卫生保健的公平原则追求和起码的社会良知,确保医学科学技术沿着造福全人类的道路前进。

思考题

1. 为什么说"科学是一种在历史上起推动作用的、革命的力量"？
2. 如何理解科学技术对人的异化和对自然的异化？
3. 科学技术的社会建制对于我们认识当前中国的科技发展状况有何启示？
4. 为什么要对科学技术工作者进行伦理规范？
5. 如何理解科学技术文化与人文文化之间的冲突与协调？
6. 结合专业实际，谈谈如何实现科学精神与人文精神的融合？

（程现昆　张丽　魏锦京）

第五章　中国马克思主义科学技术观与创新型国家

中国马克思主义科学技术观是马克思主义科学技术观与中国具体科学技术实践相结合的产物,是中国化的马克思主义科学技术观。毛泽东、邓小平、江泽民、胡锦涛、习近平的科学技术思想,既一脉相承,又与时俱进。中国马克思主义科学技术观是中国共产党人集体智慧的结晶,是对毛泽东、邓小平、江泽民、胡锦涛、习近平科学技术思想的概括和总结,是他们科学技术思想的凝练和精髓。

第一节　中国马克思主义的科学技术思想

科学技术革命不断地变革人类历史进程,改变着世界格局,从本质上来说科学技术革命是新生产力的革命。中国的现代化构成了世界现代化进程的重要部分,科学技术的不断变革也与中国的现代化运行与发展息息相关。"中国的现代化进程"是在毛泽东思想、邓小平理论、江泽民"三个代表"、胡锦涛"科学发展观"和习近平"中国梦"重要思想的指导下,在不断的总结中国革命与建设的经验基础上不断发展的过程。

一、毛泽东的科学技术思想

以毛泽东同志为核心的党的第一代领导集体,领导全国各族人民实现了中国历史上最伟大的社会变革,取得了巨大的成就。毛泽东的科学技术思想是毛泽东思想的重要组成部分,继承和发展了马克思主义的科学技术观。毛泽东在新中国科学技术相对落后的条件下,提出了一系列关于科学技术发展的理论观点,形成了毛泽东的科学技术思想,对于新中国科学技术发展起到了重要推动作用。

（一）关于自然科学双重属性的认识

毛泽东认为自然科学具有双重属性,即自然属性与社会属性。毛泽东认为自然科学本身是没有阶级性。"自然科学分两个方面,就自然科学本身来说,是没有阶级性的,但是谁人去研究和利用自然科学是有阶级性的"①。自然科学在研究过程中,不论是提出科学问题,还是解决科学问题,都与阶级利益无关,自然科学的成果具有普适性,因此自然科学本身没有阶级性,为全人类所继承、使用,是全人类的共同财富。毛泽东认为虽然自然科学本身不

---

① 毛泽东选集:第 5 卷.北京:人民出版社,1999:444.

具有阶级性,但其使用的社会后果因阶级利益不同而有所分化,在阶级社会中,科学技术为不同的阶级利益服务,因此具有阶级性。毛泽东创造性的把自然科学区分为自然属性与社会属性。

(二) 科学技术促进生产力发展

毛泽东认为,科学技术对社会生产力发展具有巨大推动作用,依靠科学技术进步是提高生产力的基本途径。在毛泽东加快发展我国科学技术思想的指导下,我国又开始制定第二个科技发展远景规划,即《1963—1972 年科学技术发展规划》。"科学技术这一仗,一定要打,而且必须打好。过去我们打的是上层建筑的仗,是建立人民政权、人民军队。建立这些上层建筑干什么呢? 就是要搞生产。搞上层建筑、搞生产关系的目的就是解放生产力。现在生产关系是改变了了,就要提高生产力。不搞科学技术,生产力无法提高。"①毛泽东认为,科学技术进步不断推动生产力水平的提高。

(三) 向科学进军,努力赶上世界科学发展水平

毛泽东提出社会主义建设要依靠科学技术,号召向科学进军,目标是世界科学技术前沿,努力接近与赶上世界科学发展的先进水平。1956 年 1 月,中央召开全国知识分子问题会议。毛泽东在会上号召全党、全军和全国人民努力学习科学知识,"向科学进军",为迅速赶上世界科学技术先进水平而努力奋斗。毛泽东在讲话中指出:"我们国家大,人口多,资源丰富,地理位置好,应该建设成为世界上一个科学、文化、技术、工业各方面更好的国家。"②根据我国国力有限的实际情况,提出了"重点发展,迎头赶上"的方针。他提出"我国人民应该有一个远大的规划,要在几十年内,努力改变我国在经济上和科学文化上的落后状况,迅速达到世界上的先进水平。"③

(四) 开展群众性的技术革新和技术革命运动

毛泽东的技术革命思想在毛泽东科学技术思想中占有重要位置,为改变落后的局面,毛泽东认为学习科学技术知识,不断提高科学技术水平是重要的手段和途径。毛泽东经过长期酝酿,多次强调技术革命的思想,毛泽东指出党的工作重点放在技术革命上。毛泽东指出"技术革新和技术革命运动现在已经成为一个伟大的运动,急需总结经验,加强领导,及时解决运动中的问题,使运动引导到正确的、科学的、全民的轨道上去"。④

(五) 自力更生与学习西方先进科学技术

毛泽东强调,落后国家发展科学技术,是缩短同世界先进水平差距的一条捷径,就是要学习和引进国外先进科技成果,但他又强调学习外国要立足于本国实际,创造出中国独有的科学技术。毛泽东认为自力更生,并不是闭关锁国、盲目排外。毛泽东指出:"我们不能走世界各国技术发展的老路,跟在别人后面一步一步地爬行"。⑤ 毛泽东说:"我们的方针是,一切民族、一切国家的长处都要学,政治、经济、科学、技术、文学、艺术的一切真正好的东西都要学。但是,必须有分析有批判地学,不能盲目地学,不能一切照抄,机械搬用"。⑥

① 毛泽东文集:第 8 卷. 北京:人民出版社,1999:351.
② 毛泽东文集:第 8 卷. 北京:人民出版社,1999:1083.
③ 毛泽东文集:第 7 卷. 北京:人民出版社,1999:2.
④ 毛泽东文集:第 8 卷. 北京:人民出版社,1999:152-153.
⑤ 毛泽东文集:第 8 卷. 北京:人民出版社,1999:341.
⑥ 毛泽东文集:第 7 卷. 北京:人民出版社,1999:41.

（六）"百花齐放、百家争鸣"是科学技术发展的基本方针

1956 年 4 月 28 日，毛泽东在中共中央政治局扩大会议上首次提出了在艺术上"百花齐放"，在学术上"百家争鸣"的方针，毛泽东说："科学上的不同的学派可自由争论，利用行政力量，强行推行一种风格、一种学派，就会有害于艺术和科学的发展，艺术和科学中的是非问题，应通过艺术界和科学界的自由讨论去解决，通过艺术和科学的实践去解决，而不应采取简单方法去解决。"①

（七）建立宏大的工人阶级科学技术队伍

毛泽东始终重视科技人才的培养，他认为这是关系到我国科学技术事业发展成败的重要因素。毛泽东认为无产阶级要取得革命胜利，必须有自己的科学技术队伍。毛泽东一再强调要造成一支宏大的工人阶级科技队伍。他指出："无产阶级没有自己的庞大的技术队伍和理论队伍，社会主义是不能建成的"。② 毛泽东进一步指出："要在几十年内，努力改变我国在经济上和科学文化上的落后状况，迅速达到世界上的先进水平。为了实现这个伟大的目标，决定一切的是要有干部，要有数量足够的、优秀的科学技术专家"。③

二、邓小平的科学技术思想

以邓小平同志为核心的党的第二代中央领导集体做出把党和国家工作中心转移到经济建设上来、实行改革开放的历史性决策，明确提出走自己的路、建设中国特色社会主义。邓小平的科学技术思想是邓小平理论的重要组成部分，是建设有中国特色社会主义理论的重要组成部分。

（一）科学技术是第一生产力

科学技术是第一生产力的论断是邓小平科技思想的精髓和理论核心。科学技术是生产力的观点是马克思一生的重要发现之一。马克思最先提出了"生产力中也包括科学"，"社会的劳动生产力，首先是科学的力量"的观点。科学技术是生产力，这是马克思主义历来的观点。20 世纪 80 年代，随着现代科学技术的快速发展，迅速推动着各国经济社会的快速发展，显示出对生产力的重要推动作用。邓小平根据世界科学技术经济发展的新趋势，概括了人类实践所提供的新经验和新成果，第一次明确提出"科学技术是第一生产力"④。邓小平不仅指出了科学技术是生产力，而且强调了是第一生产力。

（二）科学技术为经济建设服务

邓小平指出："科学技术主要是为经济建设服务的"⑤。他强调："四个现代化，关键是科学技术的现代化。没有现代科学技术，就不可能建设现代农业、现代工业、现代国防。没有科学技术的高速度发展，也就不可能有国民经济的高速度发展"⑥。

（三）尊重知识、尊重人才

邓小平打破长期以来禁锢科学技术人员的精神束缚，从政治上解放了广大科学技术工作者。邓小平强调改善科学技术工作者的生活待遇，解决他们的实际困难。邓小平强调"尊

① 毛泽东文集：第 7 卷. 北京：人民出版社,1999:229.
② 毛泽东文集：第 7 卷. 北京：人民出版社,1999:309.
③ 毛泽东文集：第 7 卷. 北京：人民出版社,1999:2.
④ 邓小平文选：第 3 卷. 北京：人民出版社,1993:274.
⑤ 邓小平文选：第 2 卷. 北京：人民出版社,1994:240.
⑥ 邓小平文选：第 2 卷. 北京：人民出版社,1994:86.

重知识、尊重人才"①"一定要在党内造成一种空气:尊重知识,尊重人才。要反对不尊重知识分子的错误思想。"②他提出"把尽快地培养一大批具有世界第一流水平的科学技术专家,作为我们科学教育战线的重要任务"。③ 邓小平提出要积极肯定知识分子的社会价值,要贯彻落实对知识分子的相关政策,提高他们的社会地位和工作待遇,共同反对漠视知识的错误思想,认清知识和人才对促进科学技术的重要性,一定要在全党形成尊重知识和人才的正确观念,进而在全社会形成学习知识和珍惜人才的意识形态和舆论氛围。

(四) 发展高科技,实现产业化

邓小平提出了发展高科技的战略目标,提出"中国必须发展自己的高科技,在世界高科技领域占有一席之地"。邓小平特别强调了高科技产业对于国家发展的重要意义,他指出:"这些东西反映一个民族的能力,也是一个民族、一个国家兴旺发达的标志。"④在各国发展历史上因为科学技术发展落后于人,制约了经济社会发展,国家主权利益受到侵害的现象屡现,由此得出高科技对于国家发展具有重要的意义。邓小平提出了"发展高科技,实现产业化"的号召,进一步明确了我国发展高科技的指导方针,形成了高科技发展的战略思想⑤。在科学技术迅猛发展的时代,中国如果不积极发展高科技,不在高科技领域中占有一席之地,将始终无法提高科学技术创新的能力,落后发达国家,无法摆脱科学技术落后的被动局面。

(五) 进行科技体制改革

邓小平为了改变我国科学技术与经济相互割裂的局面,实现科学技术在推动经济发展方面的重要作用,全面提出了进行科技体制改革的论述。邓小平为我国的科技改革原则、内容及任务指明了方向。他指出:"认识问题之后,还要解决体制问题。"科技体制改革是为了进一步解放生产力、发展生产力。为了解决长期存在的科学技术与经济脱节的问题,需要进行全面的改革,而全面改革的重点之一是科技体制改革。他指出"新的科技体制,应该有利于经济发展的体制。双管齐下,长期存在的科技与经济脱节的问题,有可能得到比较好的解决"。⑥

(六) 学习和引进国外先进科学技术成果

邓小平认为我国在坚持独立自主、自力更生的同时,需要学习和引进国外先进的科学技术成果。当前世界全球化趋势已经是大势所趋,世界各国在科学技术发展过程各有所长,我们要相互学习各国的先进科学技术经验,在取长补短和相互交流合作中,不断实现推动我国的科学技术事业的进步发展。邓小平指出,"独立自主不是闭关自守,自力更生不是盲目排外"。他指出:"科学技术是人类共同创造的财富,任何一个民族、一个国家,都要学习别的民族、别的国家的长处,学习人家的先进科学技术"。⑦ 我国要扩大对外开放,增强国际交流,吸收先进成果,追踪科学技术前沿,填补科学技术空白。

---

① 邓小平文选:第2卷.北京:人民出版社,1994:40.
② 邓小平文选:第2卷.北京:人民出版社,1994:41.
③ 邓小平文选:第2卷.北京:人民出版社,1994:96.
④ 邓小平文选:第3卷.北京:人民出版社,1993:279.
⑤ 邓小平文选:第3卷.北京:人民出版社,1993:279.
⑥ 邓小平文选:第3卷.北京:人民出版社,1993:108.
⑦ 邓小平文选:第2卷.北京:人民出版社,1994:91.

三、江泽民的科学技术思想

20世纪90年代我国面临着较为复杂的国际环境和与此同时前进道路上不断出现各种复杂问题,江泽民同志站在跨世纪的历史高度,以他的敏锐洞察力,把握社会历史的发展规律,就关系我国社会主义前途命运的根本问题,发表了一系列讲话,对新时期中国特色社会主义事业作了全面、深刻、科学的论述,进一步创造性地发展了邓小平理论。江泽民在世纪之交科学技术迅速发展、知识经济初见端倪的新形势下,提出了一系列关于科学技术发展的理论观点,形成了江泽民的科学技术思想。

(一) 科学技术是先进生产力的集中体现和主要标志

江泽民坚持并深入论述了邓小平关于科学技术是第一生产力的论点。他指出,科学技术是第一生产力的论断,是邓小平科学技术思想的精髓所在,是建设有中国特色社会主义理论的重要组成部分,是对马克思列宁主义科技学说和生产力理论的创造性发展。江泽民把科学技术看作生产力发展和社会进步的决定性力量。20世纪以来科学技术的迅猛发展,极大地改变了世界格局和人类生产生活的面貌,科学技术的影响力被人们所普遍理解。科技进步对经济社会的发展显示出越来越大的推动力。江泽民指出:"科学技术是第一生产力,而且是先进生产力的集中体现和主要标志"。[①]

(二) 实施科教兴国战略

1992年10月12日,江泽民在党的十四大的报告中提出:"我国经济体制改革的目标是建立社会主义市场经济体制,以进一步解放和发展生产力。"江泽民同时指出:"振兴经济首先要振兴科技。""努力提高科技进步在经济增长中所占的含量,促进整个经济由粗放经营向集约经营转变。"[②]1995年5月6日,发布了《中共中央国务院关于加速科学技术进步的决定》。决定宣告,"坚定不移地实施科教兴国的战略"。江泽民发表重要讲话,他指出:"科教兴国,是指全面落实科学技术是第一生产力的思想,坚持教育为本,把科学技术和教育摆在经济社会发展的重要位置,增强国家的科学技术实力及向现实生产力转化的能力,提高全民族的科学技术文化素质,把经济建设转到依靠科学技术进步和提高劳动者素质的轨道上来,加速实现国家的繁荣强盛。"[③] 以江泽民同志为核心的党中央提出的"科教兴国战略"进一步解放了生产力,促使我国科学技术教育事业的快速发展,使生产力产生了新的飞跃,保证我国的经济持续、快速健康的发展。

(三) 科学技术创新是经济社会发展的重要决定因素

江泽民根据世界形势,提出了科学技术创新的思想,并且将知识经济和创新结合起来,建设国家创新体系,他说:"创新是一个民族进步的灵魂,是国家兴旺发达的不竭动力。如果自主创新能力上不去,一味靠技术引进,就永远难以摆脱技术落后的局面。一个没有创新能力的民族,难以屹立于世界先进民族之林。"[④]江泽民反复强调:"创新是一个民族进步的灵魂,是一个国家兴旺发达的不竭动力"。[⑤] 1998年12月31日,朱镕基总理主持召开了国家

---

① 江泽民文选:第3卷.北京:人民出版社 2006:275.
② 江泽民. 在中国共产党第十四次全国代表大会上的报告. 求是,1992(21):9-12.
③ 江泽民文选:第1卷.北京:人民出版社 2006:428.
④ 江泽民. 在中国科学技术协会第四次全国代表大会上的讲话. 新华月报,1991(5):82.
⑤ 江泽民文选:第3卷.北京:人民出版社 2006:64.

科技教育领导小组第三次会议,并指出:"当前重要工作是大力推进科技和教育体制改革,加快国家创新体系建设。"

(四) 重视和关心科学技术人才

江泽民在党的十五大报告中,充分肯定了知识分子在社会主义建设中的重要作用,肯定了知识分子是工人阶级的一分子。江泽民提出要充分发挥科技人员的创新积极性,创造人尽其才、才尽其用的体制,不断改善科技人员的工作生活条件,保证他们工作的积极性,支持科技人员大胆工作,努力创新。他提出要大力发展教育事业,培养新一代的青年科技人才。同时也要积极创造良好的环境,吸引留学人员回国工作,为祖国的现代化事业添砖加瓦。江泽民高度重视科学技术人才在科学技术进步和创新中的重要作用,多次强调创新的关键在人才。他说:"科技要发展,人才是关键"。[①] "科技进步、经济繁荣和社会发展,从根本上说取决于提高劳动者素质,培养大批人才"。[②]

(五) 科技体制改革和科技法制建设

20世纪末,新一波科技创新浪潮席卷全球,世界上许多国家都积极应对新的形势,不断的调整科技发展战略,增强科技创新实力,国际间科技竞争日趋激烈。我国在科技创新方面还拥有巨大的潜力没有释放出来。江泽民针对新的形势提出,科技要与经济相结合,科技发展要以推动经济迅速发展为主要任务,努力解决国民经济发展中的关键问题为目标。努力发展高科技产业,占据世界高科技产业的重要位置。他指出:"如何促进科技与经济的有机结合是我国经济和科技体制改革需要着力解决的根本问题"。[③] "在我国加强科技法制建设,就是要按照依法制国、建设社会主义法制国家的要求,努力建设有中国特色的科技法制,保证党和国家的科技工作方针得到全面贯彻落实,推动建立适应社会主义市场经济体制和科技自身发展规律的新的科技体制"。[④]

(六) 科学技术伦理问题是人类在21世纪面临的一个重大问题

科学技术的发展在不断显示出对人类经济社会发展的巨大推动力之外,也带来诸多问题,给人类带来了全球性问题,严重威胁到人类的生存与发展。江泽民从哲学的高度和历史观的角度,密切关注和深入阐述了科学技术的伦理问题。他指出,科学技术极大地提高了人类控制自然的能力,但是,科学技术在运用于社会时所遇到的问题也越来越突出。他指出:"在二十一世纪,科学技术伦理问题将会越来越突出。在科学技术伦理问题上我们必须坚持的一个原则是科学技术进步应服务于全人类,服务于世界和平、发展和进步的崇高事业,而不能危害人类自身"。[⑤]

四、胡锦涛的科学技术思想

中国共产党第十六次代表大会以来,以胡锦涛总书记为核心的党中央,在邓小平理论和"三个代表"重要思想的指导下,立足于我国科学技术与社会发展的现实需要和我国社会主义建设实际情况与国际形势,与时俱进,不断推进理论创新,提出了一系列重大战略思想,这

---

① 十三大以来重要文献选编(中).北京:人民出版社,1991:788.
② 江泽民文选:第1卷.北京:人民出版社,2006:233.
③ 江泽民.论科学技术.北京:中央文献出版社,2001:52.
④ 江泽民.论科学技术.北京:中央文献出版社,2001:97.
⑤ 江泽民.论科学技术.北京:中央文献出版社,2001:217.

其中包含了一系列关于科学技术发展的理论观点,构成了胡锦涛科学技术思想体系。代表了中国共产党这一代领导人集体智慧。

(一) 提高自主创新能力,建设创新型国家

胡锦涛在多次讲话中强调:"自主创新能力是国家竞争力的核心,是我国应对未来挑战的重大选择,是统领我国未来科技发展的战略主线,是实现建设创新型国家目标的根本途径"。[①] 并且强调,"自主创新能力是国家竞争力的核心,必须把建设创新型国家作为面向未来的重大战略"。[②] 他提出了推进国家创新体系建设、重点领域实现跨越式发展和提高自主创新能力等建设创新型国家的重要措施。胡锦涛在党的十七大报告中明确指出:"提高自主创新能力,建设创新型国家。这是国家发展战略的核心,是提高综合国力的关键。"[③]胡锦涛科学技术思想全面而深刻地回答了中国为什么要努力自主创新,如何走自主创新的科学技术发展道路等一系列关键问题,他的科学技术思想是坚持走中国特色自主创新道路的理论,是建设创新型国家的指导纲领。

(二) 实施人才强国战略,深化科学技术体制改革

胡锦涛指出:"走中国特色自主创新道路,必须培养造就宏大的创新型人才队伍。人才直接关系我国科学技术事业的未来,直接关系国家和民族的明天"。[④] "没有一支宏大的创新型科技人才队伍作支撑,要实现建设创新型国家的目标是不可能的。"[⑤]胡锦涛在全国科技大会上的重要讲话中指出:"深化科技体制改革,进一步优化科技结构布局,充分激发全社会的创新活力,加快科技成果向现实生产力的转化,是建设创新型国家的一项重要任务。要继续推进科技体制改革,充分发挥政府的主导作用,充分发挥市场在科技资源配置中的基础性作用,充分发挥企业在技术创新中的主体作用,充分发挥国家科研机构的骨干和引领作用,充分发挥大学的基础和生力军作用,进一步形成科技创新的整体合力,为建设创新型国家提供良好的制度保障。"[⑥]

(三) 重视科学技术和环境的和谐发展

随着科学技术的迅速发展,科学技术逐渐成为社会大系统的重要组成部分,推动着经济社会的迅速发展。全面综合的认识科学技术与社会的关系,建立科学、技术与社会、文化、环境的和谐的、可持续的发展关系是历史发展的必然。胡锦涛强调要建立生态技术体系,发展生态技术。他指出:"大力发展能源资源开发利用科学技术。""大力加强生态环境保护科学技术……要注重源头治理,发展节能减排和循环利用关键技术,建立资源节约型、环境友好型技术体系和生产体系"。[⑦]

(四) 选择重点领域实现跨越式发展

胡锦涛指出:"要坚持有所为有所不为的方针,选择事关我国经济社会发展、国家安全、人民生命健康和生态环境全局的若干领域,重点突破,努力在关键领域和若干技术发展前沿

① 胡锦涛. 坚持走中国特色自主创新道路,为建设新型国家而努力奋斗. 人民日报,2006-01-10(2).
② 十六大以来重要文献选编(下). 北京:人民出版社,2008:62.
③ 胡锦涛. 高举中国特色社会主义伟大旗帜,为夺取全面建设小康社会新胜利而奋斗. 人民日报,2007-10-25(1).
④ 十七大以来重要文献选编(上). 北京:人民出版社,2009:502.
⑤ 胡锦涛. 在中国科学院第十五次院士大会、中国工程院第十次院士大会上的讲话. 人民日报,2010-06-08(1).
⑥ 胡锦涛. 坚持走中国特色自主创新道路,为建设新型国家而努力奋斗. 人民日报,2006-01-10(2).
⑦ 胡锦涛. 在中国科学院第十五次院士大会、中国工程院第十次院士大会上的讲话. 北京:人民出版社,2010:8-10.

掌握核心技术,拥有一批自主知识产权"。① 胡锦涛认为,应着力突破制约我国产业升级的核心技术、关键技术、共性技术,推动产业从规模优势向技术优势转变,抢占未来发展先机。

(五) 大力发展民生科学技术

胡锦涛科学技术思想以为人民服务为根本宗旨,既重视科学技术推动经济社会发展的重要作用,又重视它在推动人类文明进步过程中的关键作用。他强调科技发展要以人为本。指出:"我们必须坚持以人为本,大力发展与民生相关的科学技术,按照以改善民生为重点加强社会建设的要求,把科技进步和创新与提高人民生活水平和质量、提高人民科学文化素质和健康素质紧密结合起来,着力解决关系民生的重大科技问题,不断强化公共服务、改善民生环境、保障民生安全"。②

五、习近平的科学技术思想

习近平同志担任中共中央总书记以来,继承和发展了毛泽东、邓小平、江泽民、胡锦涛同志关于科学技术的观点,根据新时期国内国际的形势,站在我国科学技术与经济社会发展实际情况的基础上,提出了一系列科学技术发展的新观点,为我国在新世纪全球竞争中继续加快发展,不断提升科技创新能力指明了发展方向。

(一) 科学技术的社会功能

习近平同志深刻认识到科学技术在推动经济社会快速发展的重要功能,在中共中央政治局第九次集体学习时,他强调科学技术是经济社会发展的主要推动力量,科技兴则民族兴,科技强则国家强。③ 习近平同志在 2014 年两院院士大会上指出:"科技是国家强盛之基,创新是民族进步之魂。"现代科学技术发展带来的成果,在国民经济发展中所占比重越来越大,已经逐渐成为现代生产力发展的关键因素。科学技术非常大地促进了社会精神文明的发展进步。科学技术的发展,也不断提升了劳动者科学文化素质。科学技术的每一次突破和发展,同时也有力地冲击了旧的传统观念和思维方式,从而建立起新的观念和新的思维方式。

(二) 科技创新发展战略

习近平同志将科学技术战略提升至国家层面,予以高度重视。他说:"实施创新驱动发展战略,是立足全局、面向未来的重大战略,是加快转变经济发展方式、破解经济发展深层次矛盾和问题、增强经济发展内生动力和活力的根本措施。"④习近平同志在 2014 年国际工程科技大会上指出:我国社会生产力水平发展不平衡,总体上还不高,长期形成的粗放型经济发展方式尚未根本改变,科技和经济紧密结合问题没有很好地解决,经济发展对科技创新的拉动不足,实施创新驱动发展战略,把科技创新作为经济发展的推动力量,促进科技与经济有机结合,以科技创新促进产业发展,转变经济发展方式,有助于增强发展的平衡性、协调性和可持续性,才能促进我国经济持续健康发展。我国只有紧紧抓住新科技革命和产业变革的机遇,增强自主创新能力,努力掌握核心关键技术,才能增强发展后劲,才能在激烈的国际竞争中占据有利位置。

① 十六大以来重要文献选编(中).北京:人民出版社,2006:119.
② 胡锦涛.在中国科学院第十五次院士大会、中国工程院第十次院士大会上的讲话.北京:人民出版社,2010:7.
③ 敏锐把握世界科技创新发展趋势　切实把创新驱动发展战略实施好.人民日报,2013-10-02.
④ 习近平.习近平看望出席全国政协十二届一次会议的科协、科技界委员,并参加联组讨论.新华社,2013-03-04.

（三）科技创新的重大作用

习近平指出:我国科技发展的方向就是创新、创新、再创新。在 21 世纪,世界各国之间的竞争归根到底就是科学技术创新能力的竞争。我国经过建国后数十年的发展,在社会主义现代化建设进程中取得了骄人成绩,科技创新取得了显著成绩,有力地推动了我国经济社会的快速发展。但现阶段我国也面临着严峻的挑战,人口数量大,自然资源相对贫乏,高新科技产业发展相对落后,企业自主创新能力不强等,面对这些问题,如何使我国进一步加强自主创新能力,全面提升我国的科技创新竞争力,在全球化的竞争中居于领先地位,从而实现生产力跨越发展,中国共产党必须具有战略眼光,高瞻远瞩,宏观谋划,制定我国的科技发展规划,提高我国的自主创新能力。

（四）人才在科技创新中的重大作用

习近平同志指出:"更好发现和培养拔尖人才。"[1]"我们要着力完善人才发展机制,最大限度支持和鼓励科技人员创新创造。要不拘一格、慧眼识才,放手使用优秀青年人才,为他们奋勇创新、脱颖而出提供舞台。"科学技术创新的关键在于人才,随着科学技术的迅速发展,世界范围内综合国力的竞争归根到底是人才的竞争。加速培养一批具有创新创造能力的科技人才是现阶段的重要任务。因此在新形势下我国应进一步深化高等教育体制改革,培养具有创新能力和视野的青年科技人才,这对于我国经济社会发展与科技进步有着重要意义。

（五）深化科技体制改革

关于科技体制改革,习近平同志指出:"加快科技体制改革步伐,破除一切束缚创新驱动发展的观念和体制机制障碍。"[2]"深化产学研合作,加快解决制约科技成果转移转化的关键问题。"[3]深化科技体制改革是推进科技事业不断前进的强大动力,是创新驱动发展的推进器。加强政府宏观管理,整体推进科技体制改革和经济体制改革,关键举措是构建开放、互动、竞争、协作的科研协同创新机制。我国应进一步深化科技体制改革,建立健全科学合理、富有活力、更有效率的创新体系,激发全社会创造活力,为经济发展模式的转型,推动经济社会发展做出努力。

（六）科学技术与民生的关系

习近平同志在 2014 年两院院士大会上指出:科技成果只有同国家需要、人民要求、市场需求相结合,才能真正实现创新价值、实现创新驱动发展。早在党的十八大之前习近平同志就指出:"要把科技创新与提高人民生活质量和水平结合起来,在防灾减灾、公共安全、生命健康等关系民生的重大科技问题上加强攻关,使科技成果更充分地惠及人民群众。"[4]随着我国综合国力的不断提升,经济在改革开放的三十多年时间内获得了快速的发展,但是在事关民生的领域也存在着一些矛盾。通过发展民生领域的科学技术,来着力解决这些矛盾,改善民生,这既符合科学技术发展规律,也符合广大社会公众的期望。

（七）大力发展绿色科技

习近平同志指出:"绿色科技成为科技为社会服务的基本方向,是人类建设美丽地球

---

① 习近平. 在中国科学院第十七次院士大会、中国工程院第十二次院士大会上的讲话. 人民日报,2014-06-10.
② 敏锐把握世界科技创新发展趋势 切实把创新驱动发展战略实施好. 人民日报,2013-10-02.
③ 习近平. 在中国科学院第十七次院士大会、中国工程院第十二次院士大会上的讲话. 人民日报,2014-06-10.
④ 习近平. 科技工作者要为加快建设创新型国家多作贡献. 人民日报,2011-05-28.

的重要手段。"①绿色科技是一种符合生态科学原理,有利于节约资源、减少环境污染和生态破坏,促进人与自然和谐发展的科学技术。它包括了从清洁生产到末端治理的各种科学技术。绿色科技有利于节约资源和保护环境,不仅是解决可持续发展问题的利器,也是转变经济发展方式,发展绿色经济,促进生态文明建设的重要手段。绿色科技创新是一种旨在实现人与自然和谐发展的科技创新模式,是符合可持续发展需要的一种科技创新。

医学问题与思考:

毛泽东与中医

毛泽东同志非常重视中医事业的发展,他对中医的价值、地位有着深刻而正确的认识。无论是在革命战争年代还是在和平建设时期,相信和重视发展中医药,都是他的一贯主张。没有专门学过中医的毛泽东,在阅读中国历史典籍和中国古代哲学典籍的过程中,学到了许多中医药学辩证思想和中医药学思维方式。"中国有六万万人口,是世界上人口最多的国家,我国人民之所以能够生存繁衍,日益兴旺,当然有许多原因,但卫生事业所起的作用是其中重要原因之一。这首先应归功于中医。"

1949 年 9 月,毛泽东在接见全国卫生行政会议代表时,从保护和发展中医药这一祖国宝贵的文化遗产出发,提出必须很好地团结中医,提高技术,搞好中医工作,发挥中医力量。1953 年,毛泽东在杭州刘庄宾馆小憩时说:"中国对世界有三大贡献,第一是中医……"他把中医摆在"三大贡献"之首,表明了他对中医的看重。1954 年,毛泽东做出重要批示:"中药应当很好地保护与发展。我国的中药有几千年历史,是祖国极宝贵的财产,如果任其衰落下去,将是我们的罪过;中医书籍应进行整理……如不整理,就会绝版。"同年,他又指示:"即时成立中医研究院。"于是,在全国范围内调集名医,于 1955 年 12 月成立了中国中医研究院,毛泽东还接见了第一任院长鲁之俊。

1956 年,毛泽东在同音乐工作者谈话时指出:"应该学外国近代的东西,学了以后来研究中国的东西。就医学来说,要以西方的近代科学来研究中国的传统医学的规律,要发展中国的新医学。"并说:"我们接受外国的长处,会使我们自己的东西有一个跃进。中国的和外国的要有机地结合,而不套用外国的东西。"

1958 年 10 月 11 日,毛泽东在对卫生部党组《关于西医学中医离职学习班的总结报告》的批示中提出了一个著名的论断:"中国医药学是一个伟大的宝库,应当努力发掘,加以提高。"这一论断解决并确立了中医发展战略的根本性问题:对中医的发展起到了廓清思想迷雾的奠基性作用。

为了统一对中医药的认识,进一步推动中医药的发展,毛泽东从宏观上提出了一些促进中医药发展的措施,指明了中医药发展的路径。

其一,坚持中西医结合的基本原则。1950 年 8 月,第一届全国卫生会议召开。毛泽东提出"面向工农兵、预防为主、中西医结合"是新中国卫生工作的三个基本原则,并且作了"团结新老中西医各部分医药卫生工作人员,组成巩固的统一战线,为开展伟大的人民卫生工作而奋斗"的题词。

---

① 习近平. 让工程科技造福人类、创造未来. 人民日报,2014-06-04.

其二,开展西医学习中医运动。毛泽东不仅从卫生制度建设的角度,提出了真正实现中西医相结合从而取消中西医界限,创造中国统一的医学文化的问题,他还提出中西医结合的中心环节,即首先要西医学习中医,而不是中医学习西医。他认为,西医学习中医是光荣的,因为经过学习与提高,就可以把中西医界限取消,成为中国统一的医学,以贡献于世界。①

其三,发掘和整理中医典籍。毛泽东强调,继承和发展中医药事业,首先要重视中医典籍整理。为此,要组织在理论和经验上造诣很深的知名老中医,整理历代有代表性的中医典籍,并将他们对中医理论的认识和临床宝贵经验整理传授。②

毛泽东提出的一系列发展中医药的重要思想,以及对中医药工作进行的具体指导,推动了中医药事业的发展和进步,为新中国医药卫生事业的蓬勃发展作出了重要贡献。

第二节　中国马克思主义科学技术观的内容与特征

中国马克思主义科学技术观是毛泽东、邓小平、江泽民、胡锦涛、习近平领导中国人民在各自不同的时代背景下建设和发展科学技术实践经验的总结,是中国共产党人集体智慧的结晶。中国马克思主义科学技术观内容丰富、特征鲜明。实践证明,中国马克思主义科技观的创立和发展必将为加快推进社会主义现代化、构建社会主义和谐社会和全面建成小康社会奠定坚实的基础。

一、中国马克思主义科学技术观的历史形成

中国共产党人始终注重把马克思主义的基本理论同中国具体实际相结合,紧紧围绕争取民族独立、人民解放,实现国家富强、人民富裕的历史主题,创造性地探索和推进着中国科学技术的发展道路,形成了与时俱进、独具特色的中国马克思主义科学技术观。

(一) 毛泽东科学技术思想形成的背景

中国马克思主义科学技术观萌芽于新民主主义运动时期。随着马克思主义传入中国,新文化运动迅速兴起,科学和民主成为了五四时期的两大口号。1919 年陈独秀在《新青年》发表文章指出:只有科学和民主可以救治中国政治上、道德上、学术上、思想上一切的黑暗。正是基于对科学的高度尊重和执着追求,以毛泽东同志为代表的中国共产党人不仅将揭示了人类社会发展规律的马克思主义作为中国革命的理论基础和科学指导,而且不断探索实践马克思主义的中国革命道路,主张理论和实践一致的科学方法。在极其艰难的条件下,中国共产党为中华人民共和国的建立积累了宝贵的经验和人才、物质基础,同时也促进了中国共产党科学技术观的初步形成。中华人民共和国建立之初,国民经济基础十分薄弱,现代工业占整个国民经济的比重很小,文化、教育、科技均远远落后于发达资本主义国家。为此,以毛泽东为代表的中国共产党人提出了:"向科学进军""建设四个现代化"等一系列发展科学技术的观点,在此基础上逐渐形成了毛泽东科学技术思想,极大地促进了中国科学技术事业发展,并对中国社会主义现代化建设产生了极其深远的影响,使我们在旧中国遗留下来的

---

① 李洪河.毛泽东关于发展中医药的思想和实践.党的文献,2008(3):52.
② 李洪河.毛泽东关于发展中医药的思想和实践.党的文献,2008(3):53.

"一穷二白"的基础上,建立起比较完整的独立的工业体系和国民经济体系,取得了"两弹一星"等一系列重大的科技成就,并且成为此后我国确立"科教兴国"战略的理论渊源。

（二）邓小平科学技术思想形成的背景

十一届三中全会以来,面对世界科学技术飞速发展、国际竞争主要是科学技术竞争的新形势,以邓小平为核心的中央领导集体创造性地继承和发展了马克思主义、毛泽东思想的科学技术理论。在1978年全国科学大会开幕式上,邓小平同志全面阐述了马克思主义科学技术观,要求正确认识科学技术是生产力,正确认识为社会主义服务的脑力劳动者是工人阶级和劳动人民的一部分,并且阐明了科学技术在四个现代化建设中的关键作用。进入20世纪80年代后,人类社会面临第三次科技革命浪潮的冲击,科学技术开始全方位、多层次、加速地推动经济的发展。邓小平敏锐地洞察到了科学技术在社会生产力发展中的作用的变化,他不断总结第二次世界大战以来尤其是20世纪70—80年代世界经济发展的新经验和新趋势,并针对现代社会生产力构成的深刻变化,旗帜鲜明地提出了"科学技术是第一生产力"的这一当代马克思主义的重大理论命题,形成了其以"科学技术是第一生产力"为核心的科学思想。

（三）江泽民科学技术思想形成的背景

20世纪90年代以后,随着世界多极化和经济全球化的深入发展,科学技术突飞猛进、知识经济初现端倪,中国改革开放取得较大突破,社会主义现代化建设步入新阶段……这一切都为江泽民科学技术思想的形成与发展奠定了坚实基础。面对新的形势,江泽民站在新的历史高度,着眼于我国现代化建设的全局,结合党的建设的实际,做出了"科学技术是第一生产力,而且是先进生产力的集中体现和主要标志"①的重要论述,进一步推进和深化了中国共产党科学技术观的发展。1995年,以江泽民同志为核心的党中央领导集体提出要实施科教兴国战略,全面落实科学技术是第一生产力的思想,这标志着中国科学技术事业的发展进入了一个新阶段,同时也为中国马克思主义科学技术观的发展做出了重大贡献。

（四）胡锦涛科学技术思想形成的背景

随着改革的逐渐深入,我国在加快推进社会主义现代化建设的进程中,经济发展长期积累的不平衡、不协调、不可持续的问题和矛盾不断凸显。中国共产党坚持用发展的办法解决前进道路上遇到的难题,实施了一系列重大战略决策,提出了科学发展观这一重大战略思想,标志着中国共产党科学技术观进入到了一个新阶段。在对国际国内经济、科技发展形势深刻分析基础上,党明确了科学技术在当今时代和当今中国的战略定位:科学技术作为第一生产力的作用日益突出,科学技术作为人类文明进步的基石和原动力的作用日益凸显,科学技术比历史上任何时期都更加深刻地决定着经济发展、社会进步、人民幸福。基于这一定位,胡锦涛提出要把"提高自主创新能力,建设创新型国家"作为"国家发展战略的核心"和"提高综合国力的关键"。这样,我们党不仅第一次把科技进步与自主创新提升到国家发展战略的核心位置,从而真正体现出"第一生产力"在发展中的"第一"或"首要"定位,而且还突出强调科技进步与自主创新在发展转型中的关键作用,使发展、转型与科技进步、自主创新紧密结合起来,标志我国科教兴国战略思想的历史性升华和中国社会主义现代化发展战略的重大转折。

---

① 江泽民文选:第3卷.北京:人民出版社,2006:275.

（五）习近平科学技术思想形成的背景

当前,新一轮科技革命和产业变革正在如火如荼地进行,全球科技创新犹如撬动地球的杠杆,不断创造令人意想不到的奇迹,且呈现出新的发展态势和特征,突出表现在:第一,学科交叉融合加速,新兴学科不断涌现,前沿领域不断延伸,物质结构、宇宙演化、生命起源、意识本质等基础科学领域正在或有望取得重大突破性进展。第二,信息技术、生物技术、新材料技术、新能源技术广泛渗透,带动几乎所有领域发生了以绿色、智能、泛在为特征的群体性技术革命。第三,传统意义上的基础研究、应用研究、技术开发和产业化的边界日趋模糊,科技创新链条更加灵巧,技术更新和成果转化更加快捷,产业更新换代不断加快。第四,科技创新活动不断突破地域、组织、技术的界限,演化为创新体系的竞争,创新战略竞争在综合国力竞争中的地位日益重要。面对科技创新发展的新趋势,全球主要国家都致力于为抢占未来经济科技发展的先机而寻找科技创新的突破口。我国现阶段正处于全面建成小康社会的关键时期,较之于以往任何时候,我们都更加需要紧紧依靠创新驱动。因此,我们党清醒地认识到:只有坚定不移走科技强国之路,坚定不移贯彻科教兴国战略和创新驱动发展战略,才能实现中华民族伟大复兴。以习近平为总书记的党中央正是在综合分析国内外大势的基础上,立足我国发展全局,作出了"实施创新驱动发展战略"的重大部署,强调科技创新是提高社会生产力和综合国力的战略支撑,必须摆在国家发展全局的核心位置,指出了未来科学技术发展的方向是创新、创新、再创新。

二、中国马克思主义科学技术观的基本内容

中国马克思主义科学技术观的基本内容主要包括:科学技术功能观、科学技术战略观、科学技术人才观和科学技术创新观等,涉及了科学技术的基本功能、发展战略、人才机制和发展目标等一系列重大问题,是一个科学的、完整的思想理论体系。

（一）科学技术功能观

马克思主义历来高度重视科学技术的经济和社会功能。早在一百多年前,马克思就指出:"科学技术是生产力"。中国马克思主义者继承和发展了这一思想,深刻地认识和把握科学技术的经济社会功能是中国马克思主义科学观的重要内容。

毛泽东认为:科学技术是提高社会生产力、进行经济建设和国防建设的手段。为了让新中国屹立于世界的东方,毛泽东认为当务之急是要尽快发展科学技术尤其是尖端技术,要下决心,搞尖端技术,要研究原子弹,依托科学技术尤其是军事科技的发展巩固国防,保家卫国。邓小平根据国际国内的新形势和新情况,高瞻远瞩地提出了"科学技术是第一生产力"的伟大命题。这就把科学技术提到整个生产力体系的首位,创新了生产力结构理论,为马克思主义经济理论注入了新鲜内容。江泽民同志创造性地继承和发展了"科学技术是第一生产力"的思想,认为"科学技术是先进生产力的集中体现和主要标志"。这一论断,指明了科学技术在先进生产力发展中的关键地位和作用。党的十六大以来,胡锦涛同志立足于党和国家事业的全局,对科学技术的发展和创新给予了高度关注。胡锦涛认为:一个国家只有拥有强大的自主创新能力,才能在激烈的国际竞争中把握先机、赢得主动。改革开放30多年之后,中国经济陷入转型升级"阵痛期","科学技术是生产力"的理念再次得到党中央的高度重视。习近平根据中国和世界发展新的实际指出:"创新是引领发展的第一动力。抓创新就是抓发展,谋创新就是谋未来。适应和引领我国经济发展新常态,关键是要依靠科技创新

转换发展动力。"这就进一步将生产力结构排序引入现实经济发展动力系统,在理论上使"第一生产力"进一步嵌入经济运行,成为经济发展的"第一动力"。这一论述是对马克思主义经济理论的深化发展,为我国新阶段的经济发展提供了重要理论支撑。①

(二) 科学技术战略观

中国马克思主义高度重视科学技术在国家经济社会发展中的战略地位,着眼于从国家层面制定科学技术发展战略。

毛泽东认为,为提升我国国家地位和影响力,一定要优先发展工业科技提升我国的生产能力和防卫能力,并大力发展尖端军事科技。在他的关怀与领导下,我国在制定 1956—1967 年科学技术发展的长远规划时,采取了"重点发展,迎头赶上"的方针,并把发展原子能、火箭、喷气技术、计算机技术、遥控技术等科研项目列为重点。1956 年 4 月,我国成立了航空工业委员会,提出了发展尖端武器的初步设想。1958 年又成立了中国人民解放军国防科学技术委员会,毛泽东亲自审批了中央军委关于核武器研究情况的报告。实践证明:毛泽东的科技战略思想是非常有见地和完全正确的。邓小平十分重视依靠自己的力量来发展我国的科学技术,他把"独立自主、自力更生"当作我国发展科学技术事业的立足点,在此基础上提出了既坚持自力更生,又虚心学习世界先进科学技术的科技方针。而实施科教兴国战略则是以江泽民为核心的中共第三代领导集体部署的中国跨世纪的宏伟纲领,是推进具有中国特色现代化的治国方略。胡锦涛反复强调"自主创新能力是国家竞争力的核心……必须把建设创新型国家作为面向未来的重大战略。"②他提出了"到 2020 年建成创新型国家,使科技发展成为经济社会发展的有力支撑"的战略思想,并着手实施建设创新型国家战略。习近平积极回应经济社会发展对科技发展提出的新要求,站在国家战略的高度一再强调科学技术的战略地位,他指出:"实施创新驱动发展战略,是立足全局、面向未来的重大战略,是加快转变经济发展方式、破解经济发展深层次矛盾和问题、增强经济发展内生动力和活力的根本措施。"③同时,习近平认为,要实施创新驱动发展战略,最根本的是要增强自主创新能力,最紧迫的是要破除体制机制障碍,最大限度解放和激发科技作为第一生产力所蕴藏的巨大潜能。这些论述,充分彰显了习近平对科学技术的重视程度和着力。

(三) 科学技术创新观

强调科学技术创新是中国马克思主义科学技术观的重要内容。

毛泽东认为,建设新中国,只有通过打破常规,进行一系列的技术革新和技术革命,才能迅速推动我国社会生产力的发展,改变我国贫穷落后的社会面貌。

邓小平针对我国科学技术相对落后的局面,提出一定要善于学习和引进,更善于创新,自力更生创新,树立高起点上创新的雄心壮志。江泽民站在知识经济时代的高度,把创新提到了关系国家民族兴衰存亡的高度。他认为,一个没有创新的民族是难以屹立于世界民族之林的。胡锦涛则强调,我国必须把增强自主创新能力作为发展科学技术的战略基点。作为调整产业结构和转变发展方式的中心环节,把建设自主创新型国家作为面向未来的战略选择,更加自觉、更加坚定地走中国特色的自主创新道路。习近平进一步提出:科技是国家

① 杨承训.习近平"第一动力"论的重大意义.人民日报,2015-05-27.
② 十六大以来重要文献选编(下卷).北京:人民出版社,2006:62.
③ 习近平.在中国科学院第十七次院士大会、中国工程院第十二次院士大会上的讲话.人民日报,2014-06-09(1).

强盛之基,创新是民族进步之魂。为了不在科技创新的大赛场上落伍,我们必须迎头赶上、奋起直追、力争超越。就国家层面而言,则必须坚定不移贯彻科教兴国战略和创新驱动发展战略。同时还要清醒地认识到,实施创新驱动发展战略的根本就是要增强自主创新能力。要"深入推进协同创新和开放创新,构建高效强大的共性关键技术供给体系,努力实现关键技术重大突破,把关键技术掌握在自己手里。"①

（四）科学技术人才观

人才在科学技术发展中起关键作用,中国马克思主义历来高度重视科学技术人才队伍建设。

毛泽东对科技人员极为尊重。正是在毛泽东有关重视知识分子思想的指引下,广大知识分子和科技人员为建设社会主义现代化国家艰苦创业,竭诚奉献,勇攀高峰,攻克了一个又一个重大难关,取得了以"两弹一星"为代表的辉煌成就,奠定了我国科技发展的坚实基础。邓小平也高度重视人才在我国社会主义建设与改革进程中的重要地位和作用。他对科技人才的地位、科技人才的培养教育、科技人才的选拔、科技人才的使用管理等都作了重要指示。其中,邓小平提出的知识分子的绝大多数"是工人阶级自己的一部分"②的结论是对我国当代知识分子阶级属性的正确估计,极大地推进了科技、教育战线的拨乱反正和落实知识分子政策的进程,而"尊重知识、尊重人才"③口号的提出则在党内营造了一种高度重视人才的良好氛围。江泽民十分重视人才在实施科教兴国战略中的地位和作用,明确提出:要推动科技进步和创新,人才是关键。胡锦涛深刻认识到培养造就创新型科技人才是建设创新型国家的战略举措。他说:"建设创新型国家,关键在人才,尤其是创新型科技人才。"④习近平认为,实现中华民族伟大复兴,人才越多越好,本事越大越好。他说:"知识就是力量,人才就是未来。我国要在科技创新方面走在世界前列,必须在创新实践中发现人才、在创新活动中培育人才、在创新事业中凝聚人才,必须大力培养造就规模宏大、结构合理、素质优良的创新型科技人才。""我们要把人才资源开发放在科技创新最优先的位置,改革人才培养、引进、使用等机制,努力造就一批世界水平的科学家、科技领军人才、工程师和高水平创新团队,注重培养一线创新人才和青年科技人才。"⑤

三、中国马克思主义科学技术观的主要特征

中国马克思主义科学技术观特征鲜明,突出表现为实践性、科学性、创新性、人本性等四个方面。

（一）实践性

中国马克思主义科学技术观的形成和发展都是建立在国际国内科学技术发展的实践基础之上,并随着科学技术实践的发展而日趋成熟。这是马克思主义经典作家所主张的"始终站在科学技术的前沿,密切关注不同时代科学技术发展的最新态势"思想的具体体现。因此,中国马克思主义科学技术观首先是一种实践科学技术观。

---

① 习近平. 在中国科学院第十七次院士大会、中国工程院第十二次院士大会上的讲话. 人民日报,2014-06-09(1).
② 邓小平文选:第2卷. 北京:人民出版社,1994:86-87.
③ 邓小平文选:第2卷. 北京:人民出版社,1994:40.
④ 胡锦涛. 在中国科学院第十五次院士大会、中国工程院第十八次院士大会上的讲话. 2006-06-0(1).
⑤ 习近平. 在中国科学院第十七次院士大会、中国工程院第十二次院士大会上的讲话. 人民日报,2014-06-09(1).

中华人民共和国成立后,毛泽东基于东西方强国科学技术发展的优势和中国发展对科学技术的特殊需求,特别强调发挥科学技术对服务于国家经济建设的支撑和引领作用,提出了"向科学进军"的口号。改革开放以后,中国化马克思主义科学技术观的形成主要基于两个科学技术实践环境:国际科学技术发展成就与趋势和中国科学技术发展水平现状与现代化建设需要。国内外科学技术实践的发展,为邓小平定位中国科学技术发展提供了实践依据。在邓小平科学技术思想指导下,江泽民也强调科学技术发展要"不断根据实践的要求进行创新"。新世纪新阶段,中国共产党时刻关注中国科学技术发展现状和世界科学技术发展的大背景,不断创新中国化马克思主义科学技术观。基于对世界科学技术发展实践的深刻认识,胡锦涛同志指出,当今世界,全球性科学技术革命蓬勃发展。我们必须认清形势,居安思危,奋起直追。面对科技创新发展新趋势,习近平提出,"我们不能在这场科技创新的大赛场上落伍,必须迎头赶上、奋起直追、力争超越。"同时,他认为,发展科学技术一定要立足于中国特色社会主义建设实践,他说:"面向未来,增强自主创新能力,最重要的就是要坚定不移走中国特色自主创新道路,坚持自主创新、重点跨越、支撑发展、引领未来的方针,加快创新型国家建设步伐。"①

（二）科学性

中国马克思主义科学技术观是在经济发展科技进步的实践基础上形成和发展起来的科学体系,具有鲜明的科学性。

从毛泽东提出"向科学进军"到邓小平提出"科学技术是第一生产力",从江泽民的"科教兴国"到胡锦涛"提高自主创新能力,建设创新型国家",再到习近平的"实施创新驱动发展战略",他们的科学技术思想各具特色又一脉相承,以马克思主义为理论指导,以实事求是为精髓,以自主创新为基本立足点,以为人民服务和实现人的全面发展为价值目标,指导我国科学技术进步,推动我国经济社会发展。

（三）创新性

在指导科学技术发展的战略方针上,中国马克思主义科学技术观既强调继承,也强调创新,在继承与创新相结合的基础上,尤其强调创新性。

毛泽东一贯强调"独立自主,自力更生"的基本方针,并把这一方针贯穿到中国科学技术的发展实践中,为中国通过自主发展取得科学技术进步确定了基本方向和基本战略。在邓小平的心目中,对引进技术的消化、吸收是同创新联系在一起的。他指出,我们在引进先进技术设备后,一定"要善于创新",因为一些高、新技术,尤其是国防尖端技术,从国外是买不来的。江泽民科学技术思想的显著特点也是创新。他明确指出:"创新是一个民族的灵魂,是一个国家兴旺发达的不竭动力。"②而坚持自主创新是胡锦涛科学技术思想的突出特点。胡锦涛认为:我们必须"坚持走中国特色自主创新道路,为建设创新型国家而努力奋斗。"③经历改革开放30多年后,中国经济进入转型升级的"拐点",与邓小平以引进为主、自力更生的策略不同,习近平则更为强调独立自主和创新。习近平指出,实施创新驱动发展战略,最根本的是要增强自主创新能力,要有与美欧等传统科技大国一争高下,成为世界科技引领者的愿景。

① 习近平.在中国科学院第十七次院士大会、中国工程院第十二次院士大会上的讲话.人民日报,2014-06-09(1).
② 江泽民文选:第3卷.北京:人民出版社,2006:64.
③ 胡锦涛.坚持走中国特色自主创新道路,为建设创新型国家而努力奋斗.人民日报,2006-01-10(2).

（四）人本性

中国化马克思主义科学技术观具有一种人本科学技术观的意义,主要表现在强调发展科学技术的价值目标是要造福于民,服务于人的全面发展上。

"向科学进军"的号召,反映了毛泽东通过科学技术尽快发展生产力,提高人民群众的物质文化生活水平,通过科学精神帮助中国人民摆脱封建思想的束缚的殷切期望,集中体现了毛泽东的科学为民所用的思想。邓小平主张科学技术富国强民,造福人类,通过发展科学技术实现民族振兴。他指出,实现人类的理想离不开科学,第三世界摆脱贫困离不开科学,维护世界和平也离不开科学。在新的历史条件下,江泽民呼吁"科学技术进步应服务于全人类,服务于世界和平、发展与进步的崇高事业,而不能危害人类自身。"胡锦涛提出的科学发展观作为指导经济社会发展的重大战略思想,体现了中国共产党对于科学技术现代化之于社会主义现代化的意义的认识更加深刻,以人为本作为其核心就蕴涵着科学技术发展以人民的根本利益为出发点和落脚点的思想。习近平则认为:科学技术必须同社会发展相结合,科技成果必须同国家需要、人民要求、市场需求相结合,只有这样,才能真正实现创新价值、实现创新驱动发展。

医学问题与思考:

习近平对中医药的重要论述

习近平对我国中医药事业的发展赋予了极大关注。在会见外宾、出席国际会议以及国内考察等诸多重要场合,习近平多次对中医药及其发展进行了论述。纵观习近平对中医药的系列重要讲话可以发现:一方面,充分肯定了中医药在我国经济社会发展中的重要地位,尤其是强调了中医药在促进中华文化复兴和国际合作交流中的重要作用;另一方面,善于熔铸中医观作为其治国理政的方法论,通过生动、形象、准确地运用体现中医思维和理论的中医术语阐明其执政兴国、执政利民、执政惠世等理念。①

一、中医药在我国经济社会发展中的重要地位

中医药是文化传播与交流的重要载体,是中国文化软实力的重要体现。2010 年 6 月 20 日,在墨尔本理工大学中医孔子学院授牌仪式上,习近平明确提出:"中医药学凝聚着深邃的哲学智慧和中华民族几千年的健康养生理念及其实践经验,是中国古代科学的瑰宝,也是打开中华文明宝库的钥匙。"深入研究和科学总结中医药学对丰富世界医学事业、推进生命科学研究具有积极意义。他说,中医孔子学院把传统和现代中医药科学同汉语教学相融合,必将为澳大利亚民众开启一扇了解中国文化新的窗口,为加强两国人民心灵沟通、增进传统友好搭起一座新的桥梁。2013 年 9 月 13 日,习近平在上海合作组织成员国元首理事会第十三次会议上再次明确提出:"传统医学是各方合作的新领域,中方愿意同各成员国合作建设中医医疗机构,充分利用传统医学资源为成员国人民健康服务。"同年 10 月,习近平在会见马其顿总统伊万诺夫时表示:"中方愿同马方携手努力,推进务实合作,落实好基础设施合作项目,将农业合作打造成双边合作新增长点,扩大教育、文化、艺术、中医药等领域交流,夯实两国关系的社会基础,共同推动中马关系加速发展,取得更多成就。"2014 年 9 月 18 日,习近平

---

① 孙光荣.读懂习总书记讲话中的中医观 中医药学是打开中华文明宝库的钥匙.中国中医药报,2014-09-28.

出访印度时,在印度世界事务委员会演讲《携手追寻民族复兴之梦》时进一步提出:"国之交在于民相亲。中国太极和印度瑜伽、中国中医和印度阿育吠陀有惊人的相似之处,两国人民数千年来奉行的生活哲理深度相似。"

中医药不仅具有重要的医学价值,同时还具有深厚的人文意蕴,在经济社会发展中具有重要价值。习近平指出,中国医药卫生三大重点,中西医结合,中医药以及中国生产的医药产品,都将为全球卫生事业做出贡献。2013 年 3 月 22 日国家主席习近平在莫斯科举行的俄罗斯"中国旅游年"开幕式上提出:"中医是得天独厚的旅游资源",利用中医药资源,可以使中医药事业和经济社会相互促进与发展。民生健康是不同体制国家的共同追求。传统医学包括中医中药的开发利用,完全可以成为与其他国家合作共赢的资源。因此,2013 年 8 月 20 日,习近平会见世界卫生组织总干事陈冯富珍时的谈话中提到"促进中西医结合及中医药在海外发展,推动更多中国生产的医药产品进入国际市场,共同帮助非洲国家开展疾病防治和卫生体系建设,为促进全球卫生事业、实现联合国千年发展目标作出更大贡献"。

二、中医与中国式改革

从改革方案总体设计来看,改革首先要针对经济、政治、文化、社会、生态五大体制做好顶层设计。2012 年 12 月,习近平在广东考察工作时谈到:"顶层设计就是要对经济体制、政治体制、文化体制、社会体制、生态体制做出统筹的设计。"顶层设计需要统筹规划来提高改革决策的科学性,加强对各项改革关联性的研判,努力做到全面和局部相配套,治本和治标相结合,渐进和突破相促进。同时,他还说:"改革也要辨证施治,既要养血润燥、化瘀行血,又要固本培元、壮筋续骨,使各项改革发挥最大效能。"

2013 年 2 月,习近平在中央经济工作会议上关于调整产业结构、化解产能过剩的讲话中指出:"现在不拿出壮士断腕的勇气,将来付出的代价必然更大。病入膏肓那还怎么治啊?正所谓'在肓之上,膏之下,攻之不可,达之不及,药不至焉,不可为也'。"如果不采取有力措施,结果只能破坏可持续发展。2013 年 12 月,习近平在中央城镇化工作会议上谈推进农业转移人口市民化时讲话进一步指出:"要注意解决消化不良问题,消化胃里的积食,不要再大口进食,否则是要脘腹痞胀、宿食不化的!现在,到很多地方去看,都是大马路、大广场、大绿地、大园区,土地利用率很低。这不是强壮,而是虚胖,得了虚胖症,看着体积很大,实际上外强中干、真阳不足、脾气虚弱",城镇化也是一个自然历史过程,中国是拥有 13 亿人口的发展中大国,实现城镇化需要坚持可持续发展,具体情况具体分析。

2014 年 1 月 7 日,习近平在中央政法工作会议上讲话指出:"政法系统是国家的免疫系统,是营血卫气、祛邪扶正、保证社会肌体健康的重要力量。综合起来看,政法工作的主要任务就是维护社会大局稳定、促进社会公平正义、保障人民安居乐业。"从体制机制出发,用以促进社会的公平正义,使国家健康发展,使人民安居乐业。

三、中医与党的作风建设

政治思想上的形式主义、官僚主义、享乐主义将影响国家的综合治理。习近平 2013 年 2 月在党的十八届二中全会上的讲话中说:"中央之所以要抓住改进作风来推进党的建设,是因为形式主义、官僚主义、享乐主义等问题实际上是党内存在的突出矛盾和问题的突出特征。用中医的话来说,就是"肝风内动""血虚生风"。"

针对作风建设问题,一是要坚持具体问题具体分析。"各级党组织要采取有力措施,帮助有问题的党员、干部找准'病症',对症下药,该吃中药的吃中药,该吃西药的吃西药,或者中西医结合,该动手术的动手术,切实体现从严治党的要求。"习近平认为:"治治病,主要是坚持惩前毖后、治病救人方针,区别情况、对症下药,对作风方面存在问题的党员、干部进行教育提醒,对问题严重的进行查处,对不正之风和突出问题进行专项处理。二是要长期坚持不懈的进行。2014 年 1 月 14 日,习近平在第十八届中央纪律检查委员会第三次全会上指出:"在肯定成绩的同时,我们也要看到,滋生腐败的土壤依然存在,反腐败形势依然严峻复杂,一些不正之风和腐败问题影响恶劣,亟待解决。全党同志要深刻认识反腐败斗争的长期性、复杂性、艰巨性,以猛药去疴、重典治乱的决心,以刮骨疗毒、壮士断腕的勇气,坚决把党风廉政建设和反腐败斗争进行到底。"

第三节　创新型国家建设

科技是国家强盛之基,创新是民族进步之魂。提高自主创新能力,建设创新型国家,是时代赋予我国的一项长期的、艰巨的伟大事业。党的十七大把提高自主创新能力,建设创新型国家作为国家发展战略的核心;党的十八大作出了实施创新驱动发展战略的重大部署,强调科技创新是提高社会生产力和综合国力的战略支撑,必须摆在国家发展全局的核心位置。这是党中央综合分析国内外大势、立足我国发展全局作出的重大战略抉择。本节我们将详细探讨创新型国家的基本内涵、建设背景以及如何建设创新型国家等问题。

一、创新型国家的内涵与特征

(一)创新型国家的内涵

自英国著名技术创新研究专家弗里曼(C. Freeman)1987 年首次提出了"国家创新体系"(National Innovation Systems)以来,建立国家创新体系,走创新型国家之路,已成为许多国家的共同选择。

理论上,创新型国家是指把科技创新作为基本战略,大幅度提高科技创新能力,形成日益强大的竞争优势,从而在国际社会中保持强大竞争力的国家。

目前,国家创新能力大多用创新综合指数来评价,这种评价体系一般包括投入指标和产出指标两大类,在这两类指标体系中,最为重要的有:①全社会研发投入占国内生产总值的比重;②研发人员数量;③对外技术依存度;④国际科学论文被引用数;⑤本国人专利年度授权量等。

当前,我国建设创新型国家,核心就是把增强自主创新能力作为发展科学技术的战略基点,走出中国特色自主创新道路,推动科学技术的跨越式发展;就是把增强自主创新能力作为调整产业结构、转变增长方式的中心环节,建设资源节约型、环境友好型社会,推动国民经济又快又好发展;就是把增强自主创新能力作为国家战略,贯穿到现代化建设各个方面,激发全民族创新精神,培养高水平创新人才,形成有利于自主创新的体制机制,大力推进理论创新、制度创新、科技创新,不断巩固和发展中国特色社会主义伟大事业。

(二)创新型国家的特征

一般说来,创新型国家都具备以下四个基本特征:

一是科技创新成为促进国家发展的主导战略,创新综合指数明显高于其他国家,科技进步贡献率一般在70%以上。

二是创新资金投入达到了一定的标准,R&D(研究开发)投入占GDP(国内生产总值)的比重都在2%以上。

三是有很强的自我创新能力,对外技术依存度指标在30%以下。

四是创新产出高。世界公认的20个左右的创新型国家获得的三方专利(美国、欧洲和日本授权的专利)数占到世界总量的97%。是否拥有高效的国家创新体系是区分创新型国家和非创新型国家的主要标志。人们往往用相关创新投入和产出的指标从一个侧面来衡量国家的创新程度。一般来说,创新型国家的创新综合指数明显高于其他国家。

二、创新型国家建设的背景

半个多世纪以来,世界众多国家在各自不同的起点上,努力寻求实现工业化和现代化的道路。一些国家主要依靠自身丰富的自然资源增加国民财富;一些国家主要依附于发达国家的资本、市场和技术;还有一些国家把科技创新作为基本战略,大幅度提高科技创新能力,形成日益强大的竞争优势。国际学术界把后一类国家称之为"创新型国家"。

当前,建设创新型国家之路,已成为世界许多国家政府的共同选择。尤其是在金融危机背景下,世界各国均不断出台鼓励科技创新的政策,提升科技创新能力,并以此作为应对金融危机,提高本国国际竞争力的一个主要手段。中国也面临着重要的选择。世界的格局在不断变更着,传统经济发展模式在世界新科学技术革命冲击中发生着重大的变革;世界各国之间的竞争已经不再仅仅体现在武力的争夺之中,更是科学技术的竞争,因此,我们有理由认为科学技术的竞争已经成为国际综合国力的竞争焦点。

问题在于,目前,我国科技创新能力较弱,根据有关研究报告,在2004年我国科技创新能力在49个主要国家(占世界GDP的92%)中位居第24位,处于中等水平。但是,我们也应该看到,我国在改革开放的浪潮中经济及科学技术实力得到了有力的提升,因此,我们认为我国已具备建设创新型国家的科学技术基础和条件。一是我国经济持续快速增长和社会进步,对科技发展提出巨大需求,也为科技发展奠定了坚实基础。二是我国已经建立起比较完备的学科体系,拥有丰富的人才资源,部分重要领域的研究开发能力已跻身世界先进行列,具备科学技术大发展的基础和能力。三是坚持对外开放,日趋活跃的国际科技交流与合作,使我们能分享新科技革命成果。四是坚持社会主义制度,能够把集中力量办大事的政治优势和发挥市场机制有效配置资源的基础性作用结合起来,为科技事业的繁荣发展提供重要的制度保证。五是中华民族拥有5000年的文明史,中华文化博大精深、兼容并蓄,更有利于形成独特的创新文化。

为了在竞争中赢得主动,依靠科技创新提升国家的综合国力和核心竞争力,我国把推进自主创新、建设创新型国家作为落实科学发展观的一项重大战略决策并制定出了"建设创新型国家"的战略目标,以科技创新支撑中国经济可持续发展。

走中国特色自主创新道路,核心就是要坚持"自主创新、重点跨越、支撑发展、引领未来"的指导方针。首先,自主创新是指从增强国家创新能力出发,加强原始创新、集成创新和引进消化吸收再创新。其次,坚持有所为有所不为,选择具有一定基础和优势、关系国计民生和国家安全的关键领域,集中力量、重点突破,实现跨越式发展。再次,从现实的紧迫需求出发,着力突破重大关键技术和共性技术,支撑经济社会持续协调发展。其中,基础研究是保持一国科技领先地位的关键因素,也是可持续科技进步和创新的关键所在。最后,要着眼于长远,超前部署前沿技术和基础研究,创造新的市场需求,培育新兴产业,引领未来经济社会发展。

为加快推进创新型国家建设,全面落实《国家中长期科学和技术发展规划纲要(2006—2020年)》,充分发挥科技对经济社会发展的支撑引领作用,中共中央、国务院印发了《关于深化科技体制改革加快国家创新体系建设的意见》。这是指导我国科技改革发展和创新型国家建设的又一个纲领性文件,标志着我国建设创新型国家的进程进入一个新的历史节点。2013年11月12日中国共产党第十八届中央委员会第三次全体会议通过了《中共中央关于全面深化改革若干重大问题的决定》,《决定》指出,要紧紧围绕使市场在资源配置中起决定性作用,深化经济体制改革,坚持和完善基本经济制度,加快完善现代市场体系、宏观调控体系、开放型经济体系,加快转变经济发展方式,加快建设创新型国家,推动经济更有效率、更加公平、更可持续发展。

三、中国特色的国家创新体系

创新型国家建设必须构建中国特色的国家创新体系。中国特色的国家创新体系是一个逐渐完善的过程。"自主创新、重点跨越、支撑发展、引领未来"是当前中国共产党提出的建设创新型国家的指导方针。其中,自主创新是我国科技发展的战略基点;重点跨越,坚持有所为、有所不为,是加快我国科技发展的有效途径;支撑发展,从现实紧迫需求出发,是我国科技发展的现实要求;引领未来,就是着眼长远,超前部署前沿技术和基础研究,是我国科技发展的长期根本任务。

(一) 国家创新体系概念

经济合作与发展组织(OECD)在《国家创新体系》报告指出:"创新是不同主体和机构间复杂的互相作用的结果。技术变革并不以一个完美的线性方式出现,而是系统内部各要素之间的互相作用和反馈的结果。这一系统的核心是企业,是企业组织生产和创新、获取外部知识的方式。外部知识的主要来源则是别的企业、公共或私有的研究机构、大学和中介组织"。因此,我们认为:国家创新体系是指一个国家所有创新要素有机联系、相互作用所构成的社会网络系统,包括科研机构、大学、企业及政府等,它能够更加有效地提升创新能力和创新效率,使科学技术与社会经济融为一体,协调发展。我国新时期国家创新体系主要体现为,在国家层次上推动持续创新、提升国际竞争力的组织与制度。我国的国家创新体系可以设想着五个构件来理解:①以企业为主体、产学研结合的技术创新体系;②科学研究与高等教育有机结合的知识创新体系;③军民结合、寓军于民的国防科学技术创新体系;④各具特色和优势的区域创新体系;⑤社会化、网络化的科学技术中介服务体系。

(二) 国家创新体系的内在构成

我国国家创新体系内在构成要素主要包括:研究机构(包括企业研究机构)、大学、企业、政府、各类行业、产业集群及中介机构等。各构成要素在一定的市场、法律法规、教育、创新文化等创新环境中,借助于信息、资源、中介服务等支撑性因素相互作用形成知识产生、传播、应用环流。其中,知识产生、传播、应用环流的产生,是创新网络化的核心问题。

各类研究机构及大学进行原始创新,发现新知识,发明新技术,大学及研究机构等通过人才培养、研究报告、学术期刊等多途径实现新知识、新技术的传播,研究机构、大学和企业通过产业技术联盟等产学研结合多种方式实现新知识、新技术的应用,并最终实现产业化。

知识环流产生的动力来源于市场需求拉动力和技术发展推动力,即市场导向和技术导向,但主要来源于市场的拉动力。知识环流依据社会的需求关系以国家、区域、行业、基层等多层次的创新空间形式组合成国家创新体系框架。创新体系框架蕴涵潜在的创新能力。创新体系的现实能力在于其结构与其生存的社会环境相互制约。要提升国家创新能力就要力求创新体系框架结构的优化、创新环境的完善及其关系的合理性。创新体系结构是由其体制与机制关联所构成。创新体系社会环境包括政治体制、经济发展模式、市场机制、政策法规、教育水平、社会意识、创新文化、创新投入以及国际创新体系环境等。创新体系内各创新构成要素在创新中的功能定位是否准确,以及创新体系内构成要素间的联系是否广泛及密切决定创新体系的效率。

(三) 国家创新体系结构

新时期我国国家创新体系由知识创新体系、技术创新体系、区域创新体系、科技中介服务体系及国防科技创新体系组成。其中,知识创新体系是大学和研究机构,通过基础研究和应用研究发现、创造新知识。技术创新体系是科技企业与研究机构结合,将科技成果转化为生产力的体系。区域创新体系是区域内有关部门和机构相互作用所形成的推动创新网络,其功能是放大科学技术的倍增效应,增强创新能力,提高创新效率。科技中介服务体系各类生产力促进中心、科技企业孵化器、信息中心、技术市场、评估机构等中介服务机构组成,为新知识、新技术的传播及应用等提供服务。

四、增强自主创新能力,建设中国特色的创新型国家

党中央、国务院作出的建设创新型国家的决策,是事关社会主义现代化建设全局的重大战略决策。建设创新型国家,核心就是把增强自主创新能力作为科学技术发展的战略基点,走有中国特色的自主创新道路,推动科学技术实现跨越式发展;就是把增强自主创新能力作为调整产业结构、转变经济增长方式的中心环节,建设资源集约型、环境友好型社会,推动国民经济又好又快地发展;就是把增强自主创新能力作为国家战略,贯穿到现代化建设的各个方面,激发全民创新精神,培养高水平创新人才,形成有利于自主创新的体制机制,大力推进理论创新、制度创新、科技创新,不断巩固和发展中国特色社会主义伟大事业。

(一) 自主创新的内涵及基本类型

自主创新是指通过拥有自主知识产权的独特的核心技术以及在此基础上实现新产品的价值的过程。自主创新的基本类型主要包括三种,即:原始创新、集成创新和引进消化吸收再创新。自主创新的成果,一般体现为新的科学发现以及拥有自主知识产权的技术、产品、品牌等。

原始创新指前所未有的重大科学发现、技术发明、原理性主导技术等创新成果。原始性创新意味着在研究开发方面,特别是在基础研究和高技术研究领域取得独有的发现或发明。原始性创新是最根本的创新,是最能体现智慧的创新,是一个民族对人类文明进步作出贡献的重要体现。

集成创新是指通过对各种现有技术的有效集成,形成有市场竞争力的产品或者新兴产业。引进技术再创新是指在引进国内外先进技术的基础上,学习、分析、借鉴,进行再创新,形成具有自主知识产权的新技术。集成创新能力是一个国家创新能力的重要标志。

引进消化吸收再创新是提高自主创新能力的重要途径。发展中国家通过向发达国家直

接引进先进技术,尤其是通过利用外商直接投资方式获得国外先进技术,经过消化吸收实现自主创新,形成具有自主知识产权的新的技术,引进消化吸收再创新不仅大大缩短了创新时间,而且降低了创新风险。

(二) 中国特色国家创新体系建设重点及趋势

总的说来,中国特色国家创新体系建设重点及趋势应该包括以下几个方面:

建设以企业为主体、产学研相结合的技术创新体系。以企业为主体、产学研相结合的技术创新体系是全面推进国家创新体系建设的突破口。通过推动产业技术联盟、公共服务平台和创新型企业建设,进一步推动实施技术创新工程。加强企业技术创新中心建设,鼓励应用技术研发机构进入企业,扶持大企业与跨国公司共建技术研发联合体,形成一批持续创新能力强的企业集团。发挥各类企业特别是中小科技企业的创新能力,鼓励技术革新和发明创造。吸纳跨国公司在国内设立研发中心。以产业链为基础,打造高新技术产业集群的企业标准联盟、技术联盟和产业联盟,引导和支持各类主体的协同创新活动,引导和支持产业链骨干企业开展竞争前的战略性关键技术和重大装备的研究开发。

建设科学研究与高等教育有机结合的知识创新体系。以建立开放、流动、竞争、协作的运行机制为中心,促进科研院所之间、科研院所与高等院校之间的结合和资源集成。加强社会公益科研体系建设。努力形成一批高水平的、资源共享的基础科学和前沿技术研究基地。鼓励和支持具有优势地位的企业利用高校和科研院所的特色资源优势,联合相关机构,建立并完善专业性的公共技术支撑平台以及国家级工程中心、国家级企业技术中心。支持高等院校、研究院所共建开放式实验室,鼓励高等院校和研究院所发挥科技条件资源优势,形成一批面向市场应用的公共开放实验室。

建设军民结合、寓军于民的国防科技创新体系。从宏观管理、发展战略和计划、研究开发活动、科技产业化等多个方面,促进军民科技的紧密结合,加强军民两用技术的开发,形成全国优秀科技力量服务国防科技创新、国防科技成果迅速向民用转化的良好格局。

建设各具特色和优势的区域创新体系。充分结合区域经济和社会发展的特色和优势,统筹规划区域创新体系和创新能力建设。发挥高等院校、科研院所和国家高新技术产业开发区在区域创新体系中的重要作用,增强科技创新对区域经济社会发展的支撑力度。加强科技先进县(市、区),示范县(市、区)工作,切实加强县(市)等基层科技体系建设。推进科技企业孵化器建设,着力打造创业服务平台。加快高新区"二次创业",推动特色产业基地建设,促进产业集群的形成。

建设社会化、网络化的科技中介服务体系。充分发挥高等院校、科研院所和各类社团在科技中介服务中的重要作用。引导创业服务中心、技术创新中心、技术推广站、科技咨询中心等科技中介服务机构向专业化、规模化和规范化方向发展。推动制定"职业资格证书制度",提高科技服务从业队伍整体素养。对于科技服务机构的管理人员和专业技术人员实行职业资格证书制度,建立科技服务业职业资格标准体系。

(三) 建设创新型国家的战略对策

首先,要把建立以企业为主体的技术创新体系作为加强自主创新的突破口。在市场经济条件下,企业作为投入主体、利益主体和风险承担主体,在推动技术创新方面具有不可替代的作用。近年来,我国一批依靠自主创新获得市场竞争力的企业正在崛起,为我国经济发展注入了新的活力。但是,我国企业总体上技术创新能力薄弱的状况尚未得到根本转变。

因此,尽快确立企业技术创新的主体地位,不仅是我国科技发展的紧迫任务,也是我国经济发展的当务之急。

其次,要为企业技术创新提供体制、机制和政策保障。一是要把建立健全技术创新机制作为建立现代企业制度的重要内容,鼓励企业建设各类研究开发机构和增加科技投入,使企业成为研究开发投入的主体。二是有关科技计划应当充分体现企业的重大科技需求,建立以企业为核心、产学研紧密合作的机制,支持和引导企业成为技术创新活动的主体。三是要进一步加强知识产权保护,并有效防止不利于竞争的市场垄断行为。四是要支持企业组建各种形式的战略联盟,在关键领域形成具有自主知识产权的核心专利和技术标准。五是国家经济政策与科技政策,如投资、金融、消费和政府采购政策等都应当有利于企业的自主创新,充分发挥政策对自主创新的促进作用。

第三,积极营造有利于自主创新的良好社会氛围,大力扶持科技型中小企业的技术创新活动,为中小企业提供良好的创新创业环境。目前我国已经涌现出一大批具有创新活力和良好的成长潜力的科技型中小企业,要通过基金支持、创业投资、贷款贴息、税收优惠等方式,支持它们的技术创新活动,不断完善企业孵化的软环境建设,重点办好高新技术创业服务中心、大学科技园等各类企业孵化器,增强企业的技术集成与产业化能力。

第四,高度重视原始创新和集成创新,充分发挥科研院所和高等学校在科技创新中的重要作用,切实加强基础研究和高技术研究。一要大力支持科学家的自由探索并鼓励他们在国家重大需求和重大科学前沿领域开展研究,力争在前沿科学和高技术领域取得突破。二要进一步优化学科布局,实施重大科学计划,建设具有国际先进水平的科学研究基地。三要以人为本,建立和完善、培养、发现和充分发挥优秀科技创新人才作用的有效机制,培养造就高级科技人才,建设一支精干、高效的科学研究队伍。四要进一步改革科技评价与奖励制度,创造有利于自由探索、潜心研究、百家争鸣、提携新秀、激励创新的良好环境。

第五,深化科技改革,优化自主创新资源的配置。要建立有效的宏观协调机制,完善推进自主创新的宏观管理体制和运行机制,打破部门之间、地方之间、军民之间条块分割、相互封闭的格局,发挥集中力量办大事的政治优势和制度优势,努力促进科技资源的有效配置和综合集成。要围绕提高自主创新能力的整体目标,充分发挥中央和地方、科研机构、高等学校、企业等各类科技力量的积极性,形成协调一致、分工合作和紧密联系的良性机制。

(四) 建设创新型国家的根本目标

建设创新型国家的根本目标是提高我国的自主创新能力。提高自主创新能力是国家发展战略的核心,是提高综合国力的关键。是科学技术的战略基点;是调整产业结构、转变增长方式的中心环节。提高自主创新能力必须走出一条中国特色自主创新的道路,必须瞄准国际竞争力的提高,必须服务于经济社会的可持续发展,必须加快推进国家创新体系的建设。建设创新型国家的总体战略是自主创新、重点跨越、支撑发展、引领未来。建设创新型国家的总体战略方针是以原始创新为基础、以集成创新为主体、以引进消化吸收再创新为途径。我们要设计建设创新型国家的战略对策,建设科学、合理的制度和政策体系保障;深化科学技术体制改革是关键;培养造就富有创新精神的人才队伍是根本;发展创新文化,培育全社会的创新精神是基础。因此,我们必须让全国广大科技工作者一定要深刻理解创新型国家的意义,自觉担当起光荣的历史使命,为大力增强科技创新能力和核心竞争力,提高我国的综合国力而努力奋斗,为实现中华民族伟大复兴的中国梦作出应有的贡献。

🔬 **医学问题与思考：**

中医原创思维与研究生创新能力培养

"创新是一个民族的灵魂，是一个国家兴旺发达的不竭动力。"中华民族要想屹立于世界民族强林，必须切实"提高自主创新能力，建设创新型国家。"正是基于这样的时代背景，原创思维作为一种与众不同的、创造性的思维方式，越来越受到人们的重视。

中医药是中国传统文化中最为璀璨的瑰宝之一，具有独特的、自成体系的原创思维，是我国最具原始创新潜力的学科领域之一，蕴含着丰富的内涵与科学价值。中医原创思维对生命与疾病的认知，是构成中医学理论与实践的关键所在。[①] 北京中医药大学王琦教授构建了"中医原创思维模式"，认为中医原创思维是中国传统医学认识自然生命现象及解决医疗实践问题的开拓性的、特有的、与众不同的、创造性的思维方式，是"取象运数，形神一体，气为一元"的整体思维模式。该模式涵盖了中医思维的要素，即"象数""形神"和"气"，概括了中医思维认识的工具即"取象运数"和本原的"气"，反映了思维认识过程是从现象的外在性深入到实体和本质，厘清了思维要素间的关系，形成了"象数观""形神观"和"一元观"，符合中医学整体思维特征，充分体现了中医学独特的原创性思维。[②] 国医大师李振华教授指出："'取象运数，形神一体，气为一元'是中医学的原创思维模式。该模式完全符合中医学的思维模式和思维要素的界定……该项研究既体现了对中医学的继承性，又有国内外创新性的论点，为中医学术的研究也提供了正确的研究方向和防治疾病的理论依据。"

社会需要创新，中医药学也需要创新，而创新的关键在人才。高校研究生教育是创新性人才培养的主要阵地，如何充分发挥中医原创思维在研究生创新能力培养中的作用成为了当前高等中医药院校研究生教育的重要课题。

其一，中医原创思维与研究生创新意识和创新精神的培养。

创新意识和创新精神是创新人才必备的基本素质。培养创新意识、树立创新精神是培养研究生创新素质的前提。

中医原创思维是在哲学指导、文化孕育、实践升华的基础上形成的，是一种特殊的意识活动。从中医学对人体生理现象的概括到对疾病病理机制的阐释、从疾病的诊断到治疗原则的制定、从对中药性效的诠释到中药方剂组方规律的运用，无一不显现出中医学思维的独特性和创造性。所有这一切均为研究生发现问题、探究未知、追求真理提供了无限的空间。因此，中医研究生树立创新意识首先应该要坚持创新精神，尤其是要坚持以中医原创思维为指导，否则，其所谓的创新就会成为无源之水、无本之木，表面上看似有创新，实质上背离了中医基本理论。毫无疑问，这种创新是没有任何价值的。

其二，中医原创思维与研究生创新思维和创新能力的增强。

中医原创思维是中医理论与实践创新的基石，重视原创思维的传承与创新是中医学发展的动力。[③] 因此，加强研究生创新思维与创新能力的培养，理应高度重视原创思维的传承与创新。

---

① 胡其峰. 原创思维：国家进步的灵魂. 光明日报,2012-06-11.
② 王琦. 关于中医原创思维模式的研究. 北京中医药大学学报,2012,(3):161.
③ 王永炎. 概念时代应重视中医学原创思维的传承与发展. 中华中医药学刊,2008,(4):677-679.

首先,传承经典是基础。中医古典文献浩如烟海,这些经典文献正是体现中医原创思维和反映中医学特色的最佳教材,如《黄帝内经》《金匮要略》《温病学》《伤寒论》《针灸大成》等。[①] 所有这些经典都蕴含着丰富的中医原创思维思想和方法,研究生们可以在研读过程中学习和掌握中医学的基本认知方法,如司外揣内、活体取象、实体求证、内求体悟等认知方法[②]。通过深入领悟中医原创思维的思想精髓以达到增强原创思维,提升原创能力的目的。其次,自主创新是关键。研究生们学习专业基本技能只是一种基本要求,懂得创新才是他们的目标。在深刻把握和深入研究中医原创思维的基础上,借助现代科技手段发现、阐释和总结传统中医理论的规律,在集成多学科理论与技术的基础上进行创新,形成中医学独特的研究方法学体系,并作为标准引领全世界中医药学的研究。[③] 同时,在创新过程中要注重批判性思维能力、发现和解决问题能力、探索和研究能力的提升,要敢于提出问题、挑战权威,创造出更多的中医学原创理论成果并使之造福全世界人民。

其三,中医研究生发散性思维及其养成。

发散性思维也称扩散性思维、辐射性思维、求异思维,是指在思维过程中充分发挥人的想象力,突破原有的知识圈和思维定势,通过知识观念的重新组合,对问题进行多角度、全方位的思考,最终使问题获得圆满解决的思维方法。一般说来,发散性思维具有流畅性、变通性和独特性等基本特征。[④] 发散性思维是创造性思维的重要组成部分。发散性思维的养成是创新型思维培养的核心和指引,对于创新型中医研究生的培养至关重要。发散性思维的养成应贯穿于中医研究生课堂学习、临床实践和日常生活全过程。

首先,在课堂教学过程中,教师首先要引导学生学好中医基础知识,因为一个人的基础知识越丰富,形成广阔思路的可能性才越大。同时,教师要着重培养研究生自主学习观念和求异思维的能力,采用提问、设疑、启发式教学等多种方法培养学生发散性思维。让学生采取研究的态度去探究问题并获得知识和能力,形成发散性思维的习惯和品质。其次,在临床实践中,针对疾病错综复杂、千变万化的特点,要求研究生充分应用发散性思维对疾病进行由表及里、由此及彼地比较、分析与研究以揭示疾病本质,并在此基础上采取行之有效的诊疗手段。

思考题

1. 中国马克思主义的科学技术思想的主要表现。
2. 中国马克思主义科学技术观的基本内容和主要特征各是什么?
3. 创新型国家的内涵和特征各是什么?
4. 中国特色国家创新体系建设的重点是什么?
5. 建设创新型国家的根本目标和战略对策各是什么?

(陈小平　王高峰　陈文)

---

① 潘晓星. 探索中医人才培养模式提升中医继承创新能力. 中医药管理杂志,2012,(3):260-261.
② 王琦. 中医原创思维的认识论与方法论. 中华中医药杂志,2012,(9):2355-2358.
③ 邹伟,王珑,于学平,等. 中医原创思维在学生创新能力培养中的作用. 中医杂志,2014,(17):1521.
④ 张向葵. 教育心理学. 北京:中央广播电视大学出版社,2003:153.

主要参考书目

1. 马克思恩格斯文集[M].北京:人民出版社,2009.

2. 毛泽东文集[M].北京:人民出版社,1999.

3. 邓小平文选[M].北京:人民出版社,1994.

4. 江泽民文选[M].北京:人民出版社,2006.

5. 自然辩证法概论编写组.自然辩证法概论(2013修定版)教学大纲[M].北京:高等教育出版社,2013.

6. 郭贵春.自然辩证法概论[M].北京:高等教育出版社,2013.

7. 黄顺基.自然辩证法概论[M].北京:高等教育出版社,2004.

8. 曾国屏.当代自然辩证教程[M].北京:清华大学出版社,2005.

9. 刘大椿.自然辩证法概论[M].北京:中国人民大学出版社,2004.

10. 张宗明.自然辩证法概论[M].北京:人民卫生出版社,2009.

11. 雷毅,李正风,曾国屏.自然辩证法:案例与思考[M].北京:清华大学出版社,2011.

12. 胡光.自然辩证法教学案例[M].北京:中国人民大学出版社,2006.

13. 刘奇,刘学礼,卢建华.自然辩证法概论教学指导用书[M].北京:人民出版社,2005.

14. 吴国林.自然辩证法概论[M].北京:清华大学出版社,2014.

15. 祝世讷.中西医学差异与交融[M].北京:人民卫生出版社,2000.

16. 邱鸿钟.中医的科学思维与认识论[M].北京:科学出版社,2011.

17. 刘虹.新编医学哲学[M].南京:东南大学出版社,2010.

18. 黄建平.中医学方法论[M].长沙:湖南科学技术出版社,2013.

19. 张其成.中医哲学基础[M].北京:中国中医药出版社,2004.

20. 曹志平.马克思科学哲学论纲[M].北京:社会科学文献出版社,2007.

21. 刘大椿.科学哲学[M].北京:中国人民大学出版社,2011.

22. 程现昆,李连宏.自然辩证法概论[M].北京:人民卫生出版社,2004.

23. 张其成.中医哲学基础[M].北京:中国中医药出版社,2004.

24. 张怡.自然辩证法概论[M].上海:上海教育出版社,2000.

25. 黄孟洲.自然辩证法概论[M].成都:四川大学出版社,2006.

12检